W0012604

Lore Maria Peschel-Gutzeit

mit Nele-Marie Brüdgam

Selbstverständlich gleichberechtigt

Eine autobiographische Zeitgeschichte

| Hoffmann und Campe |

1. Auflage 2012
Copyright © 2012
by Hoffmann und Campe Verlag, Hamburg
www.hoca.de
Satz: atelier eilenberger, Leipzig
Gesetzt aus der Minion Pro und der Myriad
Druck und Bindung: GGP Media GmbH, Pößneck
Printed in Germany
ISBN 978-3-455-50248-0

Ein Unternehmen der
GANSKE VERLAGSGRUPPE

Inhalt

Zum Wohle!

»Das können Sie vergessen!«, sagte der Präsidialrichter, dem ich soeben meinen Wunsch unterbreitet hatte, an die Pressekammer zu wechseln. »Der Vorsitzende der Pressekammer nimmt keine Frauen.«

Es war im ereignisreichen Jahr 1968, ich arbeitete als Richterin an der 23. Zivilkammer des Hamburger Landgerichtes und war zuständig für Feld-, Wald- und Wiesenangelegenheiten. Das heißt, alles, was nicht in ein Spezialgebiet fiel, landete bei uns: Konflikte zwischen Nachbarn und anderen Lieblingsfeinden, Kaufreklamationen, nicht zurückgezahlte Darlehen und viele ähnliche Themen, über die man sich im täglichen Leben streiten kann. Es hing also sehr stark vom Zufall ab, ob man interessante Fälle bekam oder ob alles eher durchschnittlich war. Nachdem ich dort ein Jahr lang gearbeitet hatte, bekam ich Lust auf etwas anderes, und die Pressekammer reizte mich besonders. Dort ging es um Themen wie die Verletzung des Persönlichkeitsrechtes, Verletzung des Ehrenschutzes, um die Veröffentlichung von Gegendarstellungen – höchst spannende Angelegenheiten. Zumal Hamburg zu jener Zeit die bundesdeutsche Medienhauptstadt war; hier wurden der *Stern* und der *Spiegel* gemacht, damals die wichtigsten Printmagazine, aber auch die *Bild*-Zeitung; im Bereich des Fernsehens die *Tagesschau* und politische Sendungen wie *Panorama*. Im Zuge der sozialen Umwälzungen der 68er-Zeit war natürlich auch in den Medien eine Menge los, zudem griffen der Axel-Springer-

Verlag und andere Medienhäuser sich gegenseitig an. Zwei Freundinnen von mir hatten sich als Anwältinnen auf Medienrecht spezialisiert, und wenn sie von ihrer Arbeit erzählten, hörte ich immer gebannt zu. Als Juristin und gerade auch als Richterin im Bereich Medienrecht, so stellte ich mir vor, nahm man an gesellschaftspolitischen Ereignissen teil. Das interessierte mich, und deshalb wollte ich mich bewerben.

Zunächst informierte ich meinen Direktor, den Vorsitzenden der 23. Kammer. Er war ein sehr netter Kollege und zeigte sich sofort verständnisvoll; er sagte: »Natürlich sollten Sie wechseln, Sie sind eine junge Richterin und müssen verschiedene Erfahrungen sammeln. Bitte versuchen Sie es, ich wünsche Ihnen Erfolg.« Danach führte der Weg zum Präsidialrichter, der zwar nicht über Versetzungen entschied, aber Wünsche entgegennahm und eine Vorauswahl traf. »Das können Sie vergessen. Der Vorsitzende der Pressekammer nimmt keine Frauen.«

Es war beileibe nicht das erste Mal, dass ich eine solche Aussage hörte – und trotzdem machten mich Worte wie diese immer wieder ratlos. Seit fast zwanzig Jahren war das Grundgesetz in Kraft, das die Gleichheit und die Gleichberechtigung aller Menschen in der Bundesrepublik Deutschland festschrieb. Für mich persönlich war die Gleichwertigkeit der Geschlechter von klein auf eine Selbstverständlichkeit gewesen. In meiner Kindheit und Jugend, während des Zweiten Weltkriegs und der frühen Nachkriegszeit, hatte ich in einem weitgehend männerlosen Umfeld gelebt, in dem Mädchen und Frauen den Alltag allein meisterten – notgedrungen, aber erfolgreich. Danach war die Gesellschaft zum Patriarchat zurückgekehrt, und dieser Zustand hält in weiten Bereichen bis heute an. Bis 1977 waren verheiratete Frauen sogar per Gesetz dazu verpflichtet, den Familienhaushalt zu führen. Das Recht auf Erwerbstätigkeit wurde ihnen gesetzlich nur zugebilligt, »soweit dies mit ihren Pflichten in Ehe und Familie vereinbar« war. Und über jene

»Vereinbarkeit« urteilte der Ehemann. Nur mit seiner Zustimmung durfte eine verheiratete Frau erwerbstätig sein. Manche Arbeitgeber verlangten bei der Einstellung einer Frau die schriftliche Einverständniserklärung des Ehemanns.

Ich selbst hatte allerdings schon vor meiner Eheschließung zu arbeiten begonnen – seit 1960 war ich als Richterin tätig, 1962 hatte ich einen Kollegen geheiratet. Im Jahr 1968, als es hieß, die von mir gewünschte Versetzung könne ich aufgrund meines Geschlechtes »vergessen«, war gerade das Gesetz zur Einführung von Teilzeitarbeit und Familienurlaub für Beamtinnen und Richterinnen in Kraft getreten. Zuvor hatten diese Frauen ihren Beruf aufgeben müssen, wenn sie als Mütter nicht Vollzeit arbeiten wollten oder konnten. Das Gesetz wird in Fachkreisen mit einem Augenzwinkern auch als »Lex Peschel« bezeichnet, denn ich hatte es initiiert und zusammen mit Unterstützern und Unterstützerinnen gegen zum Teil heftigste Widerstände durchgesetzt. Es war ein großer politischer Erfolg.

Dass eine Richterin in der zweiten Hälfte des 20. Jahrhunderts an einem deutschen Gericht weniger Rechte haben sollte als ihre männlichen Kollegen, fand ich aber nicht nur aufgrund der Diskriminierung und der Gesetzeswidrigkeit haarsträubend, sondern vor allem deshalb, weil die Erklärung, der Vorsitzende nehme keine Frauen, nur ein Scheinargument war. Offene Ablehnung, formuliert mit Worten wie »Das können Sie vergessen«, akzeptiere ich, wenn es dafür sachliche Gründe gibt. Hätte die Erklärung beispielsweise gelautet: »Die Kammer ist voll besetzt«, dann hätte ich mich für die Information bedankt – und gut. Die Begründung, die der Präsidialrichter mir nannte, war jedoch völlig irrational. Genauso hätte er sagen können: »Der Vorsitzende der Pressekammer nimmt keine Kaffeetrinker« oder »keine Richter mit Ihrer Schuhgröße« oder »keine Opernfreunde«. Da ich ein sachlicher und argumentativer Mensch bin, fällt es mir bis heute schwer, derartige Äußerungen ernst zu nehmen oder gar zu akzeptieren.

Für mich gab es auf die Auskunft nur eine einzige logische Reaktion: mit dem Vorsitzenden, der angeblich keine Frauen nahm, persönlich zu sprechen. Es handelte sich dabei um Manfred Engelschall, der in Hamburg bereits ein recht bekannter Richter war. Später gelangte er als Presserichter zu bundesweitem Ruhm, und nach seiner Pensionierung vertrat er als Rechtsanwalt viele Prominente und Adlige gegenüber den Medien.

Ohne lange nachzudenken, marschierte ich zu Herrn Engelschalls Dienstzimmer. Heute noch sehe ich die geschlossene Tür vor mir; sie hatte Glasfüllungen, dahinter war eine Gestalt zu erkennen. Ich klopfte – und hörte eine laute, barsche Stimme: »Herein!« Als ich eintrat, schaute er mich leicht verwundert an, wir hatten zuvor noch nie miteinander gesprochen.

»Guten Tag«, sagte ich höflich, »mein Name ist Peschel, und ich bin Richterin hier im Hause.«

»Ich weiß«, entgegnete er, was nicht verwunderlich war, da es nur vereinzelte Frauen am Hamburger Landgericht gab. Sein Ton klang schroff, überhaupt hatte er etwas Raubeiniges an sich. Dazu passte, dass er ein großer Segler war, ein Atlantiküberquerer. Direktheit, wenige Worte, rüdes Auftreten – zum Glück konnte ich damit umgehen.

»Engelschall!«, bellte er mich an.

»Das habe ich mir schon gedacht«, sagte ich mit meiner freundlichsten Stimme, »es steht ja auch draußen an der Tür.« Dann setzte ich ein schmelzendes Lächeln auf. »Ich habe gehört, Herr Engelschall, Sie möchten an Ihrer Kammer gern eine Frau haben. Ihnen kann geholfen werden!«

Stille.

Er sah mich an, als käme ich von einem anderen Stern.

Stille.

Es dauerte einige Sekunden, bis ihm seine gute Erziehung

wieder einfiel. »Nehmen Sie Platz!«, raunzte er – ich setzte mich seelenruhig. »Nehmen Sie einen Sherry?« Seine Stimme klang weiterhin frostig, aber mir wurde klar: Das Eis war gebrochen.

»Sehr gern«, nahm ich den Sherry an. Es folgte ein ungefähr zehnminütiges Gespräch.

»Wie kommen Sie darauf? Nie habe ich gesagt, ich will eine Frau an der Pressekammer!«

»Oh, dann habe ich das wohl falsch verstanden«, antwortete ich lieb und höflich. Und erklärte ihm, dass mich Pressesachen interessierten und warum. »Sie sind ja der Vorsitzende der einzigen Pressekammer hier im Hause, also: Wenn ich Presserecht machen möchte, kann ich es nur bei Ihnen tun. Deshalb würde ich gern zu Ihnen kommen.« – In einem weiterhin gewinnenden Ton.

Und er, ruppig: »Aber Sie wissen, dass ich keine Frauen nehme!«

»Nein, das weiß ich nicht.« Wie sollte ich es wissen? Die Information hatte ich ja nur vom Präsidialrichter. Vielleicht hatte der sich geirrt? »Aber wenn es denn so ist, dass Sie keine Frauen nehmen, darf ich Sie vielleicht bitten, mir Ihre Gründe darzulegen?«

»Hm, na ja, Frauen können schwanger werden«, nuschelte er.

»Das ist mir bewusst, Herr Engelschall, denn ich habe zwei Kinder«, erwiderte ich. »Aber ich würde Sie gern bitten, mir Argumente zu nennen. Schwangerschaften und Kinder sind keine Argumente gegen Frauen an der Pressekammer.«

Er kam dann vom Thema ab: »Bestimmt wählen Sie ja Rot«, knurrte der offensichtlich konservative Richter. Auch dadurch ließ ich mich nicht beirren, für mich sah es schon ein bisschen nach einem Rückzugsgefecht aus. So erklärte ich ihm freundlich, dass ich mich nicht auf eine Partei festgelegt hätte, was der Wahrheit entsprach – ich war noch nicht Mitglied der SPD und hatte auch schon mal FDP gewählt. »Aber wenn Sie meinen, dass ich politisch eher links stehe, haben Sie recht.«

Nach einigen weiteren Sätzen erhob er sich, ich erhob mich ebenfalls.

Engelschall, knurrend: »Na ja, okay, wir können es ja mal versuchen.«

Ich, freundlich: »Darf ich das dem Präsidialrichter mitteilen?«

Er: »Ja, meinetwegen.«

Ich: »Vielen Dank, auf Wiedersehen.«

Im Januar 1969 kam ich zu Engelschall an die Pressekammer.

Dass er mich prompt zum Sherry einlud, damit hatte ich überhaupt nicht gerechnet. Als ich zu ihm ging und sagte: »Ihnen kann geholfen werden«, war meine Idee, ihn herauszulocken – wie beim Tennis machte ich einen Aufschlag, um zu schauen, ob und wie er den Ball zurückspielte. Wäre ich wutentbrannt zu ihm gelaufen und hätte mich laut aufgeregt – »Sie nehmen keine Frauen, das ist unmöglich!« –, dann hätte ich sein Vorurteil bestätigt und ihm zugleich einen Vorwand gegeben, mich kurzerhand vor die Tür zu setzen. Nein, nicht Empörung war mein Beweggrund, ich wollte keine Kriegserklärung abgeben; sondern ich wollte in erster Linie herausfinden, ob das, was ich gehört hatte, der Wahrheit entsprach. Als ich es herausbekommen hatte, konnte ich reagieren – sachlich und bestimmt: Ich akzeptiere Ihre Haltung nicht, und jetzt müssen Sie sich damit auseinandersetzen. So bin ich oft verfahren im Leben, in ganz unterschiedlichen Situationen: Es gibt hier zwei Meinungen, die sich gegenseitig ausschließen, ich akzeptiere Ihre nicht, Sie akzeptieren meine nicht – und nun lassen Sie uns zusehen, wie wir aus dieser Pattsituation herauskommen. Also eine gänzlich andere Haltung als etwa: Dem zeige ich es jetzt!

Zum Glück brachte mich die Sherry-Einladung nicht aus

der Fassung; innerlich war ich verblüfft, aber äußerlich blieb ich ganz höflich. Heute weiß ich, dass Engelschall sich erst einmal Luft und Zeit verschaffen wollte – die brauchte er wie viele andere Männer auch, die mit ihrer Frauenfeindlichkeit konfrontiert werden. Es wäre ihm sehr schwergefallen, mir ohne Umschweife ins Gesicht zu sagen: »Reden Sie keinen Unsinn, ich nehme keine Frauen!« Er wollte jedoch auch nicht sagen: »O ja, natürlich, ich nehme Sie.« Deshalb der Sherry – mit dem er sich de facto noch mehr in Bedrängnis brachte. Jemandem, den ich zum Sherry einlade, kann ich schlecht sagen: »Wissen Sie was, Ihre Visage passt mir nicht.«

Später erzählte Engelschall oft die Geschichte unserer ersten Begegnung, auch in größeren Runden. Das war eine seiner vielen positiven Eigenschaften: Er konnte über sich selbst lachen. Irgendwann, sehr viele Jahre nach der Sherry-Begebenheit, haben wir uns richtig angefreundet und blieben gute Freunde bis zum Schluss. Leider lebt Manfred Engelschall nicht mehr.

Er hatte etwas, das die Juristen vornehm »Judiz« nennen, was aber nichts anderes bedeutet als Gerechtigkeitsempfinden. Engelschalls Judiz war sehr ausgeprägt, das schätzte ich besonders an ihm. Es hielt mich aber nicht davon ab, ausgiebig mit ihm zu streiten. Wenn wir berieten, waren wir oft vollkommen unterschiedlicher Meinung, und wenn er keine Lust mehr zum Diskutieren hatte, rief er: »Jetzt ist aber Schluss!«, und warf einen Kugelschreiber nach mir oder eine Zigarettenschachtel, damals rauchten ja noch alle. Einmal nahm er einen Kommentar in die Hand, ein dickes Buch, und drohte: »Wenn Sie jetzt nicht aufhören, dann kriegen Sie dieses Buch an den Kopf!« – »Nur zu«, sagte ich seelenruhig, »Sie glauben doch nicht ernsthaft, dass ich deshalb meine Meinung ändere?« Er war zwar der Vorsitzende und zehn Jahre älter als ich, doch als Beisitzerin war ich ebenso unabhängig wie er. Wenn meine Argumente stimmen, lasse ich mich nicht einschüchtern. Natürlich bekam ich kein Buch an den Kopf, aber die Anekdote sagt viel aus über Engelschalls und mein Verhältnis zueinander und über unser beiderseitiges Selbstverständnis. Auch davon erzählte er später oft. »Diese Person war so obstinat. Einmal hätte ich ihr fast einen Kommentar an den Kopf geworfen!«

Zusammengearbeitet haben wir nur etwas mehr als ein Jahr, dann brachte ich mein drittes Kind zur Welt, meine Tochter Andrea. Als ich Engelschall über die Schwangerschaft informierte, kommentierte er natürlich: »Hab ich doch gleich gesagt!« Worauf ich strahlend entgegnete: »Das ist das fruchtbare Klima an dieser Kammer.«

Engelschall verhielt sich im weiteren Verlauf loyal und kollegial. Andrea kam fünfeinhalb Wochen zu früh. Die sechs Wochen, die man vor der Geburt freihat, hatte ich nutzen wollen, um einiges aufzuarbeiten. Ich hatte mir dicke Akten mit nach Hause genommen, wollte vier umfassende Urteile schreiben, und dann blieben sie erst mal liegen. Als Andrea auf der Welt war, rief ich Engelschall an: »Die Kleine hatte es eilig. Jetzt liege ich hier in der Klinik – was machen wir mit den Urteilen?« Er sagte nicht: »Ist doch Ihre Sache! Was kann ich dafür, wenn Sie ein Kind kriegen?« Nein, im Gegenteil, er schlug vor, dass wir uns die Arbeit teilten. Er zwei Urteile, ich zwei Urteile: So haben wir es gemacht.

Einige Wochen nach der Entbindung kam ich ans Oberlandesgericht, unsere Wege trennten sich. In mein Zeugnis schrieb Engelschall: »Über lange Zeit war sie der einzige Mann an der Kammer.« Das aus seiner Feder – ein großes Lob! Ich wusste, was er meinte, und freute mich über die Anerkennung. Gut möglich, dass ich ihm von Anfang an sympathisch war. Wie wir heute wissen, entscheidet der erste Augenblick einer Begegnung über Sympathie und Antipathie. Es hatte ihm sicher imponiert, dass ich mich in die Höhle des Löwen gewagt hatte.

Und dann noch mit so einer frechen Bemerkung! – »Ich habe gehört, Sie möchten an Ihrer Kammer gern eine Frau haben. Ihnen kann geholfen werden!« Aber er konnte bei unserer ersten Begegnung selbstverständlich nicht sagen: »Ich finde Sie interessant.« Das höchste der Gefühle war, die Worte »Na ja, okay, versuchen wir es« durch das Gehege seiner Zähne zu quetschen.

Wiederbegegnet sind wir uns zum Beispiel 1978, als ich Alice Schwarzer bei ihrem Prozess gegen den *Stern* beriet und begleitete. Es ging um Pornographie auf Titelbildern, unter anderem um einen Titel, auf dem eine fahrradfahrende Frau mit fast nacktem Po von hinten zu sehen war. Alice vertrat die Meinung, man müsse dringend etwas gegen die zunehmende Frauendiskriminierung in den Medien tun, und ich teilte ihre Meinung. Von vornherein wussten wir, dass der Prozess nicht zu gewinnen war, denn es gab kein Antidiskriminierungsgesetz. Aber wir wollten auf die Problematik aufmerksam machen. Da der *Stern* in Hamburg erschien, landete die Klage natürlich bei Manfred Engelschall. Alice Schwarzer klagte zusammen mit neun prominenten Frauen, darunter Erika Pluhar, Inge Meysel, Margarethe von Trotta. Sehr schnell begriff der Richter, dass es sich um einen Schauprozess handelte. Er musste die Klage abweisen, aber er nutzte die Gelegenheit und das große Medieninteresse, um klarzumachen, dass das Anliegen berechtigt war. Er erklärte, dass Handlungsbedarf bestand – ein Gesetz musste geschaffen werden, um gegen derartige diskriminierende Veröffentlichungen vorgehen zu können. Obwohl Engelschall eher konservativ eingestellt war, hatte er doch ein ausgeprägtes Gespür dafür, welche Änderungen notwendig waren, um für Gerechtigkeit und Menschenwürde zu sorgen.

Zu seinem 85. Geburtstag wurde für ihn ein ganzes Theater gemietet, die Hamburger Kammerspiele. Ich bekam die ehrenvolle Aufgabe übertragen, die Laudatio auf ihn zu halten, und erzählte die obenerwähnten Geschichten. Engelschall saß in der ersten Reihe und freute sich darüber, wie ich ihn vor vollen Rängen beschrieb: als außerordentlichen Juristen, als eigenwillige Persönlichkeit und guten, hilfsbereiten Freund, dem ich von Beginn an mutig und selbstbewusst, aber stets höflich begegnet war.

Alles wurzelt in der Kindheit

In einer meiner frühesten Erinnerungen sitze ich auf dem Balkon und wühle in einem Kasten mit Erde. Ich bin noch klein, im Vorschulalter. Ich bin allein, habe meine Ruhe, ich bin glücklich.

Normalerweise spielten die Stadtkinder nachmittags auf der Straße, zusammen mit ihren Freunden aus dem Kindergarten und der Nachbarschaft. Nur ich hatte darauf überhaupt keine Lust. Mit dem Geschrei und Getobe der anderen Kinder konnte ich nichts anfangen. Meine Mutter akzeptierte das. Was sie aber nicht akzeptierte, war, wenn ich den ganzen Tag in der Wohnung saß. »Du musst auch mal an die frische Luft!«, sagte sie – und ließ sich etwas einfallen. Wir lebten in Hamburg-Eilbek, hatten eine herrliche Wohnung mit fünf Zimmern und drei Balkonen. Eigentlich überstieg diese Wohnung unsere finanziellen Verhältnisse, aber meine Mutter stammte aus einem großbürgerlichen Haus und konnte sich nicht vorstellen, auf wenigen Quadratmetern zu leben. Für mich hatte das unter anderem den Vorteil, dass ich meinen kleinen eigenen Lore-Balkon bekam. Darauf stand eine kleine Sandkiste, die wir mit Erde füllten, sodass ich Radieschen und andere Pflanzen züchten konnte. Außerdem gab es dort Behältnisse, in denen ich Regenwürmer aufzog. Es war mein Paradies, etwas Schöneres konnte ich mir nicht vorstellen. Da saß ich auf dem Balkon als kleine Gärtnerin und hatte nicht das geringste Interesse daran, mich den brüllenden Kindern unten auf der Straße anzuschließen.

Da ich mit fünf Jahren bereits lesen konnte, nahm ich auch gern ein Buch mit auf den Balkon. Das allererste Buch, das ich gelesen habe, hieß *Neumanns bauen sich ein Haus*. Später lachten meine Mutter, meine Schwester und ich oft über diesen für mich höchst symbolischen Buchtitel. Denn schon in früher Jugend war mir klar: Ich wollte später ein eigenes Haus haben; einen qualifizierten Beruf, den ich ohne Unterbrechungen ausüben würde, mehrere Kinder. Das fand ich selbstverständlich, ein anderes Leben kam für mich nicht in Frage. Nur ein Mann tauchte in meiner Vorstellung nicht auf. Eine Ehe, die diesen Namen verdiente, hatte ich in meiner Kindheit und Jugend nicht beobachten können. Echte Partnerschaft ebenso wenig.

Geboren wurde ich 1932. Als Kind war ich wohl ziemlich merkwürdig, wie meine Mutter später berichtete. In meinen ersten zwei Lebensjahren sprach ich kein Wort, um dann gleich komplette Sätze zu formulieren. »Selber schuld, ich aufpassen muss!« Diese Äußerung soll ich im Alter von etwa zweieinhalb Jahren gemacht haben, nachdem ich wieder einmal hingefallen war. Da ich lieber nach oben guckte und um mich herum als auf den langweiligen Weg, stolperte ich oft, schlug mir die Knie auf und riss Löcher in meine Strümpfe. Meine Mutter hatte immer ein Paar Ersatzstrümpfe für mich in der Handtasche.

Langsam, still, unpünktlich, gern für mich allein und sehr, sehr verträumt: So war ich als Kind. Auch in der Schule träumte ich am liebsten vor mich hin, dachte über die Welt nach, war in Gedanken überall, nur nicht bei dem Stoff, der gerade durchgenommen wurde. Da ich eine schnelle Auffassungsgabe besaß, bekam ich trotz meiner mangelnden Aufmerksamkeit keine Schwierigkeiten. Ab und an schaute ich in die Bücher, verstand alles und hatte dann wieder viel Zeit zum Träumen.

Meine Mutter hatte meistens Geduld mit mir, verzieh mir meine Träumereien, meine Langsamkeit und Unpünktlichkeit. Nur manchmal, wenn ich wieder ganz in mich gekehrt war und nichts mitbekam, wenn sie auf mich wartete und ich mich nicht rührte, dann platzte ihr doch der Kragen. »O nein, Lore, nun komm bloß endlich!« Woraufhin ich sie nur anstarrte und nicht wusste, was sie von mir wollte. Solche Kinder kann man schwer erziehen. Eigentlich sind sie ja lieb, sie tun nichts Böses, sie tun wenig außer träumen.

Obwohl ich kein »pflegeleichtes« Kind war, förderte und bestärkte mich meine Mutter, wo und wie sie nur konnte. Vielleicht wünschte sie sich manches Mal, dass ich mich anders verhielte. Aber sie versuchte nicht, mich zu ändern, sondern unterstützte konsequent das, was mein Wesen ausmachte und meinem Wesen entsprach. Sie war die prägendste Person in meiner Kindheit und Jugend. Immer war sie da, kümmerte sich liebevoll um meine vier Jahre ältere Schwester Ursula und mich.

Ganz anders unser Vater, der weder Vorbild noch Erzieher sein konnte, da er fast nie zu Hause war. Als Offizier wurde er oft versetzt, lebte meist weit entfernt von Frau und Kindern und kam uns nur gelegentlich besuchen. Im Krieg sahen wir ihn viele Jahre nicht, anschließend war er lange in Gefangenschaft.

Ich erinnere mich, dass ich als Kind sehr stolz auf meinen Vater war. Seine Uniform fand ich hinreißend, und gingen wir zusammen über die Straße, grüßte ausnahmslos jeder. Alle Männer standen stramm, rissen die Hände an die Hosennaht oder an die Schirmmütze. Donnerwetter! So was beeindruckt ein Kind. Ohne es genau einordnen zu können und ohne Worte dafür zu kennen, empfindet ein Kind in solchen Situationen, was für eine Machtstellung der Vater hat. Und es spürt, dass Macht etwas Erstrebenswertes ist.

Seine Macht als Familienoberhaupt war für meinen Vater allerdings begrenzt. Und er war klug genug, um zu wissen, dass unwillkommene Anordnungen wenig Erfolg zeitigen, wenn man ihre Durchführung nicht kontrollieren kann. Also trat er in erster Linie als liebevoller und angenehmer Vater auf. Er brachte Geschenke mit, erzählte lustige Geschichten. Zum Beispiel von dem langen Säbel, den die Offiziere trugen. Als »Beinbrecher« bezeichnete er ihn, denn wenn man nicht aufpasste, war der Säbel beim Gehen immer im Weg. Meine Schwester Ursula und ich mussten sehr lachen darüber, wie er mit einem imaginären Säbel zwischen den Beinen vor uns herumstolperte. Vor allem mir schenkte unser Vater viel Aufmerksamkeit, wenn er zu Hause war. Er liebte mich innig, und manchmal denke ich, dass er in mir ein bisschen den Sohn sah, den er nicht hatte.

Der Zuständigkeitsbereich unserer Mutter beschränkte sich nicht auf den Haushalt und die Kindererziehung; sie ging zudem einer bezahlten Tätigkeit nach. Offiziere verdienten nämlich nicht viel außer der Ehre, ihr Sold war gering. Die meisten kamen aus begüterten Familien, die sie unterstützten; nicht so mein Vater, der gutbürgerlichen, aber keinen reichen Verhältnissen entstammte. Doch ohnehin hätte meine Mutter ihren Beruf nicht aufgegeben, dafür war ihr die Arbeit, die Aufgabe, zu wichtig – und auch: zu selbstverständlich. Schon ihre Mutter war berufstätig gewesen, sie kannte es nicht anders.

Unsere Mutter arbeitete als Lehrerin, Grund- und Realschullehrerin – also in einem der wenigen typischen Frauenberufe in ihrer Generation. Sie liebte ihren Beruf, war eine sehr gute, beliebte Lehrerin. Und eine sehr engagierte. Vier Wochen nach meiner Geburt hatte sie schon wieder vor der Klasse gestanden.

Ihre pädagogische Ausbildung und Erfahrung, ihr feines Gespür für Kinderpersönlichkeiten waren mein Glück. Denn als kleines Kind fand ich kaum etwas von dem, was in der Schule oder sonst wo in meiner Umgebung passierte, richtig interessant. Vieles schien mir lästig, vieles unnötig. Bis meine Mutter gegen Ende des zweiten Schuljahrs erkannte, was mit mir los war. Sie sah, dass ich blitzgescheit war, alles begriff und mich furchtbar langweilte. Sie schloss daraus, dass ich unterfordert war. »Das Kind muss arbeiten lernen, aber so wird nichts daraus«, befand sie. »Deshalb muss Lore eine Klasse überspringen.« Das war damals ungewöhnlich, aber als Lehrerin, die zudem in der Schule arbeitete, die ich besuchte, konnte sie sich durchsetzen.

Als wir später einmal über meine verträumten Jahre sprachen, sagte meine Mutter: »Ich denke, du hast sehr viele Dinge auf einmal wahrgenommen und musstest diese vielen Eindrücke in deinem Innern verarbeiten. Darum warst du so in dich gekehrt und wirktest so verträumt.« Vermutlich war dies auch der Grund dafür, dass ich als Kleinkind nicht mit der Sprache herausgerückt war: Immer hatte ich aufmerksam zugehört und mehr verstanden, als für meine Ohren gedacht war. Ich musste es in eine Ordnung bringen, bevor ich mich selbst zu Wort melden konnte.

Nachdem ich dank meiner Mutter von der zweiten in die vierte Klasse versetzt worden war, sah ich mich zum ersten Mal mit Herausforderungen konfrontiert. Beipielsweise hatten die anderen Kinder im dritten Schuljahr die lateinische Schrift erlernt, ich konnte nur Druck- und Sütterlinschrift. Jetzt wurde es also interessant, aber nur für ein Vierteljahr. Dann brachen die Zeiten der Kinderlandverschickungen an.

Im Mai 1940 fielen die ersten Bomben auf Hamburg. Immer öfter gab es Fliegerangriffe in der Nacht, ständig heulten die Sirenen, und wir mussten raus aus den Betten, uns etwas überziehen und in den Keller verschwinden. Das hatte kein Kind gern, ich schon gar nicht, denn man sollte sich immer beeilen, und ich war doch so langsam. »Jetzt sieh endlich zu, dass du in den Keller kommst!«, rief meine Mutter. Sie hatte Angst vor den Bomben, aber auch vor dem Blockwart. Der ging durch die Häuser und kontrollierte, ob alle im Keller waren. Wehe, wenn nicht! Dann gab es Ärger mit der Blockleitung, also der Partei.

Unsere Mutter stand den Nazis und dem Krieg kritisch gegenüber. Diese Haltung hatte sie auch unserem Vater gegenüber immer wieder verteidigt. Aber sie war auch klug genug, um uns Kindern klarzumachen, dass man sich außerhalb der Wohnung besser nicht abschätzig über die Nazis äußerte. »Sonst könnte es passieren, dass nachts Männer in Ledermänteln kommen und einen abholen«, erklärte sie uns. »Das wollen wir doch nicht. Wir wollen doch zusammenbleiben!«

Um die Kinder vor Bombenangriffen zu schützen, begannen die Kinderlandverschickungen (KLV). Klassen oder auch ganze Schulen wurden zusammen mit den Lehrern aus den vom Krieg bedrohten Großstädten umgesiedelt in kleinere, weniger gefährdete Orte, zum Beispiel in Österreich, Pommern oder Ostbayern. Dort lebten die Kinder, Jugendlichen und Lehrer in gemeinsamen Unterkünften, und dort fand auch der Unterricht statt. Hotels, Jugendherbergen, Gasthöfe, Schulgebäude und andere Einrichtungen wurden zu KLV-Lagern umfunktioniert. Die Aufenthalte dauerten von einigen Monaten bis hin zu mehreren Jahren. Für die Nazis hatte das den nützlichen Nebeneffekt, Kinder und Jugendliche dem Elternhaus zu entziehen und sie in ihrem ideologischen Sinne erziehen zu können. Die Kinderlandverschickungen wurden von der Hitlerjugend organisiert. In den Lagern hatten neben den Lehrern vor allem HJ-Führer das Sagen.

Meine Schwester Ursula besuchte damals schon das Gymnasium und kam nach Oberbayern ins Kloster Ettal. Ich war erst acht Jahre alt und damit noch zu jung für die Kinderlandverschickung. Aber unsere Mutter wurde als Lehrerin in ein Kinderlager bei Freising, nördlich von München, versetzt. Weil ich nicht allein zu Hause bleiben konnte, kam ich mit und besuchte die dortige Schule, wo erstmals meine Freude an Sprachen zum Ausdruck kam. Später lernte ich Englisch, Latein und Französisch – in Süddeutschland eignete ich mir den Dialekt an, bis heute spreche ich fließend Bayerisch. Ansonsten brachte mir der Schulbesuch dort nicht viel. Die Schulbücher waren andere als in Hamburg, es gab ein völlig anderes Lernprogramm.

Als wir nach einem halben Jahr in den Norden zurückkehrten, meldete meine Mutter mich zur Aufnahmeprüfung fürs Gymnasium an, das man damals Oberschule nannte. Obwohl ich nur zweieinviertel Jahre in Hamburg zur Schule gegangen war, hatte ich keine Angst vor den Prüfungen. Ich wusste, dass die Oberschule für mich wie für Ursula die richtige Schule war. Das einzige Fach, mit dem ich nie zurande kam, war Sport. In der Nazizeit galt das als großer Makel. Die Jugend musste einen strammen, sportlichen Körper haben, das Geistige zählte vergleichsweise wenig. Aber ich war total unsportlich und bin es bis heute geblieben. Wann immer möglich, drückte ich mich vor dem Sportunterricht. Gern wäre ich sportlich gewesen, aber ich wusste: Sosehr ich mich auch anstrengen würde, meine Leistungen würden mangelhaft bleiben, sie würden den Ansprüchen – auch und vor allem meinen eigenen Ansprüchen – nicht genügen. Auch als Erwachsene führte ich ein Leben ohne aktiven Sport. Ganz wie Churchill: *No sports!* Obwohl ich sportliche Leistungen sehr bewundere.

Relativ ruhig fuhr ich in die Hamburger Klosterschule zur Aufnahmeprüfung für die Oberschule – und es kamen lauter Aufgaben, die ich nicht lösen konnte: wie Dividieren und Multiplizieren zum Beispiel. Ich schrieb daneben: »Das habe ich nie gelernt.« Man hätte das frech finden können von einer Neunjährigen, aber mir erschien die Antwort vollkommen angemessen und logisch. Zum Glück waren die Prüfer feinfühlige Pädagogen. Sie werteten die Einsicht, eine Aufgabe nicht bewältigen zu können, genauso als einen Ausdruck von Intelligenz wie die perfekte Lösung. Und trotz fehlender Lösungen erteilten sie mir die Zulassung zum Besuch der Oberschule.

»Das habe ich nicht gelernt, also nützt auch Nachdenken nichts, ich kann die Aufgabe nicht lösen.« – Solche Denkweisen und das Selbstbewusstsein, das dahintersteht, werden bei Mädchen bis heute zu wenig gefördert, wenn nicht gar unterdrückt. Was kann ich? Was kann ich nicht? Warum kann ich es nicht? Sollte ich es lernen? Möchte ich? Wie und wo werde ich es lernen? Und so weiter. Dieser ganz sachliche, selbstverständliche Umgang mit Können, Wissen, Bildung führt zu mehr Selbstwertgefühl.

Ein gutes Selbstwertgefühl ist nach meiner Erfahrung eine der wichtigsten Voraussetzungen, um sich die Gleichwertigkeit aller Menschen bewusst zu machen und sich entsprechend zu verhalten. Und gelebte Gleichwertigkeit ist nichts anderes als Gleichberechtigung – auch und gerade zwischen den Geschlechtern. Männer und Frauen sind in mancherlei Hinsicht verschieden, aber sie sind in jeder Hinsicht gleich viel wert. Leider ist das in unserer Gesellschaft bis heute kein allgemeiner Konsens, und in meiner Kindheit waren wir noch viel weiter von der Gleichstellung entfernt. Die ersten Erfolge der jungen Gleichstellungsbewegung wurden von den Nazis zunichtegemacht. Ihrer Ideologie zufolge beschränkte sich der Sinn eines Frauenlebens in allererster Linie auf das Mutterdasein.

Auch für Kinder galten diskriminierende soziale Normen: Kleine Mädchen hatten immer brav zu sein – von kleinen Jungen wurde geradezu erwartet, dass sie hin und wieder frech waren. Mädchen sollten immer hübsch aussehen in ihren niedlichen Kleidchen – Jungen trugen praktische Hosen und durften sich auch mal schmutzig machen. Weinende Mädchen erregten Mitleid – weinende Jungen lachte man aus. Schon früh in der Kindheit waren mir all die sinnlosen Widersprüche und Ungerechtigkeiten geläufig. Aber sie berührten mich nicht. Ich fühlte mich davon nicht betroffen und handelte nicht danach.

Von klein auf war ich mit einem unerschütterlichen Selbstwertgefühl gesegnet, das bisweilen wie ein unsichtbarer Schutzanzug funktionierte, ein Anti-Diskriminierungs-Anzug. Ich wurde diskriminiert – als kleines Mädchen, als Jugendliche, als Studentin und auch später noch, zweifellos. Nur drang die Diskriminierung nicht in mein Inneres vor. Woher ich dieses unerschütterliche Selbstwertgefühl hatte, weiß ich nicht. Aber ich weiß sehr wohl, dass die Vermittlung von Selbstwertgefühl an unsere Töchter und Söhne einer der wichtigsten Schritte auf dem Weg zur Gleichstellung ist. Mädchen brauchen es unter anderem, um ihre Begabungen zu erkennen, zu nutzen und weiter auszubilden. Sie brauchen es auch, um nötige Konflikte zu erkennen und auszutragen. Jungen brauchen Selbstwertgefühl, um begabte, energische und konfliktbereite Mädchen nicht als Bedrohung zu empfinden. Und jeder braucht Selbstwertgefühl, um glücklich zu sein.

Einen großen Teil des Selbstvertrauens hatte ich sicher meiner Mutter zu verdanken. Für damalige Verhältnisse erzog sie Ursula und mich sehr freiheitlich, sie argumentierte, statt zu dressieren, wie es üblich war. Dadurch, dass sie unsere Persönlichkeiten anerkannte, ließ sie für Selbstzweifel wenig Raum.

Als sachlicher und argumentativer Mensch habe ich mich bemüht, auch meine eigenen drei Kinder mit Argumenten zu erziehen statt mit unerklärten Anordnungen oder womöglich mit Gewalt. »Ist Ihnen wirklich nie die Hand ausgerutscht?«, werde ich oft gefragt, und ich verneine selbstverständlich. Gewalt in der Erziehung liegt weit außerhalb des für mich Denkbaren und Machbaren. Wie können Eltern damit leben, dass sie ihren Kindern physischen Schaden zufügen? Und woher nehmen sie das moralische Recht dazu? Das ist mir immer schleierhaft gewesen.

Rein juristisch hatten Eltern in Deutschland bis Ende des Jahres 2000 das Recht, ihre Kinder zu schlagen. Mit dem Deutschen Juristinnenbund, dem ich seit 1956 angehöre, forderten wir schon in den siebziger Jahren ein gesetzliches Verbot der elterlichen Gewalt gegen Kinder, was damals noch aussichtslos schien. Man muss, wenn es um die Durchsetzung neuer Gesetze und Rechte geht, einen sehr langen Atem haben, muss sich seiner Sache sicher sein und wissen, dass die Regelung nötig ist und kommen wird.

Die Anwendung körperlicher Gewalt war zu Beginn des 20. Jahrhunderts noch sehr verbreitet und gesetzlich legitimiert. Der Lehrherr durfte den Lehrling schlagen, der Lehrer den Schüler und der Ehemann die Ehefrau. So stand es ausdrücklich im Gesetz, erst im Laufe der ersten Hälfte des 20. Jahrhunderts wurden diese Rechte abgeschafft. Übrig blieb nur das Kind, das gesetzlich zugelassene Schläge der Eltern einstecken musste. Es gab grauenhafte Gerichtsentscheidungen. Einmal ging es um einen Vater, der seine sechzehnjährige Tochter mit dem Gartenschlauch geschlagen hatte, weil sie einen Freund hatte. Der Vater wurde angeklagt wegen Körperverletzung – und dann freigesprochen, weil er laut Bundesgerichtshof ein Gewohnheitsrecht wahrgenommen hatte. Nicht im Mittelalter! Sondern im 20. Jahrhundert.

Der Deutsche Juristinnenbund meldete sich mit hartnäckiger Regelmäßigkeit zu Wort: Ein ausdrückliches Gewaltverbot muss in das Gesetz! Als wir hierzu im Rechtsausschuss des Deutschen Bundestages angehört wurden, sagte der Vorsitzende: »Na ja, Frau Peschel-Gutzeit, haben Sie erst einmal Kinder, dann verstehen Sie, warum einem manchmal die Hand ausrutscht.« Zu dem Zeitpunkt war ich allerdings schon Mutter dreier Kinder, weshalb ich entgegnete: »Darf ich fragen, Herr Vorsitzender, wie viele Kinder Sie haben?«

»Ich habe vier.«

»Gut, in Höhe von drei Kindern können wir aufrechnen, die habe ich auch, ich schlage sie nie. Und ich denke nicht, dass es bei Ihnen allein am vierten Kind liegt, wenn Ihnen die Hand ausrutscht!«

Immer wieder wurde ich zu dem Thema befragt. Oft kam das Gespräch auch im privaten Rahmen oder am Arbeitsplatz darauf, so auch einmal beim Mittagessen in der Kantine des Oberlandesgerichts. Ein Vorsitzender Richter sprach aus, was ich schon viel zu oft gehört hatte: »Nun lassen Sie es doch gut sein, Frau Peschel-Gutzeit. Mir haben die Schläge als Kind auch nicht geschadet.« Da platzte mir der Kragen. Aber ich wurde nicht laut, sondern sagte ruhig und gefasst: »Was wissen Sie, Herr Kollege, was für ein reizender Mensch aus Ihnen geworden wäre, wenn Ihre Eltern Sie nicht geschlagen hätten?« Es handelte sich um einen zwar intelligenten, aber schwierigen, selbstgerechten Mann, der mit Menschen, die ihm sozial nicht gewachsen waren, unangenehm umging. Meine Antwort verschlug ihm die Sprache. Und die Anekdote verbreitete sich wie ein Lauffeuer im ganzen Haus. Immer wieder wurde ich darauf angesprochen, manches Mal kommentierte ich das Thema mit den Worten: »Und? Was denken Sie, was aus ihm geworden wäre ohne Prügel?«

Im Jahr 2000 trat endlich das gesetzliche Verbot der Gewalt gegen Kinder in Kraft. Durchgesetzt hat es Herta Däubler-Gmelin (SPD), die damalige Bundesjustizministerin. Wir kennen uns seit langem, selbstverständlich wusste sie, dass ich seit Jahr und Tag mit dem Thema befasst war. So rief sie mich an und las mir Formulierungsentwürfe vor, die wir dann diskutierten.

Was tun, damit die Hand nicht »ausrutscht«? Was, wenn man sich über ein Kind schwarzärgert? Solche Situationen entstehen nicht aus dem Nichts, sie bahnen sich an. Man wird immer wütender. Bevor die Sache eskaliert, sollte man einen Schnitt machen, sich selbst zurücknehmen. Manche Eltern zählen bis hundert, bevor sie etwas sagen. Andere verlassen den

Raum. Das habe auch ich getan. Mein Sohn Rolf, der Erstgeborene, war sehr temperamentvoll und brüllte manchmal, dass die Wände wackelten, wenn er sich ungerecht behandelt fühlte. Ich selbst hatte mich als Kind oft genauso verhalten, meine Schwester spricht heute noch von den Brüll-Arien, die ich aufführte. Wenn mein Sohn sich so aufregte, sagte ich zu ihm: »Rolf, ich weiß, du bist sehr wütend. Wenn dir danach ist, zu brüllen, dich auf dem Boden zu wälzen und in den Teppich zu beißen, dann musst du das wohl tun. Aber ich möchte nicht dabei sein. Ich gehe jetzt an meinen Schreibtisch. Wenn deine Wut zu Ende ist, kannst du zu mir kommen.« Manchmal schlug ich ihm auch vor, gemeinsam »das Böckchen hinauszubringen«. Dann nahm ich ihn bei der Hand, wir gingen an die frische Luft, liefen ein paar Schritte, atmeten ein paarmal tief ein und aus. Rolf beruhigte sich, und als wir wieder ins Haus gingen, sagte ich: »Sieh, jetzt ist das Böckchen fort.« Da lächelte er, der ganze Ärger war verflogen.

Es ist unzweifelhaft eine Frage des Willens, ob man zuschlägt oder nicht. Ich bin genauso reizbar wie jeder andere Mensch, auch meine Nerven lagen manches Mal blank. Doch dieser Umstand gibt niemandem das Recht, gewalttätig zu werden. Oft habe ich schlagende Eltern gefragt: »Würden Sie auch einen kräftigen sechzehnjährigen Jungen schlagen?« Die Antwort lautete immer wieder: »Nein, natürlich nicht.« – »Und warum nicht?« – »Er könnte ja zurückschlagen.« Das bedeutet: Wer schlägt, nutzt seine physische Überlegenheit aus. Ein feiges Verhalten, das dem Selbstwertgefühl jedes Kindes schadet.

Im Übrigen handelt es sich bei der Gewalt gegen Kinder meiner Einschätzung nach um eine Degeneration des Menschen. Kein Tier tut seinen Jungen Gewalt an. Die Großen stupsen und schubsen ihre Kleinen, um ihnen etwas beizubringen. Aber sie fügen ihnen niemals absichtlich Schmerzen zu.

Rolf wurde 1963 geboren, da war ich 30 Jahre alt und arbeitete seit drei Jahren als Richterin in Hamburg. 1967 folgte meine erste Tochter, 1970 kam Andrea zur Welt. Jedes meiner Kinder zeigte schon früh eine ausgeprägte Persönlichkeit, und jedes unterschied sich charakterlich stark von seinen beiden Geschwistern.

Von klein auf war Rolf ein Tüftler, voller Experimentierfreude, am liebsten bastelte er allein vor sich hin und versank dann tief in dem, was er tat. Andererseits hatte er ein zartes Gemüt, war sehr feinfühlig. Er konstruierte die interessantesten Bauwerke aus Lego, bei denen überhaupt nicht zu verstehen war, wie sie stehen bleiben konnten. Sie hatten die gewagtesten Überhänge – statisch unmöglich, aber es hielt, bis zu einem gewissen Punkt. Wenn solch ein Bauwerk dann doch zusammenbrach, schrie und weinte Rolf, weil er so wütend auf sich selbst war, darauf, dass er es nicht hinbekommen hatte. Aber sein Verdruss hielt nicht lange an. Dann begann er wieder von vorn, baute und probierte stundenlang. Er brauchte dafür keinen Menschen.

In die Türen und Schubladen unseres Wohnzimmerschrankes waren Schlösser eingelassen, in denen kleine Schlüsselchen steckten. Jene Schlüssel stellte Rolf quer, sodass sich horizontale Flächen ergaben. Und auf die winzigen Flächen setzte er gigantische Lego-Türme. Jeder wusste: Irgendwann fällt der Turm herunter. Und sehr bald wusste man auch: Jetzt gibt es zunächst ein wildes Gebrüll, danach fängt Rolf auf ein Neues an mit seiner irrealen Konstruktion. Mein Mann fragte manchmal: »Verstehst du das noch?« Ich erwiderte: »Darauf kommt es doch gar nicht an.« Was ich verstand, war, dass Rolf sich die schwierigste Aufgabe aussuchte, die er finden konnte, und sie immer wieder zu lösen versuchte. Wer so etwas beobachtet, weiß, dass er ein besonderes Kind hat. Ein Kind, dem er Raum lassen muss. Man darf auf keinen Fall sagen: »Nun komm doch bloß weg von dem blöden Schrank!«

Vielleicht habe ich auf diese Weise das Verhalten meiner Mutter aufgenommen, die mich als kleines Mädchen ja auch hat gewähren lassen in meinen Merkwürdigkeiten. Ich hoffe, dass ich auch die charakterlichen Besonderheiten meiner beiden Töchter erkannt und gefördert habe. Ob es mir bei allen Kindern gleich gut gelungen ist, muss ich heute bezweifeln.

Über meine ältere Tochter würde ich selbstverständlich ebenso gern berichten wie über Rolf und Andrea. Jedoch hat sie mich gebeten, in diesem Buch nicht vorzukommen. Ich bedaure das zwar, respektiere ihren Wunsch aber.

Andrea, meine jüngste Tochter, hat ein ganz anderes Wesen als ihre beiden Geschwister. Sie ist ein sehr harmonischer Mensch, sie war es bereits als Baby. Fast nie hat sie geschrien, hat sich nur ein wenig gerührt, dann wussten wir schon, dass ihr etwas fehlte. Als Kind war sie nicht nur harmonisch, sondern auch harmoniebedürftig. Um sich herum konnte sie kein Theater leiden, keine Spannungen, kein Geschrei. Das hält bis heute an. Ganz offensichtlich ist es ihr mitgegeben, es ist ein Teil ihres Wesens.

Als wir kürzlich einmal Super-8-Filme aus jener Zeit schauten, kommentierte Andrea: »Ich sah aus wie ein kleiner Buddha!« Als kleines Kind war sie ein bisschen mollig, und es gibt eine Filmszene, in der sie sich auf den Rand einer Sandkiste setzt, dort lange regungslos sitzen bleibt und grinst – zufrieden in sich selbst ruhend.

Mitunter sagte Andrea erstaunliche Dinge. Sie ist immer eine sehr begabte Malerin gewesen, schon im Kindergartenalter hatte sie eine Staffelei und malte mit einem dicken Pinsel die größten Bilder. Als sie acht Jahre alt war, machten wir Urlaub im Schwarzwald. Da sagte sie zu mir: »Mama, hier ist es so schön! Ich will, dass wir hier zusammen wohnen, wenn ich groß bin. Dann male ich immer, aber damit verdient man ja kein Geld. Du fährst auf Skiern zum Gericht und verdienst dort das Geld.« Niemand weiß, woher sie die Erkenntnis nahm, dass Maler kein Geld verdienen. Ich entgegnete: »Ich will auch etwas – und zwar, dass du später bitte selbst Geld verdienst!«

Ein andermal, ungefähr in demselben Alter, saß Andrea bei uns zu Hause in der Küche, blickte mich äußerst streng an und sprach voller Ernst: »Mama, das war nicht der Inhalt meiner Frage!« Sie hatte mich erwischt. Ich war einer Frage von ihr ausgewichen. Und woher sie den Spruch hatte, lag auf der Hand: von mir. Manchmal äußerte ich diesen Satz gegenüber meinen Kindern. Es kam nicht oft vor, aber wenn, dann ging es um etwas, das mir wichtig war. Zum Beispiel, wenn etwas kaputtgegangen war, ich gefragt hatte: »Wer war das?«, und zur Antwort bekam: »Mama, die Sonne scheint so schön, dürfen wir draußen spielen?« Dann sagte ich: »Hör gut zu. Das war nicht der Inhalt meiner Frage. Möchtest du bitte meine Frage beantworten?« Das haben die Kinder nicht gern getan, aber sie haben es schließlich getan. Und auf einmal drehte Andrea den Spieß um. Sie hatte mir eine Frage gestellt, die ich partout nicht beantworten wollte. Diesmal erzählte *ich* irgendetwas vom Wetter. Da, ausgerechnet meine Jüngste: »Mama, das war nicht der Inhalt meiner Frage.« Sie wirkte wie ein kleiner Scharfrichter.

Damit hatte ich rechnen müssen. Mir war es ja immer wichtig, meine Kinder argumentativ zu erziehen. Nicht bloß Regeln aufzustellen, Verbote zu erteilen und Grenzen zu ziehen, sondern die zugrundeliegenden Argumente mitzuliefern – sowie die Gegenargumente der Kinder anzuhören. Irgendwann wendet sich solch eine Erziehungsmethode gegen den Erziehenden. Zwangsläufig kommt es zu Situationen, in denen Kinder die besseren Argumente haben, in denen sie die Eltern mit der Nase auf Widersprüche stoßen oder sie mit Hilfe kritischer Fragen bedrängen. Solche Situationen sind anstrengend – wie auch das ganze Leben mit argumentativ erzogenen Kindern nicht das leichteste ist. Dennoch halte ich die argumentative Erziehung für die beste, es gibt keine gleichwertigen Alternativen. Wer seine Kinder zu selbständigen, selbstbewussten, verantwortlichen, demokratischen Persönlichkeiten erziehen möchte, muss diesen Weg gehen. »Pflegeleichte« Kinder heranzuzüchten war nie mein Ziel. Im Gegenteil.

Nicht nur zu Hause, auch im Beruf hatte und habe ich viel mit Kindern zu tun. Als Richterin hörte ich mehrere hundert Kinder an. Als Rechtsanwältin in Sorgerechtsangelegenheiten lasse ich mir heute noch oft die Einschätzungen und Bedürfnisse betroffener Kinder von ihnen selbst erklären. Auch den Eltern sage ich immer wieder: Wir müssen Kinder so ernst nehmen und so respektvoll behandeln wie Erwachsene. Wir müssen sie ermutigen, eigene Positionen zu finden und zu verteidigen. Kinder müssen lernen, Widerstand zu leisten. Und sie brauchen Möglichkeiten, sich auszuprobieren. Dies alles können sie am besten zu Hause. Auch wenn es sehr anstrengend ist: Man muss ihnen beibringen, dass der Stärkere oder Mächtigere nicht zwangsläufig recht hat und dass er ihnen weder Unrecht antun noch Unsinn zumuten darf.

Kinder dürfen sich nicht alles bieten lassen. Kinder müssen »schwierig« sein dürfen! Denn nur so werden aus ihnen selbstbewusste und konfliktfähige Persönlichkeiten. Gerade für Mädchen und Frauen ist das wichtig. Viel zu viele von ihnen weichen Konflikten viel zu oft aus.

Immer habe ich mich bemüht, meine Kinder zu ermutigen. Brachte eines von ihnen eine schlechte Schulnote mit nach Hause, so waren möglicherweise Faulheit und mangelhafte Vorbereitung die Gründe, das fand ich schnell heraus. Wahrscheinlicher aber war, dass das Kind einen schlechten Tag erwischt hatte, dass der Lehrer den Stoff nicht gut erklärt oder die Fragen nicht klar genug gestellt hatte. Dann sah ich es als meine Aufgabe an, das Kind, das da mit hängendem Kopf vor mir stand, wieder aufzurichten; ihm zu vermitteln, dass kleine Misserfolge – wie die schlechte Note für eine Klassenarbeit – zum Leben gehören und nicht das Geringste über das grundsätzliche Wissen, das Können, die Intelligenz oder womöglich den Wert eines Menschen aussagen. Erst wenn ich mir sicher war, dass das Selbstwertgefühl meines Kindes wiederhergestellt war, hatte ich meine Aufgabe erledigt.

Auch in dieser Hinsicht müssen wir uns bis heute besonders um Mädchen bemühen. Man muss sie ermutigen, ermutigen, ermutigen; ihnen Zuversicht, Selbstbewusstsein und ein gesundes Selbstwertgefühl einimpfen – damit wir eines Tages endlich in einer Gesellschaft leben, in der sich jeder der Gleichwertigkeit aller Menschen und beider Geschlechter bewusst ist, und damit Gleichberechtigung in allen Lebensbereichen herrscht.

Wie jede Mutter und jeder Vater habe auch ich Fehler gemacht. Manches Mal war ich verständnislos gegenüber meinen Kindern, manche ihrer Eigenschaften erkannte ich viel zu spät. Andererseits gibt es zum Glück auch viele Anzeichen dafür, dass ich einiges richtig gemacht habe als Mutter. Beispielsweise arbeiten alle meine Kinder als Selbständige oder Freiberufler – und das, obgleich sie einer Familie von Beamten und Angehörigen des öffentlichen Dienstes entstammen. Obwohl niemand in ihrem familiären Umfeld ihnen die Selbständigkeit vorgelebt hat, bringen alle drei den Mut, die Kraft und das Selbstbewusstsein auf, unternehmerische Verantwortung zu tragen. Das erfüllt mich mit Stolz.

»Wir sind Kinder! Wehrlose Kinder im Straßengraben. Was geht bloß in dem Menschen vor?« Dies waren meine Gedanken, ich erinnere mich daran, als wäre es gestern gewesen, an meine Gedanken, als der amerikanische Soldat auf uns schoss. Sein Flugzeug flog sehr tief, sodass ich sein blondes Haar erkennen konnte. Ich schaute ihm direkt in die Augen, als er das

Maschinengewehr auf meine Schwester und mich anlegte – und schoss.

Es war im April 1945, die letzte Phase der alliierten Tieffliegerangriffe. Ursula und ich, 16 und 12 Jahre alt, waren unterwegs von Bischofsgrün im Fichtelgebirge zu einem etwa 150 Kilometer entfernten Dorf, in dem unsere Mutter lebte. Wir Schwestern hatten seit 1943 in verschiedenen Lagern gelebt, in der Kinderlandverschickung, unsere letzte Station war Bischofsgrün gewesen. Als die Russen immer näher kamen, waren die Kinderlager aufgelöst worden. Die Leiterin sagte: »Die Russen sind nur noch dreißig Kilometer entfernt. Seht zu, dass ihr hier wegkommt!« Alle anderen Kinder machten sich zusammen mit den Lehrern auf in Richtung Hamburg, Ursula und ich wanderten zu zweit auf einer anderen Route. Wir wussten, dass unsere Wohnung ausgebombt war, in Hamburg hatten wir nichts mehr. Und unsere Mutter war als Lehrerin in die Kinderlandverschickung weiter südlich in Bayern pflichtversetzt worden, in die Oberpfalz. Wir kannten den Namen des Dorfes, in dem sie wohnte: Daßwang. Irgendwie mussten wir dorthin gelangen. Es gab ja kein Telefon, keine Möglichkeit, Kontakt aufzunehmen und einen Treffpunkt zu vereinbaren.

In der Zeit der Kinderlandverschickung hatte ich mir im Schnelldurchlauf notgedrungen Selbstbewusstsein und Selbständigkeit erworben. Mit zehn Jahren, kurz nachdem ich auf die Oberschule gekommen war, wurde ich von Mutter und Schwester getrennt und kam mit meiner Klasse in ein Lager in Garmisch-Partenkirchen. Damals war ich furchtbar unselbständig. Noch nie im Leben war ich allein Straßenbahn gefahren. Nicht einmal meine Zöpfe konnte ich selbst flechten – ich hatte sehr langes Haar, die Zöpfe verfilzten mehr und mehr, weil ich mich nicht traute, sie zu öffnen. Sogar das Essen mit Messer und Gabel bereitete mir Schwierigkeiten, sodass ich in den ersten Tagen der Kinderlandverschickung behauptete, Vegetarierin zu sein, weil ich mit dem Fleisch nicht zurechtkam. Meine Mutter hatte ihre kleine, verträumte Lore immer sehr umsorgt. Doch da ich nun auf mich allein gestellt war, eignete ich mir die praktischen Dinge gezwungenermaßen recht schnell an. Ich schämte mich dafür, dass ich sie nicht beherrschte, und gab mir große Mühe.

Bis dahin hatte ich meist mit leiser, undeutlicher Stimme gesprochen, nun lernte ich auch, mir Gehör zu verschaffen und mich durchzusetzen. Mein Gerechtigkeitssinn und mein Selbstbewusstsein prägten sich aus.

Wir hatten eine Lehrerin, von der man heute sagen würde, sie hatte sadistische Züge. Wenn Kinder sich angeblich nicht gut benahmen, entzog sie ihnen das Essen, vorzugsweise den Nachtisch. Diese Lehrerin und manche ihrer Kolleginnen horteten den Nachtisch vieler Kinder und vertilgten ihn anschließend in ihren Zimmern. Manchmal wurden Kinder auch ganz ohne Essen ins Bett geschickt. Da begehrte ich auf, sagte: »Sie wissen, dass Sie nicht das Recht haben, uns hungern zu lassen.« Zumal wir in einem Alter waren, in dem Kinder andauernd Hunger haben.

Bald galt ich als aufmüpfig, ich bekam schlechte Noten, und einmal sagte die sadistische Lehrerin zu mir: »Du gehörst auf die Hilfsschule.« Darauf erhob ich mich – das musste man damals, wenn man etwas sagen wollte – und erwiderte: »Sie wissen genau, dass das nicht stimmt. Sie sagen es nur, um mich zu verletzen. Und das dürfen Sie nicht.« Auch für andere Schüler setzte ich mich lautstark ein, sodass ich ständig mit Strafarbeiten beschäftigt war. Das begann schon am frühen Morgen: Um fünf Uhr musste ich die Milch von einem weit entfernten Bauernhof in schweren Milchkannen ins Lager schleppen.

Von Garmisch wurde unsere Klasse nach Hof in Oberfranken verlegt, dann ins nahegelegene Bischofsgrün, wo zufällig auch meine Schwester mit ihrer Klasse untergebracht war. Ein Glück! So fanden wir uns und konnten uns zum Kriegsende gemeinsam auf den Weg machen. Zuerst gingen wir zum fünf Kilometer entfernten Bahnhof, wo wir feststellen mussten, dass keine Züge mehr fuhren. Da unsere Koffer für eine 150 Kilometer lange Wanderung viel zu schwer waren, stopften wir das Nötigste in unsere Kopfkissenbezüge, schulterten sie wie Beutel und stapften los. Landkarten hatten wir nicht, aber wir wussten die ungefähre Richtung. Hin und wieder nahmen uns Soldaten auf ihren Lastwagen für ein paar Kilometer mit – Landser, die in Richtung Westen zurückfluteten. Manchmal gaben sie uns auch etwas zu essen oder zu trinken, hatten Mitleid mit uns hungrigen Kindern.

Als wir eines Tages wieder mit Landsern unterwegs waren, schrie einer von ihnen plötzlich: »Ihr müsst sofort runter!« Sie schubsten uns vom Wagen, hinein in den Graben. Meine Schwester hatte eine kleine Babydecke mit, ihre Schnuffeldecke, die zog sie über unsere Köpfe. Trotzdem konnte ich noch etwas sehen, ich sah den blonden Amerikaner, der auf uns schoss. Er traf uns nicht, niemanden aus unserer Gruppe. Dennoch sind das Momente, die man im Leben nie vergisst.

An anderes kann ich mich heute nicht mehr gut erinnern – vielleicht habe ich es verdrängt? Wie konnten wir überleben mit so wenig Essen und Trinken? Wo haben wir geschlafen? Konnten wir überhaupt schlafen – hatten wir nicht ständig furchtbare Angst? Oder haben wir einander Kraft und Mut verliehen? Hat uns der Gedanke an unser Ziel – die Mutter, ein Zuhause – am Leben erhalten und den Weg gewiesen?

Als Ursula und ich nach acht Tagen unser Ziel erreichten, bekam meine Mutter zwei stark veränderte Töchter zurück – mager und schmutzig, das war das Äußere. Innerlich waren wir beide sehr gereift. Ich hatte in der Kinderlandverschickung meine Verträumtheit und Langsamkeit verloren, war – gezwungenermaßen – willensstark und selbstbewusst geworden. Ich hatte gelernt, allein zurechtzukommen und mich durchzusetzen.

Gleichheit und Andersartigkeit

Wir froren erbärmlich, waren ängstlich und erschöpft. Hätten wir gestanden, statt auf dem Boden des Güterwaggons zu sitzen, wir wären vor Müdigkeit umgefallen. So ging es zehn Tage lang auf dem Weg von Bayern nach Hamburg, im März 1946. Was erwartete uns im Norden? Wo konnten wir unterkommen, wie würden wir leben? Wir wussten es nicht. Dennoch wollten wir zurück dorthin, wo einmal unser Zuhause gewesen war, wollten wieder zur Schule gehen, wir sehnten uns nach Alltag, nach Normalität.

In der bayerischen Kreisstadt Parsberg hatte die amerikanische Militärregierung unsere Mutter als Dolmetscherin eingesetzt. Sie konnte gut Englisch – mit dem amerikanischen Englisch der Soldaten hatte sie allerdings ihre Schwierigkeiten, wie sie Ursula und mir gestand: »Ich ahne immer nur, was sie sagen. Hoffentlich kommt es mit meinen Übersetzungen ungefähr hin.« Die Amerikaner beschlagnahmten für ihre Mitarbeiter Wohnungen der Zivilbevölkerung, eine davon stellten sie uns zur Verfügung – entsprechend ablehnend reagierten die vorherigen Bewohner, als wir zwei Zimmer ihrer Wohnung übernahmen. Trotzdem waren wir drei froh, ein robustes Dach über dem Kopf zu haben.

Recht schnell organisierte unsere Mutter einen Nebenjob. Viele Bauernsöhne aus dem Umland waren in Kriegsgefangenschaft, auf den Höfen ihrer Eltern wurde ihre Arbeitskraft zur Erntezeit 1945 dringend benötigt. Deshalb stellten die Eltern für ihre Söhne Entlassungsanträge an die amerikanische Militär-regierung. Man musste die Anträge auf Englisch einreichen, meine Mutter übersetzte sie für die Bauern. Sie eröffnete ein richtiges kleines Büro und ließ sich in Lebensmitteln bezahlen. Mit Geld konnte man wenig bewirken, es gab ja nichts zu kaufen. Und die oberpfälzischen Bauern hatten ohnehin kaum Geld.

Dank des Geschäftssinns und Fleißes unserer Mutter ging es uns vergleichsweise gut in den ersten Nachkriegsmonaten. Aber nach einem knappen Jahr machten wir uns auf den Heim-weg. In Parsberg konnten Ursula und ich nicht einmal zur Schule gehen, weil die Oberschule geschlossen worden war. Mit Hilfe der Militärregierung bekamen wir Plätze in einem Güter-wagen. Wir packten das bisschen Hausrat und die Kleidung ein, die wir hatten, dazu eine ganze Menge landwirtschaftliche Pro-dukte zur Verpflegung und als Zahlungsmittel. Ständig blieb der Güterzug irgendwo stehen, musste warten, wurde dann wieder angeschoben, die Fahrt zog sich scheinbar ewig hin. Den Boden unseres Waggons hatten wir mit Stroh ausgelegt, aber es war schrecklich kalt, unbequem und laut. Im Waggon gab es einen kleinen Kanonenofen, aus dem immer wieder Feuerung herausfiel, in das Stroh hinein. Irgendwie haben wir es überstanden. Nach zehn Tagen erreichten wir Hamburg, hatten keine Wohnung, nichts. Die Stadt lag in Trümmern – und wir mittendrin. Es war abenteuerlich, erschreckend und ängstigend.

Zunächst kamen wir bei Bekannten in Hamburg-Borgfelde unter; sie quartierten uns in der Garage ein und nahmen alle Vorräte, die wir mitgebracht hatten, an sich. Sie bestahlen uns nach Strich und Faden, nach kurzer Zeit besaßen wir nichts mehr. Die Menschen in Hamburg litten furchtbaren Hunger, aus heutiger Sicht ist es verständlich, dass vielen das Hemd nä-her war als die Jacke. Aber damals hatten wir kein Verständnis, wir hatten Hunger. Es war eine sehr unerfreuliche Zeit für uns in der Alfredstraße in Borgfelde, wir waren heilfroh, als wir dort wieder ausziehen konnten. Gleich nach unserer Ankunft in Hamburg hatte unsere Mutter bei der Schulbehörde vorgesprochen und um Arbeit gebeten. Wenige Monate später bekam sie eine Stelle als Lehrerin, außerdem teilte uns das Wohnungsamt zwei Zimmer in Billstedt zu, einem reinen Arbeiterviertel. Für unsere Mutter, eine ehemals »höhere Tochter«, war Billstedt eine Katastrophe. »O Gott«, sagte sie, »wenn mir das früher jemand gesagt hätte, dass wir einmal hier landen!«

Knapp zwei Jahre später bekamen wir eine Dienstwohnung in der Schule, in der meine Mutter arbeitete, zugewiesen. Natürlich bewohnten wir sie nicht allein, sondern zusammen mit einer zweiten Lehrerfamilie. Jede Familie hatte zwei kleine Zimmer, die Toilette und die Küche teilten wir uns, ein Badezimmer gab es nicht. Die andere Familie war wenig angenehm, es war alles sehr beengt, die Umstellung enorm – unsere frühere Hamburger Wohnung hatte fünf Zimmer gehabt und einen zehn Meter langen Flur. Enger Wohnraum bedeutet nicht nur das Fehlen von Luxus. Man kommt in beengten Verhältnissen auch schlechter zu sich, findet schwerer Ruhe.

Die Wohnsituation störte uns aber weniger, als man meinen könnte, denn wir waren kaum zu Hause, hatten genug draußen zu tun. Und schlimmer, viel schlimmer als die Enge waren der Hunger und die Kälte. Es gab fast nichts zu essen, kein Brot, nichts, was den Hunger einer Dreizehnjährigen hätte stillen können. Manchmal wurden uns Kohlköpfe zugeteilt, dann zogen meine Schwester und ich mit je einem Viertel rohen Kohlkopf in die Schule. Es war das Einzige, was wir den Tag über zu essen bekamen. Das alles ist nun an die siebzig Jahre her, vieles habe ich vergessen. Aber das Hungergefühl, diese schmerzhafte Schwäche im Körper, ist mir bis heute präsent. So verzweifelt hungrig ins Bett zu gehen, dass man nächtelang keinen Schlaf fand, war eine Quälerei. Sie raubte mir die Lebensfreude.

Später gab es die Schulspeisung, aber das war auch nur eine Mahlzeit am Tag. Und dann der harte Winter 1946/47 – die Menschen starben wie die Fliegen, auch bei uns zu Hause ging es ums nackte Überleben. Ursel und ich zogen in den Wald, um Feuerholz zu besorgen. Wir schlugen Bäume, zersägten die Stämme, damit sie auf unseren Bollerwagen passten, zogen unsere Beute viele Kilometer weit bis nach Hause, hackten sie klein und schleppten sie in die Wohnung. Und das war noch eine der leichteren Aufgaben.

Weitaus unangenehmer gestaltete sich die Kohlebeschaffung. Dazu liefen Ursula und ich wiederum kilometerweit bis an den Stadtrand zu einem großen Gleisgelände, und zwar nachts. Dann trafen die Güterzüge aus dem Ruhrgebiet ein mit Koks für die Gaswerke. Kinder kletterten auf die Züge und warfen Koks hinunter – unten standen Erwachsene und sammelten die Kohle ein. Zu denen, die einsammelten, gehörte meine Schwester. Zu denen, die kletterten, gehörte ich. Es war sehr schwierig und bedrohlich, denn die Züge fuhren unter niedrigen Brücken hindurch, sodass man sich flink ducken musste. Oben auf den Brücken standen englische Soldaten mit Gewehren. Ihre Aufgabe war es, die Kohletransporte zu bewachen. Zum Glück waren sie menschlich genug, um nicht auf uns Kinder zu schießen. Aber wir konnten uns dessen ja nie sicher sein. Die Soldaten jagten uns gehörige Furcht ein.

Wir hatten keine andere Wahl. Es gab keine Zuteilung, keine Möglichkeit, an Kohle zu kommen, außer sie zu stehlen. Die effektivste Methode war zugleich die gefährlichste: Vor den Toren der Stadt gab es ein sogenanntes Rieselfeld. Das Hafenbecken musste damals ständig ausgebaggert werden, damit die Elbe nicht versandete. Auf dem Rieselfeld spien die Bagger den

Schlick aus, den sie aus der Fahrrinne gehoben hatten. Darin fanden sich Kohlestücke, denn die Kohle kam nicht nur auf Gleisen, sondern auch auf dem Wasserweg in die Stadt. Wurde sie gelöscht, fiel gelegentlich etwas über Bord. So zogen Ursel und ich morgens um vier Uhr mit unserem Bollerwagen los zum Sauger, wie man jene speziellen Bagger nannte, und fischten Kohlestücke aus dem Schlick. Wir trafen andere Menschen dort, die mit uns sammelten, aber kaum andere Kinder. Der Sauger spie seine Fracht in einem riesigen Schwall heraus. Immer bestand die Gefahr, von der Wucht jenes Schwalls umgeworfen und unter dem Schlamm begraben zu werden. Ich war ein fadendünnes Mädchen, und ich sah kräftige Männer schwanken in dem Schlick. Oft träumte ich nachts, dass der Schlamm mich mitriss. Doch tagsüber hatte ich nicht viel Zeit, mich mit meiner Angst zu beschäftigen, und es gab ja keine Alternative. Die Kälte hätte uns sonst umgebracht.

Unsere Mutter mühte sich nach Kräften, für uns Mädchen zu sorgen; ihre Kraft reichte allerdings nicht, um nachts Kohle an den Gleisen zu sammeln, Bäume im Wald zu schlagen oder Feuerung aus dem Hafenschlick zu fischen. Sie war eine willensstarke, intelligente und gebildete Frau. Patent in Bezug auf die Bewältigung praktischer Aufgaben im Nachkriegs-Überlebenskampf war sie jedoch nicht. Ursel und ich erkannten das instinktiv und übernahmen deshalb diese Aufgaben selbst und allein. Das Dreierteam aus Mutter und Töchtern funktionierte, zu Hause waren die Aufgaben nach Begabung verteilt, wir ergänzten einander: Ursula kochte gern und gut. Die Mutter war eine geschickte Näherin, aus Lumpen zauberte sie wärmende und ansehnliche Kleidung, außerdem dekorierte sie die Wohnung – mit einfachsten Mitteln sorgte sie für Behaglichkeit. Ich war für alles Technische zuständig, zum Beispiel reparierte ich Lampen.

Nach dem Kokssammeln zogen wir Schwestern morgens

mit unserem Bollerwagen nach Hause, wuschen uns schnell mit kaltem Wasser – und dann ab zur Schule. Nach der Schule haben wir Steine aus den Trümmern der Stadt behauen, damit sie als Baumaterial wiederverwendet werden konnten. Man spricht bis heute oft von den Trümmerfrauen, aber auch viele Trümmerkinder leisteten harte Arbeit. Bald gab ich zudem anderen Schülern Nachhilfeunterricht, und zwar täglich. Ab dem fünfzehnten Lebensjahr habe ich jeden Pfennig selbst verdient, den ich für Persönliches wie Kleidung, Bücher oder für Eintrittskarten in die Oper brauchte. Die Oper habe ich schon immer geliebt, als junges Mädchen ganz besonders. Eine echte Leidenschaft.

Auch Ursel gab Nachhilfestunden, ebenso unsere Mutter, die fast jeden Tag von früh bis spät arbeitete. Morgens unterrichtete sie in der Schule, nachmittags gab sie Privatstunden, und bald begann sie, abends Politikkurse für Erwachsene an der Volkshochschule zu geben. An der Haupt- und Realschule lehrte sie Englisch, Deutsch, Geschichte, Erdkunde und Staatsbürgerkunde. Das war das, was sie interessierte, und sie wollte ihr Wissen gern auch Erwachsenen vermitteln. Dabei spielte selbstverständlich auch das zusätzliche Geld eine wichtige Rolle. Ihr Lehrerinnengehalt war gering.

Die Nachkriegsjahre waren die prägendste Zeit meines Lebens – der Hunger, die Kälte, der Überlebenskampf, die Trümmer, der Wiederaufbau, die allmähliche Rückkehr der Normalität, der Beginn meines Arbeitslebens, meine Entdeckung der Opernwelt. Und ich mitten in der Pubertät. Die Erfahrungen jener Jahre lehrten mich unter anderem, dass man im Leben nur einem Menschen wirklich vertrauen kann – und das ist man selbst. Obgleich diese Erkenntnis ein wenig bitter klingen mag, beinhaltet sie viel Gutes: Ich lernte, Eigenverantwortung zu übernehmen, und ich erlangte die Gewissheit, dass ich im Ernstfall ausreichend Kraft aufbringe, um für mich selbst zu sorgen. Wir jungen Menschen wurden, wie man so sagt, »fürs Leben gestählt«.

Rückblickend sehe ich auch, dass ich damals erfuhr: Materielle Einschränkungen, und seien sie noch so gravierend, machen das Leben nicht weniger lebenswert. Manche Menschen meiner Generation neigen nun dazu, die harten Erfahrungen als etwas Unvergleichliches herauszustellen und Menschen jüngerer Generationen vorzuhalten: »Ihr habt es viel zu gut!« Das sehe ich anders. Ich wünsche niemandem die lebensbedrohlichen Erfahrungen, die wir machten. Aber auch die heutige Jugend hat ihre Probleme – jede Generation hat eigene Herausforderungen. Und da jeder Mensch sein Leben subjektiv erlebt, denkt ein Jugendlicher heute natürlich nicht: »Ein Glück, dass mein Problem nur darin besteht, arbeitslos zu sein. Früher gab es viel Schlimmeres!« Nein, ich halte es nicht für erforderlich, in der Jugend existenzielle Not zu erleben, um reifen zu können. Die Hauptsache ist meinem Empfinden nach heute wie damals, dass junge Menschen ihre Fähigkeiten erkennen, die Herausforderungen annehmen, dass sie ihre Kraft nutzen, um voranzukommen und Probleme zu lösen – und nicht um Unsinn anzustellen.

Wenn ich an die Nachkriegszeit denke, sehe ich kaum Männer vor meinem inneren Auge – das war eine weitere Besonderheit jener Jahre: Die meisten Männer waren entweder im Krieg gefallen oder wurden jahrelang in Kriegsgefangenschaft festgehalten. So auch unser Vater, der in verschiedenen Lagern in Bayern gefangen blieb. Es waren Frauen, die das Überleben in Hamburg und anderen Städten sicherten. Frauen trugen die Kriegstrümmer ab und sorgten dafür, dass auf das frühe Nachkriegschaos eine gewisse Ordnung und Stabilität folgte. Das fand ich völlig normal, ich kannte nichts anderes und konnte so auch nicht auf die Idee kommen, Frauen seien schwächer als Männer, weniger begabt oder weniger wert. Als die Männer nach und nach zurückkehrten, wurde die Situation durch sie oft schwieriger. Viele waren krank und verdienten kein Geld, sie mussten gepflegt und ernährt werden. Hätte mir damals jemand gesagt, Frauen bräuchten Männer, um im Leben zurechtzukommen, hätte ich nicht verstanden, wovon die Rede ist.

Allerdings brachten zurückgekehrte Männer die gut funktionierende Ordnung der Frauenwelt häufig durcheinander. Die Mutter meiner damaligen besten Freundin hatte zum Beispiel bis zum Krieg als Straßenbahnschaffnerin gearbeitet. Im Krieg, als die Männer im Feld waren, übernahm sie die Kurbel, sie wurde Straßenbahnführerin. Viele Jahre sammelte sie Erfahrungen, mit Bravour führte sie die Bahn erst durch den Bombenhagel, dann durch das zerstörte Hamburg, auf verbogenen und verkohlten Gleisen, was eine große Leistung war. Als die einstigen Straßenbahnführer aus Krieg und Gefangenschaft zurückkehrten, degradierte die Hamburger Hochbahn ihre Straßenbahnführerinnen wieder zu Schaffnerinnen, als wäre es eine Selbstverständlichkeit. Die Mutter meiner Freundin fand das ungeheuerlich, meine Mutter, Ursula und ich fanden es ungeheuerlich und unsere Freundinnen ebenso. Dass die zurückkehrenden männlichen Straßenbahnführer keinerlei Erfahrungen mit den Trümmerbergen hatten? Diese Tatsache schien bei der Hamburger Hochbahn nicht von Belang zu sein. Dass es klüger gewesen wäre, qualifizierte Frauen auf ihrer Position zu belassen und die weniger qualifizierten Männer für wichtige neue Tätigkeiten auszubilden? Keiner der Personalverantwortlichen kam auf die Idee. Und diejenigen, die auf solche Ideen kamen – die betroffenen Frauen und ihre Bekannten –, waren mit der Existenzsicherung und Versorgung versehrter Männer dermaßen ausgelastet, dass ihnen die Kraft fehlte, auf die Barrikaden zu gehen. Sie resignierten.

Später erfuhr ich von vielen ähnlichen Begebenheiten. Eine

Juristin hatte die Kanzlei ihres Mannes während des Krieges weitergeführt. Eigentlich durften Frauen den Anwaltsberuf unter der Naziherrschaft nicht ausüben, aber jener Frau hatte man eine Ausnahmegenehmigung erteilt. Während ihr Mann im Feld war, wurde sie zu seiner Stellvertreterin ernannt, es gab dafür das schöne Wort »Verweserin«. Man stufte sie aus einer Not heraus quasi als Mann ein, es war eine Art Mimikry. Als der Ehemann der Juristin aus dem Krieg zurückkehrte, verlor sie umgehend die Zulassung, in der Kanzlei mitzuarbeiten, geschweige denn sie mit zu leiten. Jahrzehnte später lernte ich diese Frau kennen, da war sie bereits eine sehr angesehene Richterin am Bundesarbeitsgericht. Und noch immer erzählte sie zu Recht voller Empörung davon, wie sie einst verdrängt worden war: »Jahrelang hatte ich die Kanzlei geführt, in schwierigsten Kriegszeiten den Betrieb aufrechterhalten. Und kaum war mein Mann zurück, durfte ich nicht einmal mehr Anwältin sein.« Die Frauen hatten zurückzutreten, ohne rationale Begründung. So etwas prägt.

Mein Vater kam 1948 aus der Gefangenschaft zurück, ich hatte ihn vier oder fünf Jahre nicht gesehen. Eine lange Zeit, insbesondere für ein Kind. Wir waren uns fremd – auch weil er sich sehr verändert hatte. Er war Panzergeneral gewesen, ein Kriegsstratege. Im Ostfeldzug hatte er eine maßgebliche Rolle gespielt, im Balkankrieg hatte er Divisionen geführt. Dann folgte die Gefangenschaft, und degradiert wie alle leitenden Offiziere kam er nach Hause. Er erhielt keine Pension, sie wurde ihm erst zehn Jahre später ausgezahlt. Natürlich passierte bei uns zu Hause das Gleiche wie in den meisten Familien: Der zurückgekehrte Vater meinte, alles müsse auf sein »Kommando« hören – was absolut nicht funktionierte. Wir hatten jahrelang für uns allein gesorgt, und nun mussten wir noch einen weiteren Menschen durchbringen, den Vater. Das war die Situation. Er kam überhaupt nicht damit zurecht.

Unser Vater war elf Jahre älter als unsere Mutter, aber mit seinen 54 Jahren noch weit entfernt vom gewöhnlichen Rentenalter. Eine leistungsgewohnte Persönlichkeit und nun ohne Aufgabe, ohne Einkommen, ohne Beruf und auch zu Hause ohne Macht. In unserer Familie gab es extreme Spannungen, der Vater war voller Zorn. Erst viel später begriff ich, wie unerträglich die Situation für ihn gewesen sein muss. Er hatte im Krieg all seine Energie eingesetzt, hatte seine Gesundheit riskiert, seine Familie allein gelassen – alles für den Staat. Und plötzlich war er ohne Bedeutung, er fühlte sich fallengelassen. »Aber Hans, wir haben den Krieg verloren«, sagte meine Mutter immer wieder. »Du weißt, was das bedeutet.« Natürlich wusste er es. Auch war er sich bewusst, dass der Staat, für den er alles gegeben hatte, nicht mehr existierte. Den Sachverhalt mit der Vernunft zu erfassen, war eine relativ leichte Aufgabe. Die andere, viel schwierigere Herausforderung war für ihn, seine Lage zu ertragen.

Wie die meisten Jugendlichen stellten auch Ursula und ich unbequeme Fragen: Wie konntet ihr diesen Krieg führen? Ihr als Offiziere musstet doch merken, was da gespielt wurde! Viele Väter ließen sich auf überhaupt keine Diskussionen ein, unser Vater nur bedingt. Er versicherte glaubhaft, manches nachhaltig Gute im Krieg bewirkt zu haben. Beispielsweise war er sehr bewandert im Bereich der bildenden Kunst und hatte dafür gesorgt, dass viele Kunstwerke unbeschädigt blieben. Es war ihm ein echtes Anliegen, dass europäisches Kulturgut erhalten blieb, so etwas konnte man gut mit ihm besprechen. Über die negativen, unrechten, grausamen Seiten des Krieges hingegen schwiegen wir bald. Kinder und Jugendliche merken schnell, welche Themen sie besser nicht ansprechen, weil die Diskussion zu nichts führt.

Zu einem Menschen, der sich in einer ähnlichen Lage befindet wie mein Vater damals, würde ich heute sagen: Es bringt nichts, zu grollen und mit dem Schicksal zu hadern. Ein wichtiger und interessanter Teil deines Lebens ist unwiderruflich vorbei, finde dich damit ab und schau nach vorn. – Aber als junger Mensch bekommt man das nicht hin, schon gar nicht als Tochter.

Um nicht tatenlos dazusitzen und seiner Familie zur Last zu fallen, versuchte unser Vater sich im kaufmännischen Bereich, er nahm eine Tätigkeit als Handelsvertreter auf. Natürlich konnte dieser Versuch nicht gelingen. Woher sollte ein ehemaliger General das Wissen und Können nehmen, um als Handelsvertreter zu reüssieren? Überhaupt war es sehr schwierig für ihn im zivilen und vor allem im wirtschaftlichen Bereich. Es galt das Recht des Stärkeren, der Schwarzmarkt blühte, es herrschte eine Raubtiermentalität. Mit solchen Zuständen konnte ein preußischer Offizier nicht umgehen. Erst einige Jahre später gelang es meinem Vater, beruflich erneut Fuß zu fassen: Er erstellte politische Analysen. Er hielt viele Vorträge, wurde oft von der Konrad-Adenauer-Stiftung beauftragt.

Zum Beispiel bat man ihn, die Frage der Wiederbewaffnung zu beurteilen; auch konnte er sehr gut den Osten einschätzen, was äußerst wichtig war. Insofern wirkte unser Vater am Aufbau der Bundesrepublik Deutschland mit. Finanziell brachte es wenig, das Geld verdiente weiterhin die Mutter, bis Ende der fünfziger Jahre die Pension meines Vaters eintraf. Die leidige Frage nach dem Familienunterhalt – den ja normalerweise das sogenannte Familienoberhaupt bestritt – hatte sich damit endlich erledigt. Ursula und ich sorgten mittlerweile ohnehin für uns selbst.

Kinder brauchen Väter, das gilt heute wie damals. Und es gilt meiner Erfahrung nach insbesondere für Töchter. Dass Mädchen heute wie zu meiner Jugendzeit weit überwiegend von den Müttern erzogen werden, ist ein Umstand, der meinen

Beobachtungen zufolge die Entwicklung hin zur gesellschaftlichen Gleichstellung von Männern und Frauen erschwert.

Eltern können ihre Kinder nur dann anders erziehen, als sie selbst erzogen wurden, wenn sie als Erwachsene eine Phase der Bewusstmachung durchlaufen haben. Die meisten Menschen stellen sich dieser Aufgabe nicht, viele haben keine Gelegenheit dazu. Üblicherweise erzieht deshalb jeder Elternteil seine Kinder so, wie er selbst erzogen wurde, und gibt zudem das an seine Kinder weiter, was er im Laufe des Lebens außerhalb der Familie gelernt und erfahren hat. Dadurch pflanzen sich Geschlechterrollen auch dann fort, wenn sie für die Gesellschaft und für den Einzelnen ungünstig sind. Mütter, die keinen Zugang zu Hierarchien, Karriere und Erfolg haben, weil sie einen sogenannten typischen Frauenberuf ausüben – wie Sekretärin, Grundschullehrerin, Friseurin oder Krankenschwester –, können ihren Töchtern keinen Zugang zur Welt der Wirtschaft, der höheren Qualifikationen, der Karrieren und der Führungsverantwortung vermitteln. Diese Welt bleibt Mädchen fremd, wenn Väter nicht diesen wichtigen Teil der Erziehung übernehmen.

Um in dieser Welt persönliche Erfolge zu erzielen, ist es elementar wichtig, die Funktion und die Notwendigkeit von Macht und Hierarchien zu kennen. Man muss Machtstrukturen durchdringen, persönlichen Einfluss schaffen und ständig erweitern, muss Hierarchien akzeptieren und sich innerhalb bestehender Hierarchien angemessen bewegen. Den meisten Männern ist das eine Selbstverständlichkeit. Ich denke, dass sich diese Haltung aus der Evolution ergeben hat, denn seit Jahrtausenden wachsen Jungen in Hierarchien auf. Jahrtausendelang war es die Aufgabe der Männer, die Familie gegen Feinde zu schützen und für Nahrung zu sorgen, indem sie auf die Jagd gingen. Beides konnte nicht gelingen, wenn jeder tat, was er wollte. Einer musste vorangehen, die Richtung vorgeben und Entscheidungen treffen. Es war lebensnotwendig, dass alle anderen den Anweisungen folgten. Man konnte weder sagen: »Mach du doch, was du willst«, noch war es möglich, unentwegt die Marschrichtung zu diskutieren. Deswegen kann heute noch jeder Durchschnittsmann sehr gut damit umgehen, dass jemand in der Hierarchie über ihm steht, und er neigt nicht dazu, die Entscheidungen des Oberen ständig in Frage zu stellen. Sicher kommt es vor, dass ein unqualifizierter Chef die Nerven seiner männlichen Mitarbeiter strapaziert. Das Prinzip der Hierarchie werden die Mitarbeiter deshalb jedoch nicht anzweifeln.

Ganz anders die Durchschnittsfrau: Sie neigt dazu, Höhergestellte mit Argwohn zu betrachten, Anweisungen in Frage zu stellen und Gegenvorschläge zu machen. Sie kann Macht nur schwer akzeptieren und bewegt sich unbeholfen innerhalb von Hierarchien. Dahinter steckt wohl ebenfalls die Evolution, denn in der Geschichte der Menschheit waren Frauen die meiste Zeit für den häuslichen Bereich zuständig, in dem es kein oder kaum ein Machtgefüge gab. Vielleicht war einer jungen Frau die Mutter oder Schwiegermutter vorangestellt, natürlich hatte der Mann die Position des Familienoberhauptes inne, und die Kinder hatten zu gehorchen. Doch die häusliche Arbeit an sich erforderte keine Führung und keine Gefolgschaft. Die Familie konnte gut überleben, wenn eine Frau kochte, wusch, nähte und Feuer machte, wann und wie es ihr gefiel. Frauen hatten zwar das theoretische Wissen, dass zum Beispiel eine Majestät an der Spitze der Gesellschaft steht und man ihr nicht widersprechen kann. Frauen lernten, dass so die Welt funktionierte. Aber es war nicht ihre Welt. Und seitdem Macht nicht mehr allein erblich, sondern durch persönlichen Einsatz erreichbar ist, erscheint sie vielen Frauen umso suspekter, ist sie noch schwieriger zu akzeptieren.

Wir haben Hierarchien in der Politik, in der Wirtschaft, in der Verwaltung, in der Wissenschaft – überall. Um selbst Karriere zu machen, muss man die bestehende Hierarchie zunächst verstehen, dann akzeptieren, seine Position darin finden und einen Plan haben, wie man nach und nach in der Hierarchie aufsteigt. Diesen selbstverständlichen Umgang mit Macht können Mädchen in der Regel nur von Männern lernen, vor allem von Vätern, aber auch von Brüdern, Onkeln, Nachbarn, Freunden. Im alltäglichen Umgang können die Männer den Mädchen ein Vorbild sein und vermitteln, was es bedeutet, Teil einer Hierarchie zu sein. Eine typische Szene wäre etwa die folgende: Man stelle sich eine Familie am Abendbrottisch vor.

Vater: »Schlechte Nachrichten: Wir können nicht wie gewohnt im Frühling verreisen. Mein Chef hat eine Urlaubssperre verhängt.«

Mutter: »Dieser blöde Kerl! Das lässt du dir bieten?«

Vater: »Ja, ich habe doch von unserem neuen Großkunden erzählt. Bis zu den Frühjahrsferien ist nicht genug Zeit, um alle Stellen zu besetzen und die neuen Mitarbeiter einzuarbeiten.«

Mutter: »Und deshalb sollen wir auf unseren Familienurlaub verzichten? Würde dein Chef dich wirklich wertschätzen, ließe er dich verreisen. Ich habe doch schon immer gesagt: Er will dir nicht gut. Du solltest dir einen anderen Job suchen.«

Vater: »In einem anderen Job könnte genau das Gleiche passieren. Es ist, wie es ist.«

Die Kinder hören aufmerksam zu und stellen fest: Der Vater akzeptiert die Vorgabe des Chefs, er wirkt dabei überzeugt und überzeugend. Und vielleicht ist er ein Jahr später schon selbst ein Chef. Während die Mutter, die rein emotional argumentiert und den Chef in Frage stellt, eine einfache Angestellte bleibt und ein viel kleineres Auto fährt als der Vater. Frauen, die irgendwann sehen, dass die Macht an ihnen vorbeigegangen ist, neigen dazu, das Machtsystem an sich zu kritisieren und möglicherweise zu ihren Töchtern zu sagen: »Da oben sitzen doch sowieso nur Nichtskönner. Darum müsst ihr euch nicht kümmern.« Großes Pech für die Mädchen! Natürlich sollen sie nicht kritiklos zu den Mächtigen aufschauen, keineswegs. Aber sie müssen die Regeln begreifen, um mitspielen zu können.

Eine weitere wichtige Fähigkeit, die Mädchen sich am besten von ihren Vätern abgucken können, ist der Umgang mit Netzwerken. Das ungezwungene, natürliche Wir-Gefühl. Die meisten Jungen formieren sich schon in früher Kindheit zu Gruppen, vor allem im Mannschaftssport. Mädchen machen Ballett oder reiten, sie entscheiden sich für Sportarten mit weniger Wir-Gefühl. 99 Prozent aller männlichen Jugendlichen und Männer sind dagegen von Fußball begeistert. Sehr gebildete Männer ziehen fröhlich ins Fußballstadion und verwandeln sich in leidenschaftliche Fans. Sie lassen sich von der Atmosphäre anstecken, jubeln und schimpfen und werfen die Arme in die Luft. Als Senatorin habe ich Fußballspiele sowohl in der HSV-Arena besucht als auch im Berliner Olympia-Stadion. Das Wogen der männlichen Massen fand ich ebenso beeindruckend wie beängstigend. Durch den Fußball haben Männer in allen Lebenslagen auch immer gleich ein gemeinsames Smalltalk-Thema. Jungen werden somit von klein auf daran gewöhnt, dass das Agieren in Netzwerken zum Leben gehört, Spaß macht, Halt gibt und den Menschen weiterbringt. Ein vergleichbares Phänomen fehlt uns Frauen.

Der Begriff »Networking« ist seit einigen Jahren modern, aber seit Jahrhunderten schon sind erfolgreiche Männer vernetzt. Sei es beim Militär, in studentischen Verbindungen, in Gesellschaftsclubs wie Rotary und Lions, in Golfclubs. Sie wissen, es geht nicht anders, und sie haben Freude daran. Wenn sie einen Rat brauchen, einen Kontakt in einer anderen Stadt oder einen neuen Mitarbeiter, dann rufen sie ihre rotarischen Freunde an. Gern auch, wenn es darum geht, ihre Söhne beim beruflichen und sozialen Vorankommen zu unterstützen. Viele Frauen hingegen haben bis heute Probleme mit Netzwerken, sie sprechen abwertend von »Vereinsmeierei« oder »Seilschaften«. Und wenn sie sich doch dazu durchringen, ein Netzwerk aufzubauen, geschieht es häufig, dass sie alle ihre Freundinnen und Kolleginnen einladen. So kann das nichts werden – in einem effektiven Netzwerk geht es um Exklusivität, um einen Inner Circle. Das bedeutet auch, sich abzugrenzen. Viele Frauen finden das suspekt, sie wollen Machtkonzentration vermeiden, aber sie vermeiden sie nicht tatsächlich – sie tragen dazu bei, dass die Macht sich anderswo konzentriert.

Es gibt einige sehr gut funktionierende internationale Frauennetzwerke wie Soroptimist oder Zonta International, bei dem ich Mitglied bin. Auch existieren viele Frauen-Berufsverbände. Aber es ist alles noch recht neu, nicht zu vergleichen mit den Verbindungen, die Männer seit Menschengedenken geknüpft haben. Deshalb ist es so wichtig, dass Männer ihren Töchtern das Networking vorleben, dass sie ihnen vermitteln, wie notwendig und effektiv ein Netzwerk ist.

Wenn Männer und Frauen sich die Erziehung teilen, werden dadurch nicht nur die Frauen entlastet; es bringt den Kindern – und ich sage: vor allem den Mädchen – einen unschätzbaren Gewinn für die Entwicklung ihrer Persönlichkeit, fürs ganze Leben. Es freut mich sehr, zu sehen, mit welchem Engagement und welcher Natürlichkeit sich manche Väter heutzutage ihren Kindern widmen. Und ich finde es tragisch, dass so viele Trennungskinder den Vater nur besuchsweise sehen. Fragt man Frauen, die beruflich sehr erfolgreich sind, nach ihrer Erziehung, so berichtet ein Großteil, dass die Väter eine wichtige Rolle in ihrer Kindheit und Jugend spielten und die Töchter »gepusht« haben. Oft haben sie ihnen spielerisch beigebracht, Hindernisse als positive Herausforderung zu sehen, sich mit Fairness und Sportsgeist gegen andere durchzusetzen. Väter müssen sich ihrer Verantwortung für die Zukunft der Töchter bewusst sein. Mütter allein vermögen das oft noch nicht zu leisten.

Mein Vater konnte mir nur weniges durch sein Vorbild vermitteln, denn er war ja fast nie da. Dafür hatte ich das Glück, dass meine Mutter eine besonders qualifizierte, selbständige und freiheitlich denkende Frau war. Hätte jemand ihr gegenüber geäußert, dass Frauen schwach sind und männlicher Hilfe bedürfen, um im Leben zurechtzukommen – meine Mutter hätte skeptisch gelächelt.

Dass eine Mutter zweier Kinder in Vollzeit berufstätig war, galt damals als sehr ungewöhnlich. Ursula und ich kannten es nicht anders und haben nie Gedanken gehegt wie etwa: Hätte sie doch bloß mehr Zeit für uns! Im Gegenteil: Schon als junge Frau fragte ich mich oft, warum unsere Mutter beruflich nicht mehr aus sich machte. Sie war sehr begabt, warum blieb sie Lehrerin, warum stieg sie nicht auf in der Hierarchie und wurde Schulleiterin? Später sprach ich sie direkt darauf an. Ihre Antwort lautete: »Schulleiterin zu werden wurde mir mehrfach angeboten. Ich habe abgelehnt, weil ich Zeit für euch Kinder haben wollte.«

Das ist ein Motiv, das man akzeptieren muss, aber wirklich begriffen habe ich es nie. Meinem Empfinden nach hat ein Mensch, der begabt und erfahren ist in seinem Beruf, geradezu die Verpflichtung, voranzugehen und Einfluss zu gewinnen. Pädagogischen Einfluss im Falle meiner Mutter – nicht nur für sich, sondern für die Jugend, die Gesellschaft. Sie hätte außerdem die Möglichkeit gehabt, Karriere in der Schulbehörde zu machen, doch sie nutzte sie nicht. Ich bin mir nicht sicher, aber ich halte es für möglich, dass sie ihre Mutterrolle auch ein wenig als Alibi nutzte. Manche Frauen tun das – ob bewusst oder unbewusst: Sie begründen ihren Karriereverzicht mit Familienaufgaben, haben in Wirklichkeit aber auch Angst oder sind zu bequem, um sich der Konkurrenz – vor allem der männlichen Konkurrenz – im Beruf zu stellen.

Leider hatten meine Kinder nicht dauerhaft den Vater als

Erziehenden bei sich, der sie in die Denk- und Handlungsweise der Männer hätte einführen können. Denn meine Ehe verlief nicht glücklich und wurde nach elf Jahren geschieden. Zwar sahen meine Kinder ihren Vater auch danach regelmäßig, aber der nötige Lernprozess hinsichtlich Hierarchien konnte mangels ausreichender Gelegenheit nicht stattfinden. Deshalb bemühte ich mich, den Kindern beides zu sein, ich spielte die Mutter- und die Vaterrolle; vermittelte ihnen eine Vorstellung von der Berufswelt, von Machtstrukturen, Netzwerken, Verantwortung.

Leider starb mein geschiedener Mann sehr früh, im Jahr 1984. Nun fiel mir endgültig die gesamte Verantwortung für die kleine Familie zu.

In unserer Welt passiert es heute noch viel zu oft, dass Mädchen und Frauen von ihrem Weg abkommen, sich von Männern verdrängen lassen. Junge Frauen in Deutschland haben heute im Durchschnitt eine höhere Bildung als junge Männer: 47 Prozent der Frauen zwischen 20 und 25 Jahren verfügen über die Allgemeine Hochschulreife oder Fachhochschulreife – eine Qualifikation, die nur 38 Prozent der gleichaltrigen Männer haben. Im Alter zwischen 30 und 35 Jahren können gleich viele Frauen wie Männer einen Fachhochschul-, Hochschulabschluss oder eine Promotion vorweisen. Unter den Führungskräften in Unternehmen finden sich jedoch weniger als ein Drittel Frauen – die meisten von ihnen arbeiten in eher kleinen Betrieben; mit zunehmender Firmengröße sinkt der Anteil von Frauen mit Leitungsposition. Besonders haarsträubend ist die Situation in Vorständen und Aufsichtsräten, beispielsweise bei deutschen Banken und Sparkassen, deren Angestellte zu weit über 50 Prozent dem weiblichen Geschlecht angehören: In den Vorständen und Geschäftsführungen hundert großer Banken lag der Frauenanteil im Jahr 2011 bei nur drei Prozent, ihr Anteil in den

Aufsichts- und Verwaltungsräten betrug 17 Prozent. In den hundert größten deutschen Unternehmen ohne den Finanzsektor fanden sich zwei Prozent Frauen in den Vorständen und Geschäftsführungen und elf Prozent in den Aufsichts- beziehungsweise Verwaltungsräten.

Im Klartext: Mengen höchstqualifizierter Menschen bleiben nach Erlangung ihrer Qualifikation auf der Strecke, minder qualifizierte Kollegen übernehmen die Führung. Das ist nicht nur schade für die überholten Frauen – es ist eine wirtschaftliche und soziale Bankrotterklärung.

Meine Tochter Andrea brachte sich recht früh selbst bei, den eigenen Weg einzuhalten. Auf dem Bürgersteig vor unserem Haus suchte sie sich eine Reihe von Gehwegplatten aus und spazierte schnurgerade darauf hin und her. Kam ihr eine Frau entgegen und wich aus, freute Andrea sich, aber das passierte relativ oft und war bald schon keine große Herausforderung mehr. Ein besonderer Erfolg war es für sie hingegen, wenn ein Mann ihr freie Bahn ließ. Sie probierte verschiedene Methoden aus: stehen bleiben und lächeln oder einfach weitergehen und eine Kollision riskieren. Sie war sehr vergnügt, wenn entgegenkommende Männer in letzter Sekunde zur Seite sprangen.

Männer und Frauen sind unterschiedlich, sei es aus biologischen, psychologischen oder sozialen Gründen. Das Verschiedensein an sich ist kein Problem – problematisch wird es für Frauen nur dadurch, dass ihre speziell weiblichen Fähigkeiten oft dazu beitragen, sich von Männern dominieren zu lassen. Mädchen und Frauen haben in der Regel ein großes Harmoniebedürfnis, sie sind wenig konfliktbereit, nehmen sachliche Konflikte oft persönlich, tragen Verletzungen davon, die lange nachwirken. Sie wollen in allererster Linie gemocht, wenn nicht gar geliebt werden. Da auch ich eine Frau bin, kann ich das alles sehr gut verstehen. Auch ich hätte es gern, dass alle Welt mich liebt – aber ich habe gelernt, dass das nicht geschieht. Und auch ich habe keine Lust, tagtäglich bis an die Zähne bewaffnet in den Krieg zu ziehen – aber ich weiß, dass es manchmal nicht anders geht. Wer seine Würde und sein Selbstwertgefühl erhalten möchte, kann sich nicht ausschließlich so verhalten, dass er geliebt wird. Man darf nicht ständig zweiter Sieger bleiben und sich denken: Ehe ich in den Kampf ziehe, habe ich lieber meine Ruhe und überlasse dem Gegner kampflos das Feld. Solch ein Verhalten rächt sich immer. Wenn ich einen Konflikt nicht austrage, der ausgetragen werden muss, lebt er weiter und immer weiter fort.

Im Allgemeinen sind Frauen wohl einfühlsamer und intuitiver als Männer. Frauen hören den Schnee fallen und das Gras wachsen. Immer wieder passiert es, dass eine Frau in einen Raum kommt, einen dort sitzenden Menschen anschaut und sofort fragt: »Was ist los? Was hast du?« Ohne dass zuvor ein Wort gesprochen wurde, weiß die Frau: Hier stimmt etwas nicht! Bei Männern ist diese Fähigkeit oft nicht so stark ausgeprägt. Sie brauchen ein paar Minuten länger und ein paar Worte mehr, um zu merken, dass etwas nicht in Ordnung ist.

Mit Verallgemeinerungen muss man vorsichtig sein, aber sie helfen auch, die Welt ein bisschen besser zu verstehen. Deshalb erlaube ich mir, zu behaupten, Frauen haben oft mehr soziale Kompetenz als Männer, sie sind vorsichtiger, nachgiebiger und rücksichtsvoller. Männer zeigen sich eher risikobereit, ihr Machtgefühl und ihr Machtbedürfnis sind größer. Keine dieser und der vielen weiteren »typisch männlichen« oder »typisch weiblichen« Eigenschaften macht den Mann oder die Frau zu einem besseren oder schlechteren Wesen.

Gleichberechtigung heißt nicht, dass alle gleich sein sollen. Eine Gesellschaft, bestehend aus lauter gleichen Menschen, wäre nicht nur furchtbar langweilig, sondern auch zum Scheitern verurteilt. Oft ergänzen Frauen und Männer einander eindrucksvoll – weshalb trotz allem immer noch viele Mann-Frau-Partnerschaften gut funktionieren. Auch in Organisationen und Unternehmen zeigt sich immer wieder, dass gemischte Gruppen die größten Erfolge erzielen.

Feministinnen verfolgen ihre Ziele bisweilen recht radikal. Ihre Anliegen sind meistens auch die meinen, nämlich gesellschaftliche Veränderungen herbeizuführen. Um dies zu erreichen, verhalten sie sich bisweilen wie Revolutionäre, die auf die Barrikaden steigen und die Bastille anzünden. Jeder weiß, dass so etwas manchmal nötig ist. Aber es hat immer wieder auch sehr erfolgreiche friedliche Revolutionen gegeben. Revolutionen, bei denen die Kämpfer mit Argumenten überzeugten, nicht mit Geschrei und Gewalt. Mein Weg ist eher die stille, aber unbeirrte Revolution, deshalb bin ich wohl keine Feministin im Sinne der Frauenbewegung der siebziger Jahre.

Auch mag ich Männer. Ich arbeite gern mit Männern zusammen, als Familienrechtsanwältin vertrete ich mindestens genauso viele Männer wie Frauen, auch zu meinem Freundeskreis zählen Männer und Frauen gleichermaßen. Emanzipation liegt mir am Herzen – ich möchte, dass Frauen und Männer sich emanzipieren. Das bedeutet zum Beispiel: Männer müssen den häuslichen Bereich und die Kindererziehung für sich entdecken und zulassen – »das Gedöns«, wie Gerhard Schröder es einst unpassenderweise nannte. Die Emanzipation haben wir erst dann erreicht, wenn Männer selbstverständlich und mit Freude auch von ihrer Familienarbeit berichten.

Feminismus, Emanzipation, Gleichstellung – man mag es nennen, wie man will, kein Begriff trifft exakt das, was mich bewegt. Mich treibt meine Überzeugung an, dass alle Menschen bei aller Verschiedenheit ihrer Fähigkeiten, ihrer Funktionen, ihrer Tätigkeiten denselben unverlierbaren Wert haben. Diese Gleichwertigkeit ist unabhängig von Geschlecht, Alter, sozialem Status. Es geht mir um Menschenwürde, um Menschenrechte. Und im Speziellen um die Rechte derer, die diese Rechte selbst nicht oder nur unvollkommen wahrnehmen können: Frauen und Kinder.

Gaben und Geben

Latein war eines meiner Lieblingsfächer. Zuerst hatte ich keine Lust darauf, denn Latein genießt ja einen ähnlichen Ruf wie Mathematik: Mädchen können das nicht. Wenn der Unterricht beginnt, fürchten sich viele Mädchen, sie denken, jetzt wird es ganz schrecklich, sind wie gelähmt und erwarten ihr sicheres Scheitern. So war es auch bei uns in der Schule. Aber ich merkte sehr bald, dass Latein eine faszinierende Sprache ist, die man gut lernen kann. Der Unterricht machte mir großen Spaß, bis heute finde ich Latein beeindruckend. Es ist sehr logisch und kommt meinem Bedürfnis nach Ordnung, Klarheit und Konzentration entgegen. Mit zwei Wörtern drückten die Römer aus, wofür wir auf Deutsch einen ganzen Nebensatz brauchen.

Ich hatte eine Eins in Latein, bis wir einen Lehrer bekamen, der davon überzeugt war, dass ein Mädchen unmöglich sehr gut sein konnte in Latein. »Sind Sie die Schwester von der Schwester?«, fragte er mich vor der Klasse – er meinte Ursula, die ein normal begabtes Mädchen war und keine Meisterschülerin in Latein. Ich bejahte. »Und Sie haben eine Eins?« Ich bejahte abermals. »Das wird sich ändern!« Zu seinem Leidwesen konnte er mir für fehlerlose Klassenarbeiten keine schlechten Noten geben. Aber er konnte meine mündlichen Leistungen abwerten. Das tat er, sodass ich im Zeugnis eine Zwei bekam. Ich ging zu ihm und sagte in freundlichem Tonfall: »Das wird sich ändern.« Weiterhin nahm ich engagiert am Unterricht teil.

Dafür brauchte ich mich weder zu verstellen noch besonders anzustrengen, Latein machte mir ja Spaß. Und schon am Ende des nächsten Halbjahres musste der Lehrer anerkennen, dass meine mündlichen und schriftlichen Leistungen gleichermaßen sehr gut waren. Meine Eins bekam ich zurück.

Bald schon gab ich Latein-Nachhilfestunden für meine ganze Klasse; die Schulleiterin war auf mich zugekommen und hatte mich darum gebeten. Aus heutiger Sicht wirkt das verrückt: Eine Schülerin stellt sich vor ihre versammelten Mitschülerinnen und erklärt ihnen, was der Lehrer nicht zu erklären vermag. Anfangs fühlte ich mich dabei durchaus unwohl, aber so waren eben die Zeiten, man verhielt sich pragmatisch: Was nötig und möglich war, das machte man.

Da viele Schulen im Krieg zerstört worden waren, teilte sich mein Mädchengymnasium ein Gebäude mit einem Jungengymnasium. Eine Woche hatten die Mädchen vormittags Unterricht und die Jungen nachmittags, in der folgenden Woche war es umgekehrt. Koedukation gab es damals an der Oberschule noch nicht. Im Prinzip. Trotzdem stand eines Tages der Lehrer einer Jungenklasse vor mir und bat mich, seine Schüler in meine Latein-Förderstunden aufzunehmen. Ich überlegte kurz und erwiderte dann: »Ja, die Jungen können dazukommen. Aber nur, wenn sie sich ruhig verhalten im Unterricht und wenn sie ihre Hausaufgaben machen.« Dass dies nicht immer die Regel war, wusste ich von meiner Mutter, die an der Realschule auch gemischte Klassen unterrichtete. Als Lehrerin kümmerte sie sich immer besonders um Jungen, die »Spätheimkehrer«, wie sie sie nannte, weil Jungen ihrer Erfahrung nach oft langsamer lernten als Mädchen. Natürlich waren sie nicht weniger intelligent, doch sie ließen sich leichter ablenken, interessierten sich für andere Dinge mehr als für den Unterrichtsstoff und »vergaßen« immer wieder, ihre Hausaufgaben zu machen; wohingegen die Mädchen mehrheitlich konzentriert dem Unterricht folgten und alle Aufgaben erledigten, die ihnen aufgetragen wurden.

Heute wird oft bemängelt, die Jungen seien gegenüber den Mädchen in der Schule benachteiligt. Den Umstand, dass Jungen schlechtere Noten haben und im Durchschnitt geringere Abschlüsse erreichen als Mädchen, begründen Kritiker mit den heutigen Lehrmethoden, die sich angeblich zu sehr an weiblichen Bedürfnissen und Verhaltensweisen orientieren. Da ich keine Pädagogin bin, kann und möchte ich dies nicht beurteilen. Aber ich gebe zu bedenken: In meiner Kindheit und Jugend waren die Lehrmethoden noch gänzlich andere als heute – und auch damals fiel den Jungen das Lernen schwerer als den Mädchen. Meinen Beobachtungen zufolge sind die meisten Mädchen und jungen Frauen sorgfältiger, und sie lernen gewissenhafter als Jungen und junge Männer, in der Schule wie an den Hochschulen. So habe ich es als Lehrbeauftragte wahrgenommen, so beschreiben viele Hochschullehrer die Situation. Wie es dazu kommt, mögen Fachleute ergründen. Als Laiin denke ich manchmal: Vielleicht sind Mädchen und Frauen von klein auf tendenziell so geprägt, dass sie brav und folgsam zu sein haben und tüchtig ihre Aufgaben zu erledigen haben? Vielleicht lernen Jungen eher, sich Freiheiten zu nehmen, Grenzen zu überschreiten und Widerspruch zu erheben?

Meine Schwester Ursula und ich waren beide gute Oberschülerinnen, aber unsere Mutter stellte höhere Ansprüche an ihre jüngere als an ihre ältere Tochter. Erzählte ich zu Hause von schwierigen Aufgaben oder von Klassenarbeiten, die mir bevorstanden, sagte die Mutter nur: »Ach, Lore, du schaffst das!« Und Ende der Diskussion. Das hat mich bisweilen verunsichert, manchmal machte es mich regelrecht wütend, weil es so klang, als wäre alles ganz selbstverständlich, ganz ohne Mühe zu erreichen. Bekam Ursula eine Klassenarbeit zurück mit der Note Zwei, dann freute sich unsere Mutter, lobte meine

Schwester und sagte: »Siehst du, du packst es!« Brachte ich eine Zwei nach Hause, lautete ihr Kommentar: »Warum ist es keine Eins? Du kannst mehr, Lore, du musst nicht bei einer Zwei stehenbleiben. Bitte, nutze deine Begabung!«

Ungerechtigkeit lag unserer Mutter fern. Im Gegenteil: Sie war der Überzeugung, ihre Tochter Lore sei überdurchschnittlich begabt, sie wollte Gerechtigkeit walten lassen, indem sie beiden Töchtern deren Fähigkeiten entsprechend begegnete. Trotz meiner guten Auffassungsgabe dauerte es einige Zeit, bis ich dieses Anliegen meiner Mutter nicht nur nachvollziehen, sondern auch akzeptieren konnte. Als Kind hatte sie mir meinen kleinen Lore-Balkon hergerichtet, als Teenager erwartete sie herausragende Leistungen von mir, und obgleich die beiden Maßnahmen auf den ersten Blick gegenläufig erscheinen mögen, lagen sie doch auf einer Linie, erfolgten aus derselben Motivation heraus: Sie ging auf meine Persönlichkeit ein, auf meine individuellen Bedürfnisse, Charaktereigenschaften und Möglichkeiten. Ich rechne ihr hoch an, dass sie sich so intensiv mit uns Töchtern beschäftigte.

Eine Erziehung, die das Individuum erkennt und akzeptiert, ist gerade für Mädchen von unschätzbarem Wert. Genauso wie die Förderung der persönlichen Stärken und auch das damit einhergehende Fordern. Von Anfang an machte meine Mutter mir klar, dass eine Begabung – heute würde man sagen: Hochbegabung – kein Grund war, sich etwas einzubilden, sondern in erster Linie eine Pflicht mit sich brachte. Die Pflicht, etwas aus der Gabe zu machen, sie weiter auszubilden und zu nutzen. Ein Mensch, der besonders musikalisch ist, hat erst Grund, stolz darauf zu sein, wenn er virtuos musiziert oder Kompositionen kreiert. Musikalität an sich aber hat keinen Wert, genauso wenig wie Intelligenz. Meine Mutter vermittelte mir, dass die Gabe, schnell begreifen zu können, sowohl die Pflicht zum Lernen als auch soziale Verpflichtungen mit sich bringt. Denn – so argumentierte sie – wenn ich schneller begreife als die anderen, habe ich mehr Zeit für weitere Dinge, die ebenso wichtig sind.

Soziale Verantwortung übernahm ich beispielsweise, indem ich Lateinförderstunden gab, Klassensprecherin wurde und später Schulsprecherin. Dabei nahm ich mir nicht vor: So, jetzt engagiere ich mich für die Schüler; sondern es ergab sich von selbst, aufgrund des Gerechtigkeitsbewusstseins und -bedürfnisses, mit dem ich ausgestattet war. Auch meine Jobs als Nachhilfelehrerin gingen teilweise weit über das Erklären und Üben von Unterrichtsinhalten der Fächer Latein, Englisch oder Deutsch hinaus.

Einer meiner Nachhilfeschüler war ein intelligenter Junge, der eine Fünf nach der anderen nach Hause brachte. So viel ich auch mit ihm lernte und so gut er alles verstand – es half nichts, die Noten blieben schlecht. Bis ich herausfand, woran es lag: Seine Eltern verlangten von ihrem Sohn, dass er nach dem Abitur Theologie studierte, um Pastor zu werden wie der Vater. Dazu hatte der Junge aber nicht die geringste Lust. Er schlussfolgerte: Wenn ich das Abitur nicht schaffe, kann ich auch nicht Pastor werden. »So geht es nicht weiter. Du verbaust dir deine Zukunft. Lass mich mit deinen Eltern sprechen«, bot ich ihm an. Erst bat er mich inständig, es nicht zu tun, denn er hatte Angst vor deren Reaktion. Doch schließlich konnte ich ihn überzeugen, und bald konnte ich auch seine Eltern überzeugen. »Ich rate Ihnen dringend, dem Kind seine Freiheit zu geben«, sagte ich. »Schreiben Sie ihm nicht die Studienwahl vor, sonst macht er kein Abitur. Es ist passiver Widerstand, den er leistet. Ihr Sohn ist viel zu intelligent, um sich selbst zu verleugnen und Ihre Vorstellungen blind zu verwirklichen.« Kurz darauf eröffneten ihm die Eltern, er könne studieren, was er wolle. Von Stund' an waren seine schulischen Leistungen gut. Ich verlor dadurch zwar meinen Job, aber das war mir die Sache wert.

Bei anderen Nachhilfeschülern kam es zu ähnlichen Situationen. Wenn ich sehe, dass ein Mensch in Schwierigkeiten ist und dass ich die Möglichkeit habe, ihm zu helfen, dann finde ich es selbstverständlich, diese Hilfe zu leisten. Ob in der Schule, ob als Nachhilfelehrerin, ob in meinen beruflichen Tätigkeiten bis heute: Mein Gerechtigkeitssinn gegenüber Schülern, Lehrern, Eltern, Mitarbeitern und Kollegen hat mir nicht nur Sympathien eingebracht – wer versucht, gerecht zu sein, macht sich keineswegs nur Freunde. Deshalb blieb mein Bedürfnis nach Zuneigung und Anerkennung oft unbefriedigt; oft war ich auch unsicher und machte mir Gedanken, ob mein Handeln richtig sei. Aber de facto konnte ich einfach nicht anders, als mich für die Gerechtigkeit zu engagieren.

Wie schon an der Grundschule übersprang ich an der Oberschule ein weiteres Jahr. Die Lehrer hatten mir das nahegelegt, ihr Vorschlag gefiel mir zunächst überhaupt nicht. Ich war mir nicht sicher, den Anforderungen genügen zu können, ich hatte Angst zu scheitern. Und dass der Umgang mit zwei Jahre älteren Klassenkameradinnen eine zusätzliche Herausforderung war, konnte ich mir auch gut vorstellen. Dennoch folgte ich dem Rat der Lehrer, auch weil meine Mutter sich ihnen anschloss. So erklärt sich, dass ich trotz des Krieges und der damit verbundenen extensiven Unterrichtsausfälle bereits 1951 mit 18 Jahren Abitur machte. Von der Schulbehörde erhielt ich eine Urkunde: »Bestes Abitur seit 20 Jahren«. Mit solch einer Aussage kann eine Achtzehnjährige wenig anfangen, sie war für mich ohne greifbaren Wert. Sie tat zwar der Eitelkeit gut, andererseits bekam ich dadurch eine Alleinstellung, die mir in dem Alter nicht angenehm war.

»Mädchen gehören mit 16 Jahren eingestampft«, lautete einer der Lieblingssprüche meines Vaters. Das klang hart, aber er meinte es nicht böse, es war seine Art auszudrücken, dass ihm junge Frauen oft zu kompliziert waren. Die raue Sprache der Soldaten hatte er verinnerlicht, auch nach der Entlassung wählte er seine Worte nicht immer mit Feingefühl. Wer ihn anstrengte, war »nicht auszuhalten« und sollte »bloß wegbleiben!«. Ich nahm es ihm nicht übel. Auch wenn ich anderswo unfaire Urteile über junge Frauen hörte, dachte ich höchstens: Die Armen, sie wissen es nicht besser! Ohnehin prallten die Äußerungen an mir ab, ich bezog mich nicht in die Gruppe der Diskriminierten ein. Mein Vater bestätigte mich, indem er sagte: »Mädchen gehören mit 16 Jahren eingestampft – mit einer Ausnahme: Meine Tochter soll Bundesrichterin werden.« Seine Inkonsequenz war ihm vollends bewusst, interessierte ihn aber nicht. Mit »meine Tochter« meinte er mich. Was vielleicht die These untermauert, dass er in mir eine Art Sohn-Ersatz sah. Meine Schwester nahm er nicht explizit aus von seiner Behandlungsidee für junge Frauen. Doch sie musste sich den Spruch nicht anhören, Ursel war damals schon aus dem Haus.

Bundesrichterin bin ich nicht geworden, dafür aber einiges andere: Richterin zum Beispiel, Rechtsanwältin, Justizsenatorin in Hamburg und Berlin, aber auch früh geschiedene, alleinerziehende Mutter dreier Kinder. Alles jeweils zu einer Zeit, in der Frauen scheinbar aus der Rolle fielen, wenn sie in diesen Rollen agierten. Dennoch habe ich mich nie gefragt: Schaffe ich das als Frau? Selbstverständlich nahm und nehme ich die Widerstände wahr, die Ränke, die geschmiedet werden, um Frauen von Macht und Unabhängigkeit fernzuhalten. Jedoch habe ich mich nicht davon beirren lassen. Möglicherweise habe ich diese Haltung unter anderem meinem Vater zu verdanken, der mir einschärfte, ich hätte besondere Begabungen und müsse meinen Gaben entsprechend Besonderes leisten – trotz meines Geschlechts.

Für meine beiden Eltern war es eine Selbstverständlichkeit, dass ich studieren würde – genauso wie für mich selbst. Dabei war das damals überhaupt nicht selbstverständlich für eine junge Frau. Aus meiner Schulklasse nahmen nur zwei oder drei andere Abiturientinnen ein Studium auf. Zu manchen ehemaligen Mitschülerinnen habe ich bis heute Kontakt, noch immer sagen sie: »Allen war klar, dass du studieren würdest. Und dass du eine Karriere machen würdest, davon sind wir auch ausgegangen.« Sie sagen das natürlich aus ihrer heutigen Sicht, mehr als sechzig Jahre zurückblickend. Aber ich muss damals schon den Eindruck erweckt haben, dass ich nicht auf den Gedanken käme, zu Hause zu bleiben und Radieschen zu pflanzen.

Ursula gestaltete ihr Leben nach dem Abitur sehr interessant: Zunächst arbeitete sie eine Zeit lang in einem schönen, traditionsreichen Hamburger Lederwarengeschäft am Jungfernstieg. Dann ging sie nach Südafrika. Nach dem Krieg hatten wir in Süddeutschland eine deutsche Familie kennengelernt, die in Südafrika lebte. Bei jener Familie verbrachte Ursula eineinhalb Jahre. Erst danach begann sie zu studieren. Statt den Spuren meiner älteren Schwester zu folgen oder einen anderen, vergleichbar spannenden Weg einzuschlagen, begab ich mich von der Schule direkt auf die Universität. Denn mein Ziel war, möglichst schnell unabhängig zu sein, auf eigenen Beinen zu stehen.

Mein Lateinlehrer, dem es anfangs nicht leichtgefallen war, mich zu respektieren, sprach mich gegen Ende der Schulzeit zum Thema Berufswahl an: »Ich gehe davon aus, dass Sie Altphilologie studieren und dann ins Lehrfach gehen.« Ähnliches hörte ich von vielen Seiten, es lag nahe: Meine Mutter war Lehrerin, meine Schwester wählte denselben Beruf, sogar meine Großmutter hatte schon als Lehrerin gearbeitet. Doch obgleich ich keine Ahnung hatte, welchen Beruf ich ergreifen wollte oder sollte, eines wusste ich genau: Das Lehramt kam für mich nicht in Frage. Wir hatten jahrelang in Dienstwohnungen gelebt, Lehrern war ich täglich begegnet, von früh bis spät, und diesem »Lehrer-Biotop« wollte ich entfliehen.

Im letzten Schuljahr kam eine Berufsberaterin für drei Tage in die Schule. Sie stellte uns Schülerinnen viele verschiedene Berufe vor, machte schriftliche Tests und führte lange Gespräche mit jeder Einzelnen von uns, um herauszufinden, wo unsere Interessen, unsere Talente und Stärken lagen. Am Ende jener drei Tage sagte die Beraterin zu mir: »Sie haben drei herausragende Begabungen, und eine davon sollten Sie zu Ihrem Beruf machen.«

Die erste Begabung war die Musik. Von klein auf hatte ich gern und gut gesungen, hatte mit größter Freude klassische Musik gehört, in der Jugend dann hatte ich meine Begeisterung für die Oper entdeckt. »Sie sollten erwägen, Musik zu studieren«, meinte die Beraterin. Diese Einschätzung überraschte mich nicht, grundsätzlich hätte ich sehr gern einen mit Musik verbundenen Beruf ergriffen. Aber ich wusste, dass ich ein schwerwiegendes Handicap hatte: Ich konnte keine Noten lesen – und kann es bis heute nicht. Sosehr ich mich auch angestrengt habe, in Bezug auf das Notenlesen blieb ich begriffsstutzig. Jeder erneute Lernversuch war eine veritable Quälerei.

Erst Jahrzehnte später erfuhr ich von dem Phänomen namens Notenlegasthenie, das auch mich am Notenlesen hindert. Bekanntlich gibt es sehr intelligente Menschen mit Lese-Rechtschreib-Schwäche, sogar manch literarisch begabter Mensch ist davon betroffen. Ähnlich ist es bei der Notenlegasthenie; mit Musikalität hat sie nichts zu tun, aber natürlich erschwert es ein Musikstudium beträchtlich, wenn man Noten nur sehr langsam entziffern und deshalb auch nur schwer vom Blatt spielen oder singen kann. Als Schülerin kannte ich den Grund meines Notenproblems noch nicht, aber ich wusste, ein Musikstudium würde schwierig werden. Auch fürchtete ich, dass ich für eine Opernsängerin – das wäre mein Ziel gewesen – mit 1,78 Metern zu groß war, meine jeweiligen Partner überragen würde. So entschied ich mich dagegen.

Der zweite Berufszweig, den die Beraterin mir nahelegte, war die Architektur, insbesondere die Garten- oder Innenarchitektur. Diese Berufe waren damals weitgehend unbekannt. Deutschland lag in Trümmern, jeder versuchte, sich mit einfachen Mitteln eine Wohnung herzurichten, fast niemand kümmerte sich um Architektur. Deshalb erschien mir der Vorschlag recht fremd. Außerdem war ich äußerst untalentiert im Zeichnen. »Das ist kein Hindernis«, sagte die Berufsberaterin. »Sie haben das nötige Talent, ein ausgeprägtes räumliches Vorstellungsvermögen und den richtigen Blick. Sie wären eine gute Architektin, selbst wenn Sie von Anfang an einen Zeichner zur Unterstützung bräuchten.«

Doch ich ließ mich nicht von ihr überzeugen. Heute weiß ich, wie gut die Spezialistin meine Möglichkeiten erkannte. Mit größter Freude und Phantasie gestaltete ich die Innenräume der Häuser und Wohnungen, die ich in meinem Leben bewohnt habe und bewohne. Auch Gartengestaltung ist eine Aufgabe, der ich mich bis heute mit großer Freude widme. Man sagt, ich habe einen »grünen Daumen«. Und als Richterin habe ich zehn Jahre lang Bauprozesse entschieden, habe mit großem Interesse Baustellen besichtigt, Ausschreibungen und Leistungsverzeichnisse studiert, Gutachten geprüft und mich mit Sachverständigen ausgetauscht.

Die dritte Empfehlung der Berufsberaterin war: Rechtswissenschaft. »Wie bitte?«, fragte ich sie nur, denn mit dieser Idee konnte ich am wenigsten anfangen. »Sie haben ein großes Gerechtigkeitsbedürfnis, Sie denken sehr logisch und strukturiert«, erklärte die Beraterin. »Sie argumentieren schlüssig und überzeugend. Deshalb bin ich mir sicher, dass Ihr Weg als Juristin vielversprechend wäre.« In meiner Unsicherheit wandte ich mich an den Lateinlehrer, auf dessen Urteil ich mittlerweile vertraute – trotz seiner anfänglichen Abneigung gegen mich. »Sie kennen meine Meinung: Sie sollten Altphilologin werden«, meinte er. »Aber fangen Sie ruhig mit der Juristerei an, da braucht man auch Latein. Vielleicht satteln Sie später noch um.« So nahm die Sache ihren Lauf, obwohl ich weder eine Vorstellung von der Rechtswissenschaft noch von juristischen Berufen hatte. Nie hatte ich einen Juristen kennengelernt, nie hatte ich mich mit Gesetzen beschäftigt. Ich dachte, Strafrecht und Schuldrecht seien dasselbe. Weitgehend unbedarft begann ich zu studieren.

Erst viele Jahre später wurde mir klar: Vermutlich hatte auch eine prägende persönliche Erfahrung zu meiner Entscheidung für die Rechtswissenschaft beigetragen. Unbewusst zwar, aber maßgeblich.

Ob es wohl die Russen sind? O nein, bloß nicht die Russen! – Es war Ende April 1945, also noch vor der Kapitulation, als eines Nachts plötzlich Panzer in das Dorf rollten, in dem Ursula und ich erst wenige Tage zuvor unsere Mutter wiedergefunden hatten. Angsterfüllt stiegen wir aus dem Bett, schoben die Gardinen einen Spaltbreit zur Seite und versuchten zu erspähen, welcher Herkunft die Soldaten waren, die in Daßwang einmarschierten. »Da, ein Schwarzer!«, rief Ursula plötzlich. Wie erleichtert wir waren! Denn ein schwarzer Soldat bedeutete ja, dass es keine Russen sein konnten. Ein Glück, Amerikaner!

Früh am nächsten Morgen trieben die amerikanischen Soldaten die gesamte Zivilbevölkerung des Dorfes in die Kirche und sperrten uns dort für einige Tage ein. In jenen Tagen erfuhr ich erstmals, welche Gräueltaten in meinem Land unter den Nazis geschehen waren. Die Amerikaner zeigten uns Filme aus dem KZ Auschwitz, das bereits im Januar 1945 befreit worden war. Die Bilder versetzten mich in einen tiefen Schockzustand. Ursel und ich erinnerten uns daran, dass wir während unserer Flucht vor den Russen einmal einen Zug gesehen hatten mit Menschen in gestreiften Anzügen, ausgemergelten Gestalten, sie standen dicht an dicht. In der Kirche in Daßwang wurde uns klar: Es müssen KZ-Häftlinge gewesen sein.

Als wir die Kirche wieder verlassen durften, war das Zimmer, das unsere Mutter, Ursula und ich bewohnt hatten, weitgehend leer geräumt, nur die Reste einiger zertrümmerter Möbelstücke lagen dort noch herum. Die amerikanischen Soldaten hatten polnischen und russischen Zwangsarbeitern die Erlaubnis erteilt, die Wohnungen der Deutschen zu plündern. Natürlich waren wir wütend und verzweifelt. Aber der materielle Verlust wog weniger als unsere anhaltende Verstörung über das, was wir zwischenzeitlich über die Nazi-Gräuel erfahren hatten.

Als wir bald danach zwei Zimmer nahe der Militärregierung in Parsberg bezogen, begleitete ich meine Mutter manchmal zu ihrer Arbeitsstelle, sie arbeitete ja als Übersetzerin. So lernte ich Mister Schulbaum und Mister Wald kennen, zwei ursprünglich deutsche Juden, die in die USA emigriert waren. Noch heute sehe ich die Herren deutlich vor mir, Mister Wald mit seiner randlosen Brille auf der spitzen Nase, Mister Schulbaum mit seiner etwas rundlichen Figur. Die amerikanische Militärregierung hatte die beiden als Bildungsoffiziere eingesetzt, ihre Aufgabe bestand darin, zur Entwicklung eines neuen deutschen Schulsystems beizutragen und somit die Umerziehung (»re-education«) der deutschen Bevölkerung zu fördern. Dass sie in Deutschland aufgewachsen waren und lange hier gelebt hatten, danach aber überzeugte amerikanische Staatsbürger geworden waren, qualifizierte die Herren hervorragend für diese Aufgabe. Und ich lernte mit ihnen zum ersten Mal bewusst Juden in verantwortungsvoller Position kennen – Juden, die zudem sehr eindrucksvolle Menschen waren. In der Schule in Hamburg und vor allem während meiner Jahre in den Kinderlagern hatte ich immer nur gehört, Juden seien schlechte, wertlose Menschen, denen man unbedingt misstrauen müsse.

In jenen Wochen veränderten sich mein Weltbild und meine Haltung zur Welt. Als Zwölfjährige fasste ich zwei Entschlüsse fürs Leben. Erstens: Nie wieder werde ich einem Staat blind vertrauen. Zweitens: Nie wieder wird es mir passieren, dass staatliche Verbrechen von derart schrecklichem Ausmaß geschehen, und ich weiß von nichts.

Mehr als ein Jahrzehnt später stellte ich fest: Ein Jurastudium bietet eine gute Basis, um solche Ziele zu erreichen, um den Dingen auf den Grund zu gehen, um die nötigen Informationen quasi aus der Quelle zu schöpfen.

Entscheidend für meine Studienwahl war aber zunächst die intensive Berufsberatung, die wir an der Oberschule erhielten. Sie entsprach der politischen und gesellschaftlichen Entwicklung damals, im Jahr 1950. Die Bundesrepublik Deutschland befand sich im Aufbau, man wollte junge Menschen so ausbilden, dass sie ihr Bestes zum Aufbau beitragen konnten.

Dass ich so ausführlich von der Berufsberatung berichte, hat mehrere Gründe. Zum einen vermisse ich ähnliche Angebote für junge Menschen heute. Gerade in einer Zeit, in der die Berufswelt sich so rasch ändert und so stark diversifiziert wie heute, wäre es wichtig, dass Fachleute in die Schulen gehen und sich intensiv der beruflichen Orientierung junger Menschen widmen. Zum anderen erscheint es mir bemerkenswert, dass meine Beraterin nicht ein Wort über Frauen- und Männerberufe verlor, über »weibliche Talente«, über die »Vereinbarkeit von Beruf und Familie« oder über die Schwierigkeiten, die eine Studentin in einem »Männerfach« haben konnte – und ein solches war Jura damals noch, in meinem Semester studierten nur vier oder fünf Frauen unter Hunderten von Männern. Nein, die Beraterin ermittelte die Persönlichkeit und ihre Begabungen und wählte dazu passende Ausbildungen aus, unabhängig vom Geschlecht. Die Frage, ob eine Frau als Juristin reüssieren

konnte, thematisierte sie nicht. Dies finde ich umso bemerkens-
werter, als noch heute, mehr als sechzig Jahre später, ein Großteil der jungen Frauen sich für »Frauenstudien« entscheidet.
Die Zahlen des Wintersemesters 2010/11 in Deutschland sprechen für sich – zum Beispiel die folgenden:

- Rund drei Viertel aller Germanistikstudierenden waren
  Frauen. Das Fach belegte damit Platz zwei der bei Frauen
  beliebtesten Studienfächer.
- 85 Prozent aller Studierenden der Grundschulpädagogik waren weiblichen Geschlechts.
- Fünf von sechs Studierenden der Sozialpädagogik waren
  Frauen.
- Frauen machten weniger als ein Zehntel der Studierenden
  in den Fächern Maschinenbau und Elektrotechnik aus und
  nur rund ein Achtel im Fach Informatik.

Diese Liste ließe sich noch lange fortführen.

Ebenso auffällig ist die Verteilung junger Frauen und
Männer in den dualen Ausbildungsberufen. Hier die fünf im
Jahr 2010 am häufigsten von jungen Männern belegten dua-
len Berufsausbildungen: Kraftfahrzeugmechatroniker, Indus-
triemechaniker, Elektroniker, Anlagemechaniker für Sanitär-,
Heizungs- und Klimatechnik, Einzelhandelskaufmann.

Und die am häufigsten von jungen Frauen belegten Ausbildungen: Einzelhandelskauffrau, Bürokauffrau, medizinische
Fachangestellte, Industriekauffrau, Friseurin.

Jenseits der Ausbildung haben beispielsweise die folgenden
Berufe in Deutschland einen hohen Frauenanteil: Kosmetike-
rin (97 Prozent), haus- und ernährungswirtschaftliche Berufe
(95 Prozent), Erzieherin (93 Prozent), Krankenpflegerin und
Arzthelferin (91 Prozent), Friseurin (90 Prozent), Altenpflegerin
(87 Prozent).

Wie viele Frauen prüfen bei der Berufswahl und -ausübung,
ob sie mit dem zu erwartenden beziehungsweise tatsächlichen

Einkommen eine Familie ernähren können? Angesichts ihrer Berufe dürften es nicht allzu viele sein – im Unterschied zu den jungen Männern. Laut einer Studie des Deutschen Jugendinstituts sagen mehr als neun von zehn jungen, noch kinderlosen Männern Ja zum Kinderwunsch. Fast alle befragten (Noch-) Nicht-Väter (96 Prozent) sehen es als Aufgabe eines Vaters, »der Familie ein Heim zu bieten« (bei den Vätern sind es 95 Prozent). Für 96 Prozent (beziehungsweise 93 Prozent) gehört es zu den Hauptaufgaben des Vaters, »sich um ein sicheres Einkommen und einen sicheren Arbeitsplatz zu bemühen«. Ganze 95 Prozent der (Noch-)Kinderlosen (94 Prozent der Väter) betrachten es als ihre (spätere) Aufgabe, »den Lebensunterhalt für die Familie zu verdienen«. Und wann ist der richtige Zeitpunkt, das erste Kind zu bekommen? Hier die Einschätzung der jungen Männer:

1. Wenn ich eine Familie ernähren kann (57 Prozent).
2. Wenn ich mich beruflich etabliert habe (36 Prozent).
3. Wenn ich eine geeignete Wohnung/ein Haus habe (22 Prozent)

… und schließlich … und endlich:

4. Wenn sich meine Partnerin beruflich etabliert hat (18 Prozent).

Dies alles klingt in meinen Ohren ungefähr nach den fünfziger Jahren, doch sind es Angaben aus den Jahren 2007 bis 2008.

Diesen Sicht- und Denkweisen heutiger junger Männer -stehe ich ziemlich ratlos gegenüber. Bei den Frauen habe ich – ohne Spezialistin zu sein oder Studien zu dem Thema zu kennen – meine Vermutungen. Sicher gibt es viele Frauen, die ein großes Hilfsbedürfnis haben und sich deshalb für pflegerische Berufe entscheiden. Ich bezweifle aber, dass alle Friseurinnen eine Sendung in sich spüren, den Menschen schöne Köpfe zu machen. Ich schätze vielmehr, dass die wirtschaftlich oft ungünstige Berufswahl der Frauen mit einem relativ eingeschränkten Überblick und mit mangelndem Selbstwertgefühl zusammenhängt.

Die Welt der Friseursalons oder Kindergärten, die Position der Assistentin – sei es in der Arztpraxis oder im Büro – erscheint vielen jungen Frauen greifbar, überschaubar, bewältigbar. Mehr kennen diese Frauen nicht von ihren Müttern oder anderen Frauen in ihrem Umfeld, mehr trauen sie sich auch selbst nicht zu. Die Vorstellung, viel Verantwortung zu tragen, sich zu exponieren und hohen Ansprüchen ausgesetzt zu sein, verunsichert sie oder macht ihnen sogar Angst. Darum bevorzugen sie einen kleinen, sicheren Hafen und scheuen sich, einen Blick darüber hinaus zu werfen, geschweige denn den Hafen zu verlassen. Sie verzichten auf Aufstiegschancen, sie machen nichts oder wenig aus ihrem Leben. Das ist traurig für die Einzelne und gefährlich für die Gesellschaft, und deshalb ist es eine wichtige Aufgabe der Eltern, Lehrer, Studien- und Berufsberater, den Schulabgängerinnen Mut zu machen, ihnen aufzuzeigen, was für spannende berufliche Möglichkeiten es gibt – und dass sie das Zeug dazu haben, in vielen verschiedenen Berufen erfolgreich zu sein. Auch und gerade in »Männerberufen«. Ingenieurinnen, Informatikerinnen und so weiter sind ja sehr gesucht.

Freilich darf man dabei nichts beschönigen. In Berufen, Betrieben und Abteilungen, die traditionell und bis heute von Männern dominiert sind, müssen weibliche Auszubildende, Studentinnen und Berufsanfängerinnen mit Schwierigkeiten rechnen, sie müssen darauf vorbereitet sein, dass sie von Zeit zu Zeit dumme Sprüche hören und aufgrund ihres Geschlechts nicht ernst genommen werden. Damit umzugehen ist eine Herausforderung, der Frauen sich stellen müssen – wer sie bewältigt, geht gestärkt daraus hervor und genießt umso mehr Ansehen, auch bei Männern. Besonders groß ist die Herausforderung

– man könnte auch sagen, der »Eiertanz« – für junge, attraktive Frauen. Sie geraten leicht in Situationen, in denen Männer meinen, sich für die Frau nicht als Kollegin, sondern in allererster Linie als potenzielle Sexualpartnerin interessieren zu sollen. Frauen, die ein gesundes Selbstwertgefühl haben, lassen sich von solchen Männern und ihrem Verhalten nicht einschüchtern. Sie wissen: Ich bin fachlich mindestens so gut wie die Männer, ich werde sie davon überzeugen, und spätestens wenn ich bessere Ergebnisse erziele als andere, werden sie mich als Kollegin respektieren und schätzen.

Meine Erfahrung ist: Leistung überzeugt. Immer dann, wenn ich im Laufe meiner vielen Berufsjahrzehnte bereits im Vorwege wusste, dass es Erschwernisse geben würde, konnte ich sie gut aushalten. Viel unangenehmer ist es, wenn man plötzlich, völlig unerwartet, von hinten ein Messer im Rücken spürt. Auch das ist mir mehrfach passiert.

Wir haben nur dieses eine Leben – und wir sollten etwas daraus machen. Ich bin gut bekannt mit Liz Mohn, der mächtigen Bertelsmann-Managerin und einer der wirtschaftlich einflussreichsten Frauen unseres Landes, wenn nicht des Kontinents. Eine echte Selfmade-Woman. Sie erzählt, dass sie sich jeden Morgen schon beim Aufstehen sagt: »Dieser Tag ist meiner!« Ganz gleich, welche und wie viel Arbeit ansteht. Ganz gleich, ob es eine schwierige oder eine leichte Phase ihres Lebens war, schon immer sagte sie sich: »Aus diesem Tag mache ich etwas!« – Das ist genau der Punkt: Mädchen, Frauen, macht etwas aus dem Tag, macht etwas aus eurem Leben. Schafft euch eine wirtschaftliche Basis und eine Wissensbasis.

Keine Frau hat die Sicherheit, dass ein Mann sie ein Leben lang unterhalten wird, wenn das selbstverdiente Geld nicht reicht. Frauen können erst recht nicht davon ausgehen, dass Männer gewillt und in der Lage sind, sowohl die Frau als auch die Kinder über Jahre und Jahrzehnte allein oder weit überwiegend zu ernähren. Und nicht zuletzt sollten Frauen auch in ihre Überlegungen und Entscheidungen einbeziehen, was sie in ihrem Beruf der Gesellschaft geben wollen. Sicher genießen gute Kosmetikerinnen und Friseurinnen ein hohes Ansehen bei ihren Kundinnen und Kunden, sie erfahren Dankbarkeit, sie bekommen ein gutes Trinkgeld. Aber reicht das wirklich allen Frauen, die sich für diese Berufe entscheiden? Macht ihr gesellschaftlicher Beitrag sie zufrieden? Warum nicht nach mehr streben? Nach mehr wirtschaftlicher und sozialer Verantwortung, mehr Einfluss, mehr Ansehen?

Nebenbei bemerkt: Sozial sehr verantwortungsvolle »Frauenberufe« wie Erzieherin, Krankenschwester oder Altenpflegerin bedürfen selbstverständlich einer gesellschaftlichen Aufwertung, sie müssen deutlich besser bezahlt werden, als das heute der Fall ist, und brauchen einen viel höheren Männeranteil!

Dass ich mich damals, ahnungslos, wie ich war, für das Jurastudium entschied, war für mich ein Glücksfall. Es hätte sicher noch andere Berufe gegeben, die mir Freude gemacht hätten – Architektin zum Beispiel und speziell Innenarchitektin, wozu mir die Berufsberaterin ja schon geraten hatte. Aber ein Jurastudium bietet eine gute Basis für viele verschiedene interessante, verantwortungsvolle Berufe.

Sieben Jahre lang war ich Lehrbeauftragte an den juristischen Fakultäten zweier Universitäten und hatte immer wieder mit Studierenden zu tun, die ihre Studienwahl anzweifelten. Der Stoff war ihnen zu schwierig, zu fremd. Ich sagte ihnen: »Wenn Sie hier an der Universität das eine oder andere nicht begreifen, dann ist das in Ordnung. Es ist uns allen so gegangen und nichts, was Sie ängstigen darf. Eines Tages werden Sie es begreifen.« Dann hörte ich oft: »Ja, aber lohnt es sich denn? Es gibt so viele Juristen, und es ist so schwierig als Jurist, eine gute Anstellung zu finden.« Und ich erklärte ihnen: »Ihr Studium ist ein Sprungbrett, Sie haben eine Palette von Möglichkeiten. Gute Juristen braucht man überall. Sie können nicht nur Richter und Richterin, Staats- oder Rechtsanwalt und Anwältin werden; Sie können in den öffentlichen Dienst gehen, da gibt es eine große Bandbreite an Möglichkeiten, Sie können Diplomat werden. Sehr viele Politiker sind Juristen, und auch die Wirtschaftsunternehmen brauchen Sie, sehr viele Vorstandsleute sind Juristen.« Die Welt steht einem offen, wenn man die Juristerei begriffen hat.

Dennoch galt für mich stets auch: Der Beruf ist nicht genug. Hätte ich mich immer nur meiner Familie und dem Beruf gewidmet, hätte ich die Möglichkeiten, die ein Leben bietet, nicht ausgeschöpft. Wer nur im Beruf oder im privaten Kreis andere Menschen kennenlernt, dem entgehen viele bereichernde Bekanntschaften. Man macht sich zu abhängig von Beruf und Familie, viele wichtige Seiten der Welt und des Lebens bleiben einem verschlossen, man bewirkt gesellschaftlich weniger, als man eigentlich könnte und sollte.

Ganz entscheidend war für mich meine ehrenamtliche Tätigkeit im Deutschen Juristinnenbund, dem ich 1956 noch während meiner Zeit als Rechtsreferendarin beigetreten bin. Zu den Hauptzielen des Deutschen Juristinnenbundes gehört es, die Fortentwicklung des Rechts in allen Bereichen zu fördern sowie insbesondere die Gleichberechtigung der Frau in Gesellschaft, Beruf und Familie voranzutreiben und die Lebenssituation von Kindern rechtlich abzusichern. Alles Themen, die mir besonders am Herzen liegen. Viele Jahre lang war der Deutsche Juristinnenbund für mich so etwas wie mein viertes Kind. Ich habe zwanzig Jahre die Familienrechtskommission des Deutschen Juristinnenbundes geleitet, zahlreiche Gesetze auf den Weg gebracht, über zwanzigmal bin ich beim Bundesverfassungsgericht aufgetreten, auch im Bundestag wurde ich angehört – häufig als Vertreterin des Deutschen Juristinnenbundes.

Vier Jahre lang war ich auch dessen Präsidentin, heute bin ich Ehrenpräsidentin.

Ich gehöre dreißig Vereinen an, bei vielen davon bin ich Kuratoriumsmitglied oder -vorsitzende, zum Beispiel im Deutschen Kinderschutzbund, im Deutschen Kinderhilfswerk und in der Deutschen Liga für das Kind – was deutlich macht, wie wichtig mir das Wohl und die Rechte von Kindern sind. Außerdem gehöre ich sogenannten Gesellschaftsclubs an, die früher in der Regel nur Männer aufnahmen. Wenn sie Frauen aufnehmen, müssen Frauen die Möglichkeit nutzen. Also bin ich Mitglied zum Beispiel im Überseeclub in Hamburg und im Verein Berliner Kaufleute und Industrieller und im Capital Club in Berlin. Daneben gibt es viele Fachverbände, denen ich angehöre, wie etwa den Deutschen Familiengerichtstag. Würde mein Alltag allein daraus bestehen, als Anwältin anderen Menschen bei ihren Rechtsstreitigkeiten zu helfen und für meine Familie da zu sein, würde das mein Bedürfnis nach Übernahme gesellschaftspolitischer Verantwortung nicht erfüllen.

Zum Leben gehört für mich zum Beispiel auch die Kultur. Ich gehöre vielen musikalischen oder musischen Vereinigungen an, das hat sich für mich beinahe automatisch ergeben. Wenn es beispielsweise einem Konzerthaus an Instrumenten fehlt oder an Geld für eine neue Bestuhlung, dann geht mich das doch etwas an! Ich möchte die schöne Musik genießen, und um das zu können, reicht es nicht allein, eine Eintrittskarte zu kaufen. So ist es dazu gekommen, dass ich in Berlin fast allen Vereinen angehöre, die musikalische Institutionen unterstützen, darunter die Fördervereine für das Konzerthaus, für die Deutsche Oper, die Staatsoper und die Komische Oper. Als Nebeneffekt konnte ich viele Künstler und Künstlerinnen kennenlernen. Es sind inspirierende Begegnungen mit beeindruckenden Menschen – die ich in meinen Funktionen als Mutter und Juristin sehr wahrscheinlich nie erlebt hätte.

Ein Mensch, der in der Gesellschaft lebt, muss für die Gesellschaft etwas tun. So stelle ich es mir vor. Ich habe immer versucht, diese Vorstellung auf viele Arten und auf verschiedenen Gebieten in die Tat umzusetzen. Im Gegenzug hat mir die Gesellschaft vieles zurückgegeben.

Übung macht die Meisterin

»Wenn du monatelang in den Tropen bist, Julius, dann muss dich zu Hause jemand vertreten. Das werde ich tun, ich werde die Fabrik während deiner Abwesenheit leiten. Dafür brauche ich bitte Prokura.« Es geschah um das Jahr 1900, dass meine Großmutter Helene so sprach, die Mutter meiner Mutter, und es war sehr ungewöhnlich zu jener Zeit, dass eine Frau derartige Vorschläge machte. Zumal eine Dame aus guter Gesellschaft, und genau das war meine Großmutter. Aber sie bekam, was sie brauchte und wollte: die Vollmacht, die Peddigrohrfirma ihres Mannes eigenständig zu führen.

Großmutter Helene hatte als Lehrerin gearbeitet, bis sie Julius Brüggmann heiratete und zwei Töchter bekam: Im Jahr 1905 wurde meine Mutter Eva geboren, zwei Jahre später ihre Schwester Inge. Selbstverständlich gab Helene den Lehrerberuf nach ihrer Eheschließung auf, alles andere war undenkbar, aber sie interessierte sich für die Arbeit ihres Mannes und begann bald, ihn zu unterstützen und zu fördern. Julius Brüggmann war Angestellter in einer Firma, die Peddigrohr in den Tropen anbaute und nach Deutschland importierte – ein Rohr, das ähnlich wie Rattan für die Herstellung zum Beispiel von Gartenmöbeln verwendet wurde. Meine Großmutter war von zierlicher Statur und tatkräftigem Wesen – das, was man noch heute eine »starke Frau« nennen würde. Sicherlich war sie energischer als ihr Mann, der einen eher weichen, gutmütigen Charakter hatte, wie meine Mutter mir erzählte. Leider konnte ich keine meiner Großmütter und -väter kennenlernen. Alle starben vor meiner Geburt.

Helene ermutigte ihren Mann, sich selbständig zu machen mit einem eigenen Peddigrohrunternehmen. Mit ihrer Unterstützung baute mein Großvater seine Firma auf. Den Rohstoff produzierte er auf der malaiischen Halbinsel nahe dem heutigen Singapur, zur Verarbeitung verschiffte er das Rohr nach Deutschland, seine Fabrik befand sich bei Hamburg. Zur Ernte musste er auf den Plantagen anwesend sein, und da die Schiffsreisen lange dauerten, blieb er jedes Jahr viele Monate fort. In jenen Zeiten hielt seine Frau erfolgreich die Stellung als Leiterin der Fabrik. Sie dachte nicht daran, dass ihr Geschlecht sie an der Ausübung dieses Berufs hindern könnte. Ganz anders war die gängige Meinung jedoch in ihrem sozialen Umfeld, der sogenannten feinen Gesellschaft. Dort fand man ihr Verhalten gleich doppelt befremdlich: Eine Dame aus gutem Hause, die arbeitete? Eine Frau, die ein Unternehmen leitete? Nein, so was aber auch! Doch meine Großmutter störte sich nicht daran, sondern tat, was sie für richtig hielt. Sie muss eine außergewöhnliche Frau gewesen sein. Zudem war sie eine gute Geschäftsfrau, innerhalb weniger Jahre erarbeiteten Julius und Helene Brüggmann ein beachtliches Vermögen. Sie waren wohlhabend.

Im Alter von zehn und acht Jahren wurden meine Mutter und ihre Schwester zu Vollwaisen: Mein Großvater Julius starb 1916 an den Folgen einer Nierenerkrankung, die er sich in den Tropen zugezogen hatte. Ein halbes Jahr später erlag meine Großmutter Helene einem Krebsleiden. Die Töchter wurden auf verwandte Familien verteilt. Ihre Vormünder nahmen das gesamte Vermögen der Mädchen an sich, sodass sie als junge Frauen völlig mittellos dastanden. Obwohl meine Mutter Eva und meine Tante Inge über viele Jahre getrennt aufwuchsen, schlugen sie ähnliche Wege ein, beide machten Abitur, beide studierten: Eva das Lehramt, Inge Medizin. Da sie gesundheitliche Probleme hatte, konnte sie den Arztberuf jedoch nie praktizieren. Aber auch sie war eine selbstbewusste, starke Frau. Ich mochte meine Tante sehr gern.

So ist es in meiner Familie also Tradition, dass Frauen ein ausgeprägtes Selbstwertgefühl und eine starke Persönlichkeit haben und dass sie einen qualifizierten Beruf ausüben. Man kann nicht ohne Beruf sein, man braucht eine Existenz! Und der Beruf sollte Freude machen, zudem sollte er zu den individuellen Begabungen passen, sodass man den beruflichen Anforderungen auch gerecht werden kann. Mit diesen Grundüberzeugungen sind alle meine weiblichen Vorfahren aufgewachsen. Sie alle fühlten sich Männern ebenbürtig, sie führten ein selbstbestimmtes Leben, waren wirtschaftlich unabhängig. Über viele Generationen hat sich auf der weiblichen Familienlinie auch der feste Glaube daran fortgesetzt und weiterentwickelt, dass die Frau ihre eigene Stellung und Verantwortung in der Gesellschaft hat.

Sicherlich erklärt es sich unter anderem aus diesem Erbe heraus, dass ich meinen Wert als Mädchen und Frau nie anzweifelte und mich Jungen und Männern nie unterlegen fühlte. Das Bewusstsein der Selbstverständlichkeit von Gleichberechtigung wurde durch Vorbilder und Erziehung von Generation zu Generation weitergegeben. Innere Stärke und Selbstsicherheit, aber auch Fleiß und Verantwortungsbewusstsein waren und sind die Folgen. Möglicherweise spielt auch die biologische Vererbung eine Rolle, man weiß es nicht.

In meiner Kindheit und Jugend erzählte unsere Mutter oft von ihrer Mutter und von ihrer Großmutter, die auch schon eine beeindruckend eigenständige Frau gewesen sein muss. Aber von ihrer Mutter Helene war meine Mutter ganz besonders fasziniert, und sie fand, dass ich Helene schon in jungen Jahren ähnelte. »Lore, du bist die Wiedergeburt deiner Großmutter. Deine Stärke und deine Durchsetzungsfähigkeit ähneln denen meiner Mutter.« Andererseits meinte meine Mutter, dass ich auch meinem Vater glich. Er hatte eine sehr liebenswürdige Seite, die sie bei mir wiederzuerkennen meinte. »Nur von mir selbst findet sich bei meiner Tochter Lore keine Eigenschaft«, wunderte sie sich. In diesem Punkt irrte sie meiner Meinung nach, denn unsere Charaktere mögen zwar verschieden gewesen sein, aber sie sind beziehungsweise waren bei uns beiden gleichermaßen stark ausgeprägt.

Sonntagvormittags war bei uns zu Hause die Zeit der Gespräche. An allen anderen Tagen waren meine Mutter, Ursula und ich ständig unterwegs und kamen kaum zur Ruhe, aber während des Sonntagsfrühstücks – und manchmal noch lange danach – wurde intensiv erzählt und diskutiert, wir sprachen über Gott und die Welt. In jenen Stunden hörten Ursel und ich auch die Geschichten der Familie meiner Mutter, und vor allem die Geschichten der Frauen. In den Jahren 1948 und 49, als Ursula schon aus dem Haus war, sprachen meine Mutter und ich zudem oft über Frauenpolitik – obgleich wir es damals nicht so nannten. Es waren die Jahre, in denen das Grundgesetz entworfen und verabschiedet wurde, das im Mai 1949 in Kraft trat. Meine Mutter erklärte mir, wie es mit der Gleichberechtigung von Männern und Frauen in der Weimarer Republik ausgesehen hatte.

»Männer und Frauen haben grundsätzlich dieselben staatsbürgerlichen Rechte und Pflichten«, hatte es in Artikel 109 der Weimarer Verfassung geheißen. »Aber das nützte nicht viel, weil kaum jemand diesen Grundsatz ernst nahm«, erklärte mir meine Mutter. »Außerdem galt die Weimarer Verfassung zu kurz, dann kam Hitler, der von der Gleichberechtigung überhaupt nichts hielt.« In Bezug auf das Grundrecht der Gleichberechtigung in der neugegründeten Bundesrepublik Deutschland war meine Mutter demzufolge skeptisch. Warum sollte etwas Realität werden, das schon zuvor nur auf dem Papier existiert hatte? Meine Mutter hielt Gleichberechtigung zwar eigentlich für selbstverständlich, doch ihre Enttäuschung war zu groß, um an die Umsetzung der Gleichstellung in der Gesellschaft in naher Zukunft zu glauben.

Später, als Juristin, konnte ich die Formulierung aus der Weimarer Verfassung erst richtig deuten: »*grundsätzlich* dieselben staatsbürgerlichen Rechte und Pflichten« bedeutete, dass Ausnahmen möglich waren. Und durch das Wort »staatsbürgerlich« wurden »Rechte und Pflichten« de facto auf das Wahlrecht beschränkt. Dass es in Artikel 3, Absatz 2 des Grundgesetzes der Bundesrepublik Deutschland nach harten Auseinandersetzungen schließlich hieß: »Männer und Frauen sind gleichberechtigt« – ganz ohne Einschränkung, ohne Hintertür –, das war also eine neue Errungenschaft für die Frauen.

Trotzdem sollte meine Mutter leider recht behalten. Noch Jahrzehnte nach Inkrafttreten der Bonner Verfassung waren Gesetze gültig, die mit der Gleichberechtigung nicht in Einklang standen. Bis 1953 konnten verheiratete Frauen kein eigenes Bankkonto eröffnen, bis weit in die siebziger Jahre hinein waren sie gesetzlich verpflichtet, den Haushalt zu führen, sprich: dem Mann hinterherzuputzen. Und bis heute sind Männer und Frauen in Deutschland in vielen Bereichen noch immer nicht gleichgestellt. Beispielsweise haben vollbeschäftigte Frauen ein um durchschnittlich 21,6 Prozent geringeres Einkommen als Männer, das ergibt eine Berechnung der Organisation für wirtschaftliche Zusammenarbeit und Entwicklung. Damit liegt Deutschland an der Spitze ganz Europas – in keinem anderen Land dieses Kontinents ist der Gehaltsunterschied zwischen in Vollzeit berufstätigen Männern und Frauen dermaßen hoch. In Polen etwa liegt die Differenz bei »nur« zehn Prozent, in Griechenland, Belgien und Norwegen noch darunter.

»Darf ich fragen, in welchem Semester Sie sind?«

»Im fünften«, antwortete die Jurastudentin wahrheitsgemäß.

»Ach«, sagte der Professor mit einem süffisanten Lächeln, »da haben Sie aber schon viel Zeit und Geld aufgewendet, um an den Mann zu kommen.«

Es war in einem großen Hörsaal, gefüllt mit Hunderten Studenten, darunter zwei Frauen. Die Kommilitonin saß weit vorn, ich hinten. Der Professor hatte sie aufgefordert, sich zu einer juristischen Frage zu äußern, die Studentin wusste keine Antwort. Er hakte nach, bohrte und bohrte, stellte weitere, noch schwierigere Fragen. Dabei gehört es zum pädagogischen Basiswissen, dass man einen Schüler, der eine Blockade hat, in Ruhe lassen muss, weil die Blockade sich sonst verhärtet. So wurde auch die junge Frau immer gehemmter, bis sie nichts mehr sagen konnte, mit blutrotem Gesicht dasaß – und der Professor sie mit seinen verachtenden Worten bedachte, um sich danach von ihr abzuwenden und so zu tun, als wäre nichts geschehen. Von mehreren hundert Studenten hob keiner die Hand, nicht einmal ein Zischen war zu hören. Kein Geräusch, keine Geste des Widerspruchs.

Ich selbst, damals 19 Jahre alt, fühlte mich wie vom Donner gerührt, ich fragte mich, in welchem »Affenverein« ich gelandet war. Die arme Kommilitonin tat mir furchtbar leid, und ich loderte vor Empörung über diesen Professor. Aber ich bezog die Frauendiskriminierung nicht auf mich. Sie hat mich nicht getroffen, nicht erreicht. Meinen eigenen Wert als Mensch, als Frau fühlte ich nicht in Frage gestellt. Vielleicht ist dieses unerschütterliche Selbstwertgefühl eine glückliche Begabung oder Charaktereigenschaft. Vielleicht hatte es auch mit meiner Erziehung zu tun, damit, dass mein Vater junge Frauen grundsätzlich nicht schätzte und ihnen nichts zutraute – mir aber vermittelt hatte, dass ich eine einmalige Ausnahme sei und mir eine große juristische Karriere bevorstehe.

Natürlich gab es auch Professoren, die mit weiblichen Studenten genauso umgingen wie mit männlichen. Die Regel war, dass ein Professor seine Schüler kaum wahrnahm. Er kam in den Saal, hielt seine Vorlesung, manchmal stellte er Fragen an die Studenten, die er als eine Art graue Masse wahrnahm. Dann meldete sich der eine oder andere besonders kluge Student, gab eine Antwort und hob sich dadurch für einen kurzen Moment von der grauen Masse ab. Nach der Vorlesung verschwand der Professor, für Gespräche stand er nicht zur Verfügung.

Zu Beginn meines Jurastudiums in Hamburg hatte ich mich kein einziges Mal gefragt, ob es richtig oder falsch sei, ein »Männerfach« zu studieren. Auch meine Eltern interessierten sich nicht für die Thematik »Frauen- und Männerberufe«. Sie waren sich sicher, dass ich meinen Weg selbständig finden und erfolgreich gehen würde. Dass wir insgesamt an der juristischen Fakultät nur vier oder fünf junge Frauen unter vielen hundert männlichen Studenten waren, fand ich weder beängstigend noch auf andere Art bemerkenswert. Was mich hingegen sehr irritierte, war die Tatsache, dass ich während der ersten vier Semester überhaupt nichts verstand – als hätten die Professoren eine mir unbekannte Fremdsprache gesprochen. Jetzt ist alles vorbei, jetzt hast du deine Grenze erreicht, sagte ich zu mir selbst. Es heißt ja, dass jeder Mensch eine absolute Grenze hat, die er beim besten Willen nicht überwinden kann.

Da ich das Abitur ohne große Mühe schnell und gut geschafft hatte, war ich es nicht gewohnt, etwas nicht zu begreifen, und konnte mit dieser Situation nicht umgehen. Mir kam alles nur rätselhaft vor, wie eine Geheimwissenschaft. Und das Seltsamste: Meine Kommilitonen verstanden etwas! Nur ich saß begriffsstutzig daneben. Fragen konnte ich sie nicht, denn die Studenten, die sich vor dem Studium nicht gekannt hatten, sprachen auch im Studium nicht miteinander. Ich kannte niemanden von früher. Manchmal kam ich abends nach Hause und sagte zu meinen Eltern: »Ich muss jetzt erst einmal eine halbe Stunde mit euch reden, sonst rosten meine Stimmbänder ein. Ich habe den ganzen Tag noch kein Wort gesprochen.«

Vieles, was wir heute in Bezug auf Kommunikation und Logik für selbstverständlich halten, musste man damals zu Beginn des Jurastudiums quasi »an der Garderobe« abgeben. In der Rechtswissenschaft gelten andere Begriffe, andere Denkweisen und Ableitungen als im Alltag. Irgendwann stellte ich fest, dass fast alle anderen Studenten bereits als Eingeweihte ins Studium kamen: als Söhne von Juristen. Vieles hatten sie schon einmal gehört, und viele Studenten kannten sich, weil ihre Väter Kollegen waren. Diese Erkenntnis beruhigte mich ein wenig, aber sie verhalf mir nicht zu mehr Verständnis für die Inhalte des Studiums.

Wenn die Rechtswissenschaft für mich weitgehend verschlossen blieb, so wollte ich zumindest etwas über die Welt und das Leben im Allgemeinen erfahren. Deshalb ging ich für mein drittes und viertes Studiensemester nach Freiburg im Breisgau. Ich fand es spannend, eine andere Stadt kennenzulernen, weit weg von Hamburg. Außerdem war es die einzige Möglichkeit, bei den Eltern auszuziehen. Eine junge, unverheiratete Frau konnte damals unmöglich eine eigene Wohnung in ihrer Heimatstadt beziehen, die damaligen Konventionen sahen das nicht vor. Aber ein Zimmer zur Untermiete an einem fernen Studienort wurde allgemein akzeptiert. Freiburg gefiel mir von Anfang an, ich mochte die Menschen und die umgebende Landschaft, den Schwarzwald. Um mein Zimmer zu finanzieren, jobbte ich als Kellnerin; ich genoss meine Freiheit, das eigenständige Leben. Luise, eine liebe Hamburger Freundin von mir, wohnte ebenfalls in Freiburg, sie war Pianistin und studierte dort Musik. Gemeinsam lernten wir andere junge Leute kennen, es war eine schöne Zeit.

Während meines Freiburger Studiums machte ich auch eine

erste entscheidende berufliche Erfahrung: Ich absolvierte ein Praktikum in einer Anwaltskanzlei, die von drei Frauen geleitet wurde. Das Büro war auf Wirtschaftsrecht spezialisiert und weit über die Grenzen der Stadt hinaus bekannt. Eine der drei Chefinnen, Frau Dr. Maria Plum, war sowohl Juristin als auch promovierte Volkswirtin. Bei verschiedenen großen südbadischen Industriebetrieben – das waren vor allem Pharmakonzerne und Papierfabriken – saß sie im Aufsichtsrat. Darüber hinaus war sie juristische Beraterin oder Wirtschaftsprüferin vieler Firmen, die Kanzlei hatte eine große Wirtschaftsprüfungsabteilung. So gab es kaum ein bedeutendes Unternehmen in der Region, das nicht mit der Kanzlei von Frau Dr. Plum und ihren zwei Partnerinnen zusammenarbeitete.

Frau Dr. Karola Fettweis war Wettbewerbsrechtlerin, Frau Dr. Tula Huber-Simons Spezialistin für Verwaltungs- und Staatsrecht. In ihren Zuständigkeitsbereich fiel das Öffentlich-Rechtliche. Sie vertrat unter anderem die Stadt Freiburg und das Land Baden-Württemberg, wenn Bürger oder Institutionen diese öffentlich-rechtlichen Institutionen angriffen. Auch familienrechtliche Angelegenheiten betreute die Kanzlei, mehr oder weniger notgedrungen. Von einer Kanzlei, die von Frauen geführt wurde, erwartete die Allgemeinheit, dass sie sich im Familienrecht engagierte. Zu einem Zeitpunkt, zu dem sie bereits lange tätig und sehr erfolgreich war, beschloss Frau Plum, diese Erwartung zu erfüllen. Sie übertrug die Aufgabe Frau Fettweis, da diese die Jüngste der drei war. Fortan bearbeitete Frau Fettweis neben dem Wettbewerbs- also auch noch das Familienrecht.

Wir Jurastudentinnen und -studenten hörten viel über diese außergewöhnliche Kanzlei, mir erschien alles, was ich hörte, hochinteressant. Als ich einmal bei einer Abendveranstaltung Frau Dr. Plum traf, fragte ich die berühmte Juristin, ob ich ein Praktikum bei ihr machen dürfe. Ich durfte. Und obgleich ich in den wenigen Wochen des Praktikums kaum Einblicke in das juristische Geschehen hatte, sondern überwiegend Hilfsarbeiten im Sekretariat erledigte, sammelte ich wertvolle Erfahrungen. Niemand in der Kanzlei zweifelte an, dass Frauen macht- und verantwortungsvolle Arbeit leisten konnten und sollten.

Viele Männer arbeiteten dort als angestellte Anwälte, es war Normalität, dass Frauen in der Hierarchie über ihnen standen. Auch gab es zahlreiche männliche Juristen, die sich ebenfalls bewarben und eine Anstellung sehr wünschten – weil die Kanzlei Plum weit und breit als die beste galt. Geschlechterrollen wurden nicht thematisiert. Die Chefinnen dachten auch nicht darüber nach, ob sie als Frauen diskriminiert wurden oder nicht; sondern sie taten einfach ihre Arbeit und gingen davon aus, akzeptiert zu werden. Sie wurden akzeptiert, da sie brillante Arbeit leisteten. Das alles hat mich sehr geprägt – während des Praktikums und vor allem später, als ich als Referendarin und schließlich als Anwaltsassessorin in die Kanzlei zurückkehrte.

Als Praktikantin fragte mich Frau Dr. Plum einmal: »Können Sie sich vorstellen, Anwältin zu werden?« Ich antwortete: »Das kann ich nicht sagen, da ich die juristischen Berufe noch nicht kenne. Was ich Ihnen aber sagen kann: Ich finde es hier bei Ihnen sehr interessant.« Das hat sie akzeptiert.

An der Universität kam ich immer noch nicht besser zurecht. In meiner Freiburger Zeit musste ich die erste Klausur schreiben. Trotz einiger Schummelei erhielt ich nur die Note Drei. Meine Lernprobleme belasteten mich zunehmend, ich war verunsichert, unausgeglichen, nervös und sehr unzufrieden mit mir selbst. Kampflos aufzugeben kam nicht in Frage. So beschloss ich, ab dem fünften Semester alles zu geben – mich der Herausforderung mit voller Kraft zu stellen.

Zurück in Hamburg, folgte eine wahnsinnig anstrengende Zeit, ich lernte wie besessen. Damals wie heute gingen fast alle

Jurastudenten zu Repetitoren, das sind Privatlehrer, mit denen man den Stoff fürs Examen übt – eine Art Nachhilfeunterricht für Erwachsene. Repetitorien kosteten viel Geld, was für die meisten Studenten unerheblich war, da sie wohlsituierten Juristenfamilien entstammten. Anders bei mir, meine Eltern konnten mich finanziell nur sehr eingeschränkt unterstützen, und ich selbst wusste nicht, woher ich die Zeit nehmen sollte, um noch mehr Studentenjobs zu übernehmen, als ich ohnehin schon hatte. Ich brauchte ja Zeit zum Lernen.

Ein sehr angesehener Repetitor war Herr Lützow – wer etwas auf sich hielt, ging zu Lützow an der Außenalster. Ich nahm Probestunden bei ihm, wobei ich feststellte, dass er tatsächlich ein hervorragender Didakt war. Nur: Er stellte seinen Studenten keine schriftlichen Unterlagen zur Verfügung. »Warum geben Sie uns keine Skripte?«, sprach ich ihn an. »Wir würden gern zu Hause nachlesen, was wir bei Ihnen gelernt haben.«

»Das kann ich Ihnen erklären: Ich kann sehr gut lehren, aber ich kann überhaupt nicht schreiben«, sagte Herr Lützow.

»Darf ich Ihnen einen Vorschlag machen? Ich würde gern Skripte für Sie schreiben.«

»Ja, das können wir ausprobieren. Schreiben Sie ein paar Skripte, und wenn die gut sind, können Sie kostenlos bei mir hören.«

So haben wir es dann gemacht. Das Verfassen der Skripte gab mir so viel Selbstvertrauen, dass ich im fünften Semester drei große Seminarscheine machte, inklusive Hausarbeiten und Klausuren. Ähnlich ging es im sechsten Semester weiter. Erst in jenen zwei letzten Semestern lernte ich wirklich etwas, und zwar bei Lützow. Danach meldete ich mich zum Examen, sodass ich kurz nach meinem 22. Geburtstag mein erstes Staatsexamen in der Tasche hatte.

Jura ist ein sehr schwieriges Studium, rund ein Drittel aller Studenten fällt noch heute beim ersten Examen durch. Ich selbst hatte nach den Übungen noch immer nicht alles wirklich verstanden, es gab viele weiße Flecken auf meiner Landkarte. Trotzdem schaffte ich ein Prädikatsexamen. Wahrscheinlich hatten meine ganzen Probleme also auch mit dem mir eigenen Perfektionismus zu tun, den ich bis heute nicht ablegen konnte. Mich mit einem gesunden Halbwissen durchzuschummeln ist einfach nicht meine Sache. Leider. Meine jüngste Tochter sagt manchmal zu mir: »Hinter dir steht immer ein Scharfrichter mit dem Beil. Und er fragt dich: ›Was? Mit so wenig kommst du hier an? Das muss aber viel mehr sein!‹« Sicherlich hätte ich es im Leben häufig leichter gehabt, wenn ich in der Lage wäre, in Bezug auf Wissen und Fleiß auch einmal Fünfe gerade sein zu lassen. Andererseits bin ich eben, wie ich bin, und mein Perfektionismus hat mir in manch einer Situation sehr geholfen – mir und auch anderen Menschen.

Im Anschluss an das Examen, zu Beginn des Jahres 1955, fing mein Referendariat an. Das Rechtsreferendariat dauerte damals üblicherweise dreieinhalb Jahre, man verbrachte es an verschiedenen Stationen, an denen man jeweils etwa ein halbes Jahr blieb. Auf einer Tagung traf ich zufällig Frau Dr. Plum aus Freiburg wieder, die mich ansprach: »Frau Kollegin, haben Sie nicht Lust, zu uns zu kommen?« – »Vielen Dank für das Angebot«, erwiderte ich. »Ich werde gern darüber nachdenken.« – Was eine seitens Frau Plum sicherlich unerwartete Reaktion war; als würde eine Maus sagen: »Danke für den Käse, aber ich weiß gar nicht, ob ich gerade Appetit darauf habe.«

Vermutlich hätte fast jeder andere junge Jurist sofort zugesagt, man bekommt schließlich nicht jeden Tag ein Angebot von einer Spitzenkanzlei. Mich hinderten jedoch zwei Probleme an einer spontanen Zusage. Zum einen hatte ich Angst, den Anforderungen nicht zu genügen. Ich dachte: Die drei Frauen sind solche Koryphäen, was will ich denn bei ihnen? Ich habe doch von nichts eine Ahnung! Außerdem war ich mir nicht sicher, ob es für mich erstrebenswert war, so zu sein und zu leben wie Frau Plum, Frau Fettweis und Frau Huber-Simons. Vor allem Frau Plum, die mich angesprochen und eingeladen hatte, weckte in mir Ängste: Sie schien so herb, so männlich.

Keine Frau trug damals Hosen, so etwas gab es überhaupt nicht. Man hatte selbstverständlich Röcke an, auch Frau Dr. Plum. Sie trug Kostüme, die fast genauso aussahen wie Herrenanzüge: graue Jacken mit Nadelstreifen, vom gleichen Material und Schnitt wie Herrensakkos. Dazu Röcke bis zum Boden, gerade geschnitten in Kastenform, und weiße, hochgeschlossene Hemdblusen. Die Frisur von Frau Dr. Plum war ein Herrenhaarschnitt, kurz und glatt zurückgekämmt, im Nacken gerade abgeschnitten. Außerdem hatte sie eine tiefe Stimme, nicht männlich, aber durchdringend. Mit ihren großen blauen Augen fixierte sie ihre Gesprächspartner sehr genau. Oh, oh, dachte ich mir, das bist du nicht, das kannst du nicht. Denn ich selbst bin äußerlich immer eher ein weiblicher Typ gewesen. Ich mag elegante, weibliche Kleidung, mir gefallen farbige Blusen, ich mag Blumenmuster, und mein Haar trage ich seit jeher lang und hochgesteckt.

Nach ein paar Tagen kam ich zur Besinnung und beschloss, die Chance zu nutzen. Hör endlich auf mit deinen Vorurteilen!, befahl ich mir selbst. Im Grunde genommen hat mich an allen Menschen stets der Geist interessiert, weit mehr als das Äußere. Ein Mann hat für mich Sexappeal, wenn er intelligent ist. Und als Kolleginnen oder Freundinnen faszinieren mich gescheite, aufgeschlossene, gebildete Frauen. Auch dachte ich damals, als Dreiundzwanzigjährige, dass ein halbes Jahr in der Kanzlei von Frau Dr. Plum wohl nicht meinen ganzen Lebensweg beeinflussen würde, sondern eher eine interessante Erfahrung unter vielen wäre. Tatsächlich – und zu meinem Glück – entwickelte sich die Sache dann anders als gedacht.

Ein Problem meiner Generation war, dass es in der Berufswelt kaum weibliche Vorbilder gab. Es mangelte an Frauen mit
wirtschaftlicher, politischer oder gesellschaftlicher Macht und
Verantwortung. Daran hat sich bis heute nicht viel geändert.
Noch immer ist es für Mädchen und junge Frauen keine Selbstverständlichkeit, sich an den Karrieren älterer Frauen zu orientieren und von ihnen zu lernen. Wenn überhaupt, nehmen
Mädchen am ehesten Fotomodelle, Schauspielerinnen oder
Popsängerinnen als Vorbilder wahr, weil die Anzahl der be-
rühmten, erfolgreichen Frauen in diesen Bereichen relativ hoch
ist. Jungen hingegen orientieren sich oft an namhaften Mana-
gern oder Unternehmern. Statt in einer Glitzerwelt leben solche Vorbilder in einem Umfeld, in dem es um Einfluss, Verantwortung, Entscheidungen geht – sowie um schicke, große
Büros, ansehnliche Dienstwagen und hohe Gehälter.

Während meines halben Jahres als Referendarin in der
Kanzlei Dr. Plum hatte ich Gelegenheit, nicht nur die Arbeits-
inhalte eines Rechtsanwalts kennenzulernen, sondern auch
weibliche Vorbilder zu finden. Alle drei Chefinnen beeindruck-
ten mich durch ihre Versiertheit, ihre Disziplin, ihren ausgeprägten Gerechtigkeitssinn, ihr unabhängiges Denken und
souveränes Auftreten, ihre natürliche Selbstsicherheit. Dennoch
hatten die Frauen ganz unterschiedliche Charaktere, was ich
sehr bemerkenswert fand. So lernte ich, dass man keinem bestimmten Typ entsprechen musste, um als Anwältin zu Erfolg
und Ansehen zu gelangen. Frau Plum war als eine der ersten
Frauen überhaupt für das juristische Staatsexamen zugelassen
worden und lebte für den Beruf, sie blieb unverheiratet. Auch
Frau Fettweis hatte keine Familie, war aber äußerlich ein ganz
anderer Typ, viel weiblicher. Sie hatte lockiges Haar, trug flotte
Kostüme und hübsche Blusen, dazu Schuhe mit hohen Absät-
zen. Frau Huber-Simons ähnelte äußerlich Frau Plum, aber sie
war verheiratet und Mutter von fünf Kindern. Darunter übri-

gens Wolfgang Huber, der später Ratsvorsitzender der Evangelischen Kirche in Deutschland wurde.

Frau Dr. Plum stellte hohe Ansprüche an sich selbst wie auch an ihre Mandanten. Sie nahm nicht jeden Fall an, sondern stellte Bedingungen. Ihre Mandanten mussten fest zusagen, alle nötigen Informationen zu liefern, nichts zu verschweigen und immer die Wahrheit zu sagen. Stellte sich heraus, dass ein Mandant sie belogen hatte, legte sie das Mandat nieder. Auch ließ sie sich, bevor sie ein Mandat übernahm, die kompletten Unterlagen dazu übergeben. Sie schaute sich alles an und entschied erst dann, ob sie den Fall bearbeiten konnte und wollte oder nicht. Ebenso anspruchsvoll waren sie und ihre Partnerinnen gegenüber den Mitarbeitern. Insgesamt arbeiteten etwa zwanzig Personen in der Kanzlei: neben den Chefinnen noch vier bis fünf weitere Juristen, mehrere Steuerberaterinnen sowie Anwalts- und Notargehilfinnen und Sekretärinnen.

Als Kind und junge Frau hatte ich eine ausgeprägte Neigung zur Unordnung und Unpünktlichkeit. Erschien ich nun eine Minute zu spät in der Kanzlei, so hieß es: »Guten Morgen. Es ist eine Minute nach acht.« Nicht: »Würden Sie bitte künftig früher hier sein?« Nein, nur: »Es ist eine Minute nach acht.« Das führte dazu, dass ich nicht selten mit offenem Haar bei der Arbeit erschien. Frau Huber-Simons sagte gern: »Da kommt ja unser Rauschgoldengel.« Dann entschuldigte ich mich: »Ich wollte unbedingt pünktlich sein. Aber pünktlich mit aufgestecktem Haar hätte ich nicht geschafft.« Für alle Juristen der Kanzlei war es selbstverständlich, dass sie sechs Tage pro Woche arbeiteten. Das Büropersonal hatte samstags frei, wir arbeiteten dann von morgens bis mindestens zum Nachmittag. Natürlich auch die Chefinnen, auch Frau Huber-Simons mit den fünf Kindern. Sie waren samstags als Erste dort und öffneten den Mitarbeitern die Tür.

Obwohl Frau Plum sehr gut verdiente, fuhr sie nur einen kleinen VW. Sie führte ein bescheidenes, diszipliniertes Leben, ganz preußisch. Dazu gehörte auch, dass sie das Büropersonal ausnehmend freundlich und großzügig behandelte. Im Gegenzug verehrten die Bürodamen ihre Chefin, arbeiteten dementsprechend fleißig und zuverlässig. Manche Referendare und junge Volljuristen, die neu waren in der Kanzlei, hielten sich nicht an die ungeschriebenen Regeln und behandelten das Personal abfällig. Solche Kollegen hatten nur eine kurze Verweildauer. Bis heute bin ich davon überzeugt, dass es nicht anders geht: Mit Menschen, die für einen selbst arbeiten, muss man anständig und fürsorglich umgehen.

An meinem ersten Tag als Referendarin bei Frau Dr. Plum war ich mit zitternden Knien in der Kanzlei erschienen, ich hatte Angst zu versagen, und so kam es dann auch: Ich machte einen Fehler nach dem anderen. Frau Plum ließ keine Milde walten, sondern übte deutliche Kritik und donnerte mich auch mal an, wenn ich eine Aufgabe völlig unzureichend bearbeitet hatte. »So etwas können Sie nicht abliefern! Warum arbeiten Sie unsorgfältig? Das kann nicht Ihr Ernst sein. Sie müssen weitersuchen. Sie können doch nicht bei der erstbesten Lösung haltmachen!« Womit sie recht hatte. Es war eine sehr strenge, aber faire und effektive Schule. Manches Mal fühlte ich mich klein und dumm, aber im Großen und Ganzen war ich dankbar für die fundierte, harte Ausbildung. Da ich einen Tadel ungern zweimal höre, lernte ich sehr viel – weit mehr und intensiver als an der Universität.

In der Kanzlei merkte ich endlich: Mit Sorgfalt, Konzentration, Hingabe und Fleiß sind die meisten juristischen Fälle zu lösen. Wer in der Praxis tiefer vordringt, für den ist das Ganze keine Geheimwissenschaft mehr. Was Frau Dr. Plum mir vermittelte, habe ich mir zu Herzen genommen und mein ganzes Leben lang beibehalten. Ich habe Hunderte von Referendaren ausgebildet und ihnen immer wieder gesagt: »Hören Sie auf mit der Dünnbrettbohrerei. Suchen Sie die richtige Lösung, nicht die einfachste.« Der Zweck eines solchen Arbeitsstils lässt sich mit einem Wort beschreiben: Qualität.

Als Kinder und junge Mädchen hatten Ursel und ich regelmäßig kleine Konkurrenzkämpfe ausgefochten, wie es wohl unter vielen Schwestern geschieht. Wer ist die Klügere? Die Bessere in welchem Schulfach? Wer die Hübschere? Die Beliebtere? Bis unsere Mutter eingriff und entschied: »Jetzt gebt doch endlich Ruhe. Ursel ist die Hübsche, Lore die Kluge – und keine weitere Diskussion!« Das hatte mich schwer beleidigt, denn natürlich wollte ich klug *und* hübsch sein – und Ursel genauso. Als Referendarin bei Frau Dr. Plum begriff ich endgültig, dass physische Attraktivität einer Frau zwar dienlich sein kann, doch langfristig bringt sie einen im beruflichen Umfeld nicht viel weiter. Es ist allgemein bekannt und wissenschaftlich belegt, dass gutaussehende Menschen in fast allen Lebenslagen Vorteile haben, nicht nur im Beruf, sondern zum Beispiel auch als Angeklagte vor Gericht.

Ab einem gewissen Alter und einer gewissen Hierarchiestufe aber werden Leistungen, Qualifikation und Erfahrung dermaßen entscheidend, dass die Physis eine vergleichsweise unbedeutende Rolle spielt. Die wirklich interessanten Positionen im Leben erreichen Frauen wie Männer nicht, wenn sie frisch und »knackig« sind, sondern wenn sie Reife erlangt haben, vielleicht schon etwas überreif aussehen. Auch die Niedlichkeit und den Liebreiz, zu denen immer noch viele Mädchen erzogen werden, sollten Frauen im Beruf tunlichst ablegen. Eine starke Persönlichkeit erreicht mehr als ein süßes Persönchen. Andererseits kann die weibliche Angewohnheit, freundlich aufzutreten, ein Vorteil gegenüber Männern sein. In der Regel bemühen sich Frauen, stets zuvorkommend zu wirken. Selbst eine noch so freche Forderung kommt bei einer Frau wahrscheinlich in Begleitung eines Lächelns daher. Liebenswürdigkeit wirkt. Immer. Und den meisten Männern fällt sie nicht leicht.

Ein Bewusstsein dafür, dass ich als weiblicher Jurist eine Sonderstellung in der Gesellschaft einnahm, entwickelte ich nicht. Genauso wenig, wie ich als Studienanfängerin darüber nachgedacht hatte, widmete ich mich dem Thema später. Für mich war der eingeschlagene Weg selbstverständlich. Wenn man so will, fehlt mir in dieser Hinsicht eine Art Gen; ein Bewusstseinsgen, das eine Frau spüren lässt, sie könne weniger oder müsse furchtbare Kämpfe gegen die Männerwelt ausfechten. Meine Erfahrungen in der Frauenkanzlei verstärkten die mir innewohnende Überzeugung der selbstverständlichen Gleichberechtigung von Mann und Frau. Auch an anderen Referendarstationen erlebte ich überwiegend Ausbilder und Kollegen, die meine Anwesenheit so natürlich nahmen wie Sonne und Regen. Nie fühlte ich mich als Frau zurückgesetzt, und da ich keine Neigung zu diesem Gefühl habe, bemerkte ich tatsächliche Diskriminierungen nur im Extremfall – so wie bei der Kommilitonin in Hamburg, die der Professor entwürdigend behandelte.

Im Jahr 1957 besuchte ich für ein halbes Jahr die Verwaltungshochschule in Speyer. Als Referendar konnte man sich dafür bewerben, jedes Bundesland schickte einige interessierte Studenten an jene Hochschule, um die Kenntnisse im Fach Verwaltungsrecht zu vertiefen. Mir war das Fach während des Studiums besonders schwergefallen, und ich wusste, dass es ein wichtiger Sektor war. Es ist ein großer Bereich, das Steuerrecht gehört dazu, das Schulrecht, das öffentliche Baurecht und vieles mehr. Ich hatte bereits eine Referendarstation beim Verwaltungsgericht absolviert, aber mir fehlten Grundlagen, manches erschloss sich mir nicht. So unwissend, wie ich war, wollte ich nicht bleiben, deshalb ging ich nach Speyer, hörte dort fünf

Tage die Woche von morgens bis abends Vorlesungen und schrieb an den Wochenenden Klausuren.

Theoretisch hätte ich auch beschließen können, Verwaltungsrecht liegt mir nun einmal nicht, und mich bemühen können, die Materie elegant zu umschiffen. Aber solch ein Verhalten entspricht nicht meiner Natur. Es ging ja weder um eine Geheimwissenschaft noch um eine unbezwingbare Herausforderung. Mir wäre es lächerlich erschienen, mich vor dem Fach zu drücken. Nach jenem halben Jahr war ich zufrieden, das Rechtsgebiet machte mir keine Angst mehr. Mein Leben lang habe ich immer wieder davon profitiert. Sei es bei steuerrechtlichen Fragen, sei es bei einem alten Haus, das ich kaufte und in Eigentumswohnungen aufteilte. Die Baubehörde verlangte von mir, Autostellplätze zu schaffen – ich wusste nicht, warum und wie das geschehen sollte. Ich klagte vor dem Verwaltungsgericht und bekam recht.

Hellmuth war ein blitzgescheiter Mann, voller Energie und Lebenslust, er liebte die Welt, sog alles in sich auf, er interessierte sich für die verschiedensten Themen, wollte alles verstehen. Wir waren sofort fasziniert voneinander, konnten tage- und nächtelang miteinander reden. Er lachte so gern! Und brachte mich mit seinem intelligenten Humor zum Lachen. In Speyer auf der Hochschule lernte ich Verwaltungsrecht fürs Leben – und fand eine Liebe fürs Leben.

Nicht lange zuvor war meine erste Liebesbeziehung zu Ende gegangen. Sie hatte acht Jahre gehalten, dann trennten sich unsere Wege, in aller Freundschaft, es fiel kein böses Wort. Gerd und ich hatten uns schlichtweg auseinandergelebt. Ein Phänomen, das es anscheinend häufiger gibt. Erich Kästner machte sich einen schönen Reim darauf: »Als sie einander acht Jahre kannten / (und man darf sagen, sie kannten sich gut), / kam ihre Liebe plötzlich abhanden. / Wie andern Leuten Stock oder

Hut.« Bis heute haben wir Kontakt zueinander, wir telefonieren, und manchmal besuche ich ihn und seine Frau – weit über fünfzig Jahre nach unserer Trennung.

Hellmuth Streicher kam aus Bayern und besuchte zusammen mit mir die Verwaltungshochschule. Nach unserer Zeit in Speyer begleitete ich ihn in seine Heimat, ich suchte mir eine Referendarstation in München bei der Bauvereinsbank und nahm mir dort ein Zimmer. Im Frühjahr 1958 verlobten wir uns, dann musste ich zurück nach Hamburg, um meine letzte Referendarstation beim Oberlandesgericht zu absolvieren. Hellmuth machte im September das zweite Staatsexamen, er war ein halbes Jahr älter als ich. Zu seiner mündlichen Prüfung fuhr ich nach München, um ihm zuzuhören. Anschließend folgte er mir nach Hamburg, er suchte sich eine Stelle als Direktionsassistent bei einem Unternehmen im Hafen. Ich wäre im Frühjahr 1959 mit dem Examen dran gewesen, danach, so war der Plan, würde ich als Richterin arbeiten. Ein Ausbilder von mir, Herr Dantzer vom Oberlandesgericht, wollte mich unbedingt als Richterin in Hamburg haben. Hellmuth und mir gefiel der Plan. »Das passt doch hervorragend«, sagte mein Verlobter. »Einer von uns hat etwas Festes, Sicheres, der andere könnte als Anwalt arbeiten.« Wir wollten ja Kinder bekommen. Wir waren uns einig darin, dass eine Familie mit mehreren Kindern etwas Wunderschönes ist. Unsere Hochzeit sollte im Februar 1959 stattfinden.

Kurz vorher, um Weihnachten herum, ging es Hellmuth nicht gut. Vielleicht hatte er sich eine Magenschleimhautentzündung zugezogen? Er fühlte sich schwach und hatte Bauchschmerzen, die, wie wir annahmen, vom vielen Kaffee, vom unregelmäßigen Essen und vom Prüfungsstress herrührten. Doch als sein Zustand sich verschlechterte, ließ Hellmuth sich im Universitätsklinikum Hamburg-Eppendorf untersuchen.

»Ihr Verlobter hat Krebs. Er wird nur noch wenige Wochen

leben.« Mit mir sprach der Professor ganz offen, Hellmuth informierte er nicht. Und ich brachte es nicht fertig, Hellmuth die Wahrheit zu sagen – die Kraft hatte ich nicht. Hätte ich es tun sollen, tun müssen? Ich weiß es nicht. Wie sagt man so etwas einem jungen Mann? »Weißt du was, du hast nur noch ein paar Wochen zu leben. Es lohnt sich nicht mehr, dass wir heiraten.« Nein, das brachte ich nicht über mich. Hellmuth war ein so lebensfroher Mensch, so ein Strahlemann. Ein blonder, blauäugiger Hüne.

Zunächst konnten die Ärzte nur Metastasen feststellen, erst nach vielen Untersuchungen fanden sie den Ausgangstumor, es war Hodenkrebs.

Als der Hochzeitstermin kam, lag Hellmuth schon. Wir bewohnten bei meinen Eltern im Haus in Flottbek zwei Zimmer im ersten Stock. Dort wurden wir getraut, am Krankenbett. Als ich ihm Treue in guten wie in schlechten Zeiten versprach, war mir bewusst, dass die Zeit, die uns bevorstand, in erster Linie schlecht sein würde – und sehr kurz. Hellmuth wusste es noch immer nicht. Er ahnte, dass er sehr krank war, aber er schmiedete weiterhin Zukunftspläne. Er sprach von den Kindern, die wir bekommen würden, er malte sich aus, wie sie aufwachsen würden.

Im März sagte Hellmuth zu mir: »Du, Lore, ich kann nicht mehr.« Zwei Tage später starb er, am 16. März 1959. Er wurde 26 Jahre alt.

Die letzten Wochen hatte er im Krankenhaus verbracht. Da er unter unerträglichen Schmerzen litt, konnte er nicht zu Hause bleiben. Er musste unter ärztlicher Aufsicht mit hohen Morphiumdosen behandelt werden. Ich war rund um die Uhr bei ihm, allein. Hellmuth hatte keine Zeit gehabt, Freunde in Hamburg zu finden. Seine Familie kam ihn nicht besuchen in den letzten Tagen. Mir hatte man eine Couch in sein Einzelzimmer gestellt. Ich pflegte ihn, so gut ich konnte, er wollte keine Krankenschwester um sich. Er wünschte sich, dass ich ihn versorgte.

Da Hellmuth katholisch war, fühlte ich mich verpflichtet, einen Pfarrer zu holen für die Letzte Ölung. Tatsächlich fand ich einen, mitten in der Nacht.

»Mein Mann ist gestorben«, sagte ich.

»Ist er noch warm?«, fragte der Pfarrer, »sonst hat's keinen Sinn.« »Er ist vor einer Stunde gestorben.«

»Na gut.«

Die folgenden Wochen lief ich herum wie in Trance. Es gab so vieles zu tun, zu organisieren. Unter anderem mussten hohe Rechnungen beglichen werden, die Ärzte hatten alle möglichen Therapien versucht, die die Krankenkasse nicht übernahm. Chemotherapie gab es damals noch nicht.

Hellmuths Vater, ein sehr feiner, liebenswerter Mann, kam herauf nach Hamburg und ließ seinen Sohn nach München überführen, wo er in einem Familiengrab beerdigt wurde. Meine Schwiegermutter kam nicht. Den Tod ihres Ältesten konnte sie nicht begreifen, nicht ertragen. Sie war von der Trauer gebrochen und suchte in ihrer Verzweiflung nach Schuldigen. Später erklärte sie mir mehrfach: »Hellmuth starb, weil er sich mit einer Ketzerin zusammengetan hat.« Ich war Kirchenmitglied und bin es bis heute: in der evangelisch-lutherischen Kirche. Dass eine Protestantin sich ihren ältesten Sohn »geangelt« hatte, das hatte sie von Anfang an für ein Unglück gehalten. Das Schicksal schien ihr recht gegeben zu haben: Vor unserer Heirat war Hellmuth das blühende Leben, danach war er tot.

Als Mitglied einer studentischen Verbindung wurde Hellmuth sehr festlich von seinen vielen Bundesbrüdern verabschiedet. Die Beerdigung erlebte ich wie eine Marionette. Ich lief und lief und funktionierte – und doch war ich nicht wirklich dabei.

Bis heute habe ich Kontakt zu Hellmuths jüngerem Bruder

Paul-Heinz. Und wenn ich in München bin, fahre ich immer zu Hellmuths Grab auf dem Freimanner Friedhof. »Assessor Hellmuth Streicher«, steht auf dem Stein. Anders als bei uns im Norden ist es in Süddeutschland üblich, die Menschen mit Berufsbezeichnung zu begraben.

Nach der Beerdigung, zurück in Hamburg, verzog ich mich in mein Zimmer im ersten Stock und ließ mich nirgends mehr blicken. Ich hatte Prüfungstermine verpasst, der nächste Examenstermin war erst im Sommer. Ohnehin wäre ich zu Prüfungen wohl nicht fähig gewesen. Es ging mir sehr schlecht, ich war wie gelähmt, war fern der Welt. Meine Eltern konnten mit der Situation überhaupt nicht umgehen, sie waren hilflos und selbst voller Trauer. Sie hatten Hellmuth sehr gemocht. Wir sahen uns kaum in jenen Wochen, obwohl wir unter einem Dach lebten.

Von einem Moment zum anderen war ich nicht mehr jung. Ich konnte mit Gleichaltrigen nichts mehr anfangen, fühlte mich wie aus meinem Leben und meiner Generation hinauskatapultiert und auf einen anderen Planeten versetzt. Da meldete sich meine Freundin Renate, eine phantastische Frau, die in der Nähe von Freiburg wohnte. Sie war etwas älter als ich und sagte: »Du musst dir vorstellen, dir wurde ein Bein amputiert. Es wächst nicht nach. Dein Leben ist völlig verändert gegenüber der Zeit, in der du beide Beine hattest. Aber du wirst lernen, mit einem Bein zu leben.« Das war genau das richtige Bild. Man kann nicht mehr zurück ins alte Leben; aber man kann lernen, das neue Leben anzunehmen.

Renate und andere Freiburger Freunde halfen mir sehr dabei. Renate lud mich zu sich und ihrem Mann nach Hause ein. »Tu einfach, wonach dir der Sinn steht«, riet sie mir. »Wenn du gar nichts tun möchtest, nur herumliegen und träumen möchtest: nur zu. Wenn du den ganzen Tag Musik hören möchtest: herzlich willkommen. Wenn du allein sein möchtest: bitte schön. Wenn du etwas mit uns unternehmen möchtest: sehr gern.« Zuerst hörte ich von morgens bis abends Bach. Es gibt ja nichts Klareres und nichts Ordnenderes als die Musik von Bach. Sie war für mich ein großer Trost. Dann kam ich langsam, ganz langsam wieder zu mir. Mal unternahmen Renate und ich etwas, mal half ich ihr bei der Arbeit. Ihr Mann war Arzt, Renate machte das Büro und die Buchführung. Nach ungefähr einem Monat war ich so weit wieder aufgebaut, dass ich nach Hamburg zurückkehren und das Examen fortsetzen konnte.

Jeder Mensch, der Schicksalsschläge erlebt, kann entweder bis neun auf die Bretter gehen, oder aber er findet irgendwann einen Weg, weiterzuleben und das Erlebte in das eigene Leben zu integrieren. Man lernt, sich der Endlichkeit des Lebens bewusst zu werden und sie zu akzeptieren. Wenn man in jungen Jahren einen viel zu frühen Tod miterlebt, relativiert sich einiges. Die Prioritäten verschieben sich, die Bewertung, was wichtig ist und was nicht. All das kann man daraus lernen, aber es dauert eine ganze Zeit. Auch Renates Mann Dieter half mir sehr dabei. »Wir versuchen jetzt, dich zurück ins Leben zu holen. Du bist ja nicht mit gestorben. Wir wollen dich behalten!« Heute lebt er selbst nicht mehr, keiner meiner Freiburger Freunde aus jener Zeit ist noch am Leben. Renate starb an Krebs.

»Frau Kollegin, Sie sind wieder in Hamburg?« Vollkommen unerwartet rief mich Frau Dr. Plum an. Sie hatte davon gehört, was mir widerfahren war.

»Ja, ich mache jetzt das zweite Staatsexamen.«

»Danach kommen Sie bitte zu uns. In Hamburg können Sie es jetzt doch nicht aushalten, da erinnert Sie ja alles an Ihren Mann. Und wir können Sie hier sehr gut gebrauchen. Machen Sie schnell Ihr Examen, und dann fangen Sie gleich bei uns in der Kanzlei an. Wir freuen uns auf Sie.«

Am 6. August 1959 schloss ich das zweite Staatsexamen ab, und wenige Tage darauf ging ich als Anwaltsassessorin in die Kanzlei Dr. Plum, Dr. Fettweis und Dr. Huber-Simons nach Freiburg.

Vater, Mutter, Kinder, Karriere

»Bin im Laubfrosch. Rudolf«

»Bin immer noch im Laubfrosch. Rudolf. 20 Uhr«

»Im Laubfrosch. R. 21 Uhr«

»Immer noch. 22 Uhr«

»Bin nicht mehr im Laubfrosch. Rudolf. 23 Uhr«

Die Zettel klemmten unter der Windschutzscheibe meines Autos, das vor der Kanzlei Dr. Plum parkte. Rudolf war ein befreundeter Anwaltskollege, der in einer anderen Kanzlei arbeitete. Manchmal holte er mich abends nach der Arbeit auf einen Schoppen Wein ab, dann gingen wir meist in den Laubfrosch, die nächstgelegene Kneipe. Als er an jenem Abend an der Kanzlei Dr. Plum vorbeikam und Licht an meinem Platz sah, war es gegen 19 Uhr. Rudolf dachte sich: Gleich kommt Lore wohl herunter, vielleicht hat sie Lust auf einen Wein. Es gab noch lange keine Mobiltelefone, und sowohl das Kanzleitelefon als auch die Klingel wurden abends abgeschaltet. Deshalb hinterließ er den Zettel an meinem Wagen. Stündlich kehrte Rudolf zurück, stündlich sah er weiterhin das Licht an meinem Platz. Als ich das Büro verließ und Rudolfs Zettel fand, war es nach ein Uhr in der Nacht.

Ich war 27 Jahre alt, seit nicht einmal einem Jahr im Anwaltsberuf tätig und arbeitete rund um die Uhr, fast ohne Unterbrechung. Meine kleine hübsche Freiburger Wohnung, in schöner Lage oben am Berg, nutzte ich fast nur zum Schlafen. Wenn überhaupt. Es gab Nächte, in denen ich es wegen der vielen Arbeit nicht nach Hause schaffte. Dann ruhte ich mich nur ein paar Stunden auf der Couch in der Kanzlei aus, und weiter ging es mit der Arbeit. Wahrscheinlich erlebte ich so etwas wie einen Positivschock – nach dem Negativschock des Studiums, der mich anfangs glauben gemacht hatte, ich wäre für die Juristerei nicht geeignet. Nun, als Anwaltsassessorin bei Frau Dr. Plum und ihren Kolleginnen, lernte ich, wie man systematisch und strukturiert vorgeht und dadurch Erfolge erzielt. Ganz gleich, ob man Wirtschaftssachen anwaltlich betreut, einen baurechtlichen Konflikt austrägt, sich mit kirchlichen Orden auseinandersetzt oder einen Unterhaltsprozess führt. Mit all diesen und vielen weiteren Themenbereichen war ich in Freiburg befasst. Was ich dort gelernt habe, hat meine Arbeit ein Leben lang beeinflusst.

Das dritte Lebensjahrzehnt ist eine schöne, anspruchsvolle und fürs ganze Leben entscheidende Zeit. Ein junger Mensch zwischen zwanzig und dreißig Jahren hat viel Kraft, viele Möglichkeiten und viel Eigenverantwortung. Mit der Wahl des Studienfachs oder der Berufsausbildung legt er den ersten Gleisabschnitt Richtung beruflicher Zukunft. Natürlich kann man später noch andere Richtungen einschlagen. Das bedeutet jedoch immer, einen Umweg zu fahren. Umwege können interessanter und schöner sein als der direkte Weg. Aber sie kosten Zeit.

Während des Studiums und in den ersten Berufsjahren schüttet man das Fundament für die Karriere. Es sind auch die Jahre, in denen man üblicherweise das Elternhaus verlässt, vielleicht wechselt man zusätzlich den Wohnort. Man beginnt, ein eigenständiges Leben zu führen. Viele junge Menschen legen im dritten Lebensjahrzehnt den Grundstein für die eigene Familie, sie schließen eine feste, lang anhaltende Partnerschaft. Damals, in den fünfziger und sechziger Jahren des vorigen Jahrhunderts, heiratete man gleich, man lebte nicht unverheiratet zusammen. In der Regel kamen die ersten Kinder vor dem dreißigsten Geburtstag ihrer Eltern – auch ich hätte mir früh eigene Kinder gewünscht. Oft dachte ich daran, wie schön es gewesen wäre, wenn mein erster Mann etwas länger hätte gesund bleiben und leben dürfen, sodass wir vor seinem Tod ein gemeinsames Kind hätten bekommen können. Auch meine Schwiegereltern hätten Hellmuths Tod bestimmt eher ertragen können, wenn ihnen ein Enkel von ihm geblieben wäre. Aber das Leben eines jeden Menschen durchläuft Höhen und Tiefen, es ändert nichts, wenn man sein Schicksal wieder und wieder beklagt.

Heute bekommen zwar viele Menschen ihre ersten Kinder mit über dreißig Jahren, trotzdem bleiben die Lebensjahre zwischen zwanzig und dreißig angefüllt mit Schritten, Erfahrungen, Entwicklungen und Entscheidungen von weitreichender Bedeutung. Natürlich darf man sich auch mal ausprobieren. Und auch Fehlentscheidungen sind nicht immer zu vermeiden und können meist korrigiert werden. Aber es wäre schade, ein oder mehrere Jahre unüberlegt verstreichen zu lassen. Möglicherweise verbaut man sich dadurch Chancen fürs ganze Leben.

Als meine Kinder Abitur machten, sprach ich viel mit ihnen über dieses Thema. Ich riet ihnen, sich gründlich Gedanken zu machen, wie sie in Zukunft leben wollten, und entsprechend die folgenden Jahre zu planen und zu gestalten. Es ging mir nicht darum, dass sie allgemein besonders anerkannte und erfolgversprechende Berufe wählten, sondern sie sollten sich fragen: Welcher Weg passt zu mir? Wo liegen meine Begabungen, was mache ich besonders gut und gern? Welcher Beruf, welche Tätigkeit wird mich ein Leben lang interessieren? Und falls ich Kinder haben möchte: Mit welchem Beruf, der mir liegt, kann ich eine Familie ernähren?

Selbstverständlich ließ ich sie mit ihren Überlegungen nicht allein. Es machte mir Freude, gemeinsam mit meinen Kindern die verschiedenen beruflichen Möglichkeiten durchzuspielen, die Vor- und Nachteile zu ergründen und ihnen bei Entscheidungen zur Seite zu stehen. Auch später, während des Studiums und nach den Studienabschlüssen, beriet ich sie in Fragen des beruflichen und privaten Weges, so gut ich konnte.

Mein Sohn Rolf interessierte sich schon als Kind für alles Naturwissenschaftliche, vor allem für Biologie. Als Jugendlicher hatte er Terrarien in seinem Zimmer. Er lebte zusammen mit Geckos, Skorpionen und anderem Getier. Was im Biologieunterricht in der Schule nicht vorkam, damit beschäftigte er sich in aller Gründlichkeit zu Hause. Insofern war es folgerichtig, dass er Biologie studierte. Noch während des Studiums machte er sich selbständig, mit einem ökologisch ausgerichteten Umweltplanungs- und Umweltberatungsbüro. Das passte gut zu seiner Qualifikation, seinen Interessen und seiner Persönlichkeit. Rolf wäre es wohl schwergefallen, für einen Chef zu arbeiten.

Meine Tochter Andrea, die schon immer eine begeisterte und begabte Malerin und Zeichnerin gewesen ist, studierte zunächst Grafikdesign; ein kreativ-künstlerisches Fach also, in dem sich Studenten für mehrere berufliche Tätigkeiten qualifizieren können. Zwischendurch ging sie nach Spanien, um dort einige Semester Freie Kunst zu studieren. Sie wurde gleich in eine Meisterklasse aufgenommen. Später unternahm sie weitere Auslandsaufenthalte, lernte mehrere Sprachen und sammelte Erfahrungen, die in ihrem heutigen Beruf nützlich sind. Andrea konzipiert und organisiert politische Konferenzen und produziert Kulturveranstaltungen. Außerdem malt sie weiterhin, hat sich als Künstlerin an diversen Ausstellungen beteiligt und auch Einzelausstellungen gezeigt.

Und ich? Geplant hatte ich vieles für mein drittes Lebensjahrzehnt, verwirklichen konnte ich aufgrund des frühen Todes meines ersten Mannes nur einen Teil davon. Eins folgte aus dem anderen, man kann nicht alles planen. Als kinderlose

Witwe brauchte ich nicht mehr die Sicherheit einer Position als Richterin, auf die ich mich eingestellt hatte. So konnte ich das Freiburger Angebot annehmen und mich in die vergleichsweise unsichere Position einer Rechtsanwältin begeben.

Entgegen meinen ursprünglichen Befürchtungen zeigte Frau Dr. Plum – die ich ja für einen recht strengen Menschen gehalten hatte – Herzlichkeit und Menschlichkeit. Sie tröstete mich in meiner Verzweiflung über den Verlust meines Mannes. Sie war großzügig und hielt ihre Hand über mich, wenn ich das eine oder andere nicht konnte oder wusste, was bei allen jungen Juristen der Fall ist. Einerseits blieb sie anspruchsvoll, andererseits hatte sie keine unerfüllbaren Erwartungen. Ich stürzte mich mit voller Kraft in meine Aufgaben. Zwei andere junge Juristinnen, die zu meiner Freiburger Zeit in der Kanzlei anfingen, suchten alsbald das Weite. Den täglichen Anforderungen bezüglich Umfang und Qualität der Arbeit fühlten sie sich nicht gewachsen. Gut möglich, dass es ihnen wichtig war, neben der Arbeit ein erfülltes Privatleben zu führen. Ich hingegen war froh, dass ich eine so anspruchsvolle Arbeit hatte, die mich von meiner privaten Traurigkeit zumindest teilweise ablenkte.

Einmal wurde anlässlich des Geburtstags von Frau Plum eine kleine Bürofeier vorbereitet. »Liebe Kollegen und Kolleginnen, lassen Sie uns einen Chor gründen«, schlug ich vor, woraufhin das Kollegium mich entgeistert ansah. »Das meinen Sie nicht ernst«, »Ich kann nicht singen«, »Es wird furchtbar klingen« und ähnliche Reaktionen bekam ich zu hören. Woraufhin ich stoisch erklärte: »Jeder kann singen.« Das ist schon immer mein Credo gewesen. Manche Menschen haben ihre Singstimme noch nicht gefunden, andere brauchen etwas Übung, um den Ton zu treffen. Aber jeder kann das Singen lernen. Also bildete ich einen Bürochor mit allen Männern und allen Frauen, allen Juristen und Bürodamen. Wir suchten ein paar schöne, einfache Lieder aus, und bald schon trällerten alle fröhlich drauflos. An ihrem Geburtstag brachten wir Frau Dr. Plum zwei oder drei Ständchen. Sie war buchstäblich zu Tränen gerührt, woraus sich vieles schließen lässt – unter anderem, dass sie emotional erreichbar und bereit war, Emotionen zu zeigen; außerdem, dass sie Verständnis hatte für solchen Unsinn wie einen Bürochor. Sie hätte auch sagen können: »Was soll das? Verplempern Sie nicht Ihre Zeit!« Aber nein, sie hat die Aktion verstanden, begrüßt und genossen.

Nach und nach ließen alle drei Chefinnen mich als ihre amtliche Stellvertreterin bestellen. Waren Frau Plum, Frau Fettweis oder Frau Huber-Simons im Urlaub oder krank, sprang ich nicht nur intern, sondern auch offiziell für sie ein. Als amtlich bestellte Vertreterin war ich bei der Anwaltskammer registriert. Nachdem ich ein gutes halbes Jahr in der Kanzlei gearbeitet hatte, machte Frau Dr. Plum Urlaub, gleichzeitig ging Frau Dr. Huber-Simons auf Dienstreise. Somit musste ich als doppelte Stellvertreterin agieren, zusätzlich zu meiner üblichen Arbeit – das bedeutete tägliche Doppelschichten, mindestens. Dann fuhr Frau Fettweis bei Glatteis gegen einen Baum und fiel ebenfalls aus. Nun war ich also für alle Damen gleichzeitig Stellvertreterin. Ich dachte, das schaffst du niemals. Mir erschien es, als wären ungefähr eine Million Dinge zu bewegen. Hätte ich nur einen Fehler begangen, hätte das grauenhafte Folgen haben können. Aber es ging alles gut. Die Chefinnen hatten Vertrauen in mich gesetzt, ich enttäuschte sie nicht und schloss die Phase erschöpft, aber zufrieden ab.

Schon kurz nach meinem Einstieg als Assessorin in der Freiburger Kanzlei erhielt ich Post von Herrn Dantzer aus Hamburg – dem Richter am Oberlandesgericht, der mich als Referendarin ausgebildet hatte und mich so gern als Richterin in Hamburg gesehen hätte. Als ich nach Freiburg ging, hatte er Verständnis gezeigt. »Es ist richtig, dass Sie der Stadt, in der Ihr Mann gestorben ist, erst einmal den Rücken kehren. Sie brauchen eine andere Umgebung, um zu sich zu kommen«, sagte er. »Aber ich bleibe der Ansicht: Sie gehören in die Justiz; deshalb werden Sie wieder von mir hören. Ich erwarte, dass Sie nach Hamburg zurückkehren und Richterin werden.«

Dann schrieb er mir nach Freiburg: »Es ist eine Stelle für Sie freigehalten.«

»Sehr geehrter Herr Dantzer, vielen Dank, ich habe Ihren Brief bekommen, aber ich weiß so gut wie Sie, dass die Justiz noch nie Stellen freigehalten hat«, schrieb ich frech zurück. Schon damals war der Andrang größer als die Anzahl der freien Stellen.

Darauf Herr Dantzer in seinem nächsten Brief: »Es stimmt, was Sie schreiben; dennoch ist für Sie eine Stelle freigehalten worden.«

»Wir beide wissen, dass man bei der Justiz nicht als Richterin anfängt, sondern erst zur Staatsanwaltschaft muss«, entgegnete ich, wiederum schriftlich. »Das möchte ich nicht, und das werde ich nicht.« Der Beruf des Staatsanwalts war damals eher unbeliebt, deshalb war es üblich, dass man vor dem Richteramt zur Staatsanwaltschaft musste.

»Ich kenne Sie doch. Ich weiß, dass Sie nicht zur Staatsanwaltschaft wollen, und ich verspreche Ihnen: Sie müssen nicht. Dafür habe ich gesorgt.«

Es wurde immer enger für mich.

»Sicher muss ich als Richterin zuerst zur Strafjustiz«, schrieb ich. »Das ist nichts für mich. Ich bin Zivilistin.« Zwischen Menschen auszugleichen, Konflikte zu schlichten und so für Gerechtigkeit zu sorgen, das ist mein Interesse – also die Ziviljustiz. Menschen hinter Gitter zu bringen wäre nicht mein Beruf gewesen.

Richter Dantzer: »Auch dies ist geregelt. Sie kommen gleich zur Ziviljustiz.«

Da fragte ich mich: Wie kann ich jetzt noch nein sagen?

Meine drei Freiburger Chefinnen machten mir alles noch schwerer, indem sie mir eine große Ehre erwiesen: Sie stellten mir die Partnerschaft in Aussicht, was bedeutete, eines Tages würde ich in ihrer Kanzlei Juniorpartnerin sein, also ebenfalls »Chefin«. Grundsätzlich geschah es damals selten, dass renommierte Kanzleien einer jungen Anwältin solch ein Angebot machten. In der Kanzlei Plum war es noch nie passiert.

Ich fühlte mich hin- und hergerissen, auch weil ich den Anwaltsberuf sehr mochte. Ich mag ihn heute noch, nicht ohne Grund arbeite ich seit 2002 wieder als Rechtsanwältin. Aber damals musste ich mich entscheiden, und so kehrte ich nach Hamburg zurück. Dazu bewog mich nicht nur der rote Teppich, den Richter Dantzer mir ausgerollt hatte. Auch der Umstand, dass es bis dahin nur zwei Richterinnen bei der Hamburger Justiz gab, trug zu meiner Entscheidung bei. Nicht zuletzt freute ich mich natürlich auch darauf, meine Eltern und meine Schwester wieder öfter sehen zu können. Im Juni 1960 verabschiedete ich mich also aus Freiburg und kehrte nach Hamburg zurück.

Der Herr trat in den Gerichtsraum und blieb stehen. Es ging um seine Ehescheidung, ich saß vorn und sprach ihn an: »Guten Tag, kommen Sie bitte nach vorn und nehmen Sie hier Platz.« Der Herr reagierte nicht. Er kam aus Persien, hatte aber keinen Dolmetscher beantragt. So ging ich davon aus, dass seine Deutschkenntnisse ausreichten. Aber vielleicht hörte er schlecht? Ich sprach ihn erneut an, diesmal lauter. »Sie kommen bitte hierher nach vorn.« Keine Reaktion. Das war seltsam, zumal der Herr beim letzten Termin nicht erschienen war. Seinetwegen hatten wir diesen neuen Termin angesetzt. Ich wandte mich an seinen Anwalt: »Was ist los? Was machen wir jetzt?« – »Ja, ich weiß auch nicht«, entgegnete der Anwalt. Er tippte seinen Mandanten an. »Gehen Sie nach vorn, bitte.«

Endlich bewegte er sich, die beiden nahmen Platz. Ich richtete das Wort abermals an den Perser, abermals reagierte er nicht. Er tat, als hätte niemand etwas gesagt. Er schaute an mir vorbei, als gäbe es mich nicht.

»Hat er vielleicht doch Probleme mit der Sprache? Brauchen wir einen Dolmetscher?«, fragte ich den Anwalt.

»Nein, mein Mandant lebt schon sehr lange in Deutschland. Er hat ein Teppichgeschäft, in dem er selbst die Kunden bedient. Er spricht fließend Deutsch.«

»Dann weiß ich nicht, was das Theater zu bedeuten hat. Dass Sie nicht reagieren, dass Sie nicht reden, was soll das, Herr X?«

Er schaute sich im Saal um, guckte zur Richterbank und sagte dann: »Wann kommt eigentlich der Richter? Ich sehe hier keinen Richter.«

»Was soll das heißen?«, fragte ich nach. »Würden Sie die Güte besitzen, einmal herzuschauen? Vor Ihnen sitzt Ihre Richterin.«

Auch der Anwalt wirkte zunehmend verwirrt.

»Ich sehe keinen Richter. Eine Frau ist kein Richter«, meinte der Perser.

»Aha. Habe ich richtig verstanden? Sie sind persischer Staatsangehöriger. Sie sind in Deutschland zu Gast und genießen hier viele Rechte. Und Sie meinen, Sie seien nicht verpflichtet, die Regeln Ihres Gastgeberlandes anzuerkennen?«

Keine Reaktion.

»Sie irren. Und wenn Sie bei Ihrer Haltung bleiben, werden Sie erleben, dass dieser Staat Sie bestraft.«

Er sagte keinen Ton. Mir blieb nur eine Möglichkeit.

»Ich verurteile Sie wegen ungebührlichen Verhaltens vor Gericht zu drei Tagen Ordnungshaft.« Ich rief den Wachtmeister herein und ließ ihn den persischen Herrn zur Untersuchungshaftanstalt bringen. Drei Tage verbrachte der Herr im

Untersuchungsgefängnis. Dann saß er erneut vor mir – und konnte sprechen.

Es war das einzige Mal in meiner gesamten dreißigjährigen Zeit als Richterin, dass ich jemanden wegen Ungebühr vor Gericht bestrafte. Ich tat es nicht gern. Aber Herr X ließ mir keine andere Wahl. Später kam ich oft an seinem Geschäft vorbei, es befand sich mitten in der Innenstadt. Der Inhaber stand immer etwas im Hintergrund und schaute aus dem Fenster. Jedes Mal, wenn er mich sah, wandte er sich mit Widerwillen ab. Das machte mir nichts aus, ein anderes Verhalten erwartete ich nicht. Der Herr hatte die Macht des Staates gespürt, hatte sich ihr beugen müssen. Den Ausdruck von Ekel in seinem Gesicht konnte ich mit einem Lächeln wegstecken.

Hin und wieder erlebte ich es als junge Richterin am Landgericht, dass Männer versuchten, mich altväterlich zu behandeln. In etwa nach dem Motto: »Schauen Sie mal, junge Frau, ich zeige Ihnen, wie die Sache funktioniert.« Andere Männer versuchten, mein Mitleid zu erwecken. Aber die meisten, derer Angelegenheiten ich mich als Richterin annahm, verhielten sich wie einem männlichen Richter gegenüber. Zumindest fielen mir kein Machogehabe und keine anderen Verhaltensweisen auf, die mit meinem Geschlecht hätten zusammenhängen können. Ich achtete auch nicht besonders darauf. Die Inhalte der Prozesse interessierten mich mehr.

Deutlicher spürbar war das patriarchalische Verhalten im Kollegenkreis. »Machen Sie sich keine Sorgen, ich erledige die Sache für Sie.« Solche und ähnliche Bemerkungen hörte ich öfter – und hörte dann nicht weiter hin. Wie kamen die Herren darauf, sich ungefragt um meine Sachen kümmern zu müssen oder wollen? Ich konnte sie gut selbst erledigen. Und wenn ich Ratschläge wünschte, fragte ich.

Ein Richterkollege verhielt sich mir gegenüber besonders aufmerksam, was ich zuerst nicht bemerkte. Wir arbeiteten zusammen in der Berufungskammer des Landgerichts Hamburg, in der ich nach meiner Rückkehr aus Freiburg angefangen hatte. Was das Private anging, war ich sehr mit mir selbst beschäftigt in jener Zeit. Mein innerer Kampf, der darin bestand, mit dem Verlust meines ersten Mannes fertigzuwerden, hielt an. Außerdem dachte ich weiterhin viel an Freiburg und fragte mich, ob ich beruflich die richtige Entscheidung getroffen hatte. Es gab viele Ambivalenzen in mir. Im Übrigen ist die Justiz beileibe kein Ort, an dem sich romantische Gefühle aufdrängen. Dennoch begann ich nach einigen Monaten, mit einem gewissen Interesse auf die Aufmerksamkeit des Richterkollegen zu antworten.

Horst Peschel war sechzehn Jahre älter als ich, ehemaliger Kriegsteilnehmer, ein lebenserfahrener und vom Leben gezeichneter Mann. Da ich mit der leichten, fröhlichen Art junger Leute nichts mehr anfangen konnte, mich in Gesellschaft Gleichaltriger nicht mehr heimisch fühlte, gefiel mir die Ernsthaftigkeit jenes älteren Mannes. Ich hatte einen schweren Schicksalsschlag erlebt, er hatte viel Schlimmes gesehen, das verband uns. Je näher wir ins Gespräch kamen, desto mehr positive Seiten entdeckte ich an Horst Peschel: Er hatte eine sehr schnelle Auffassungsgabe und war rhetorisch talentiert, konnte elegant und präzise formulieren, ich hörte ihm immer gern zu, wenn er erzählte. Manchmal blitzte ein versteckter, intelligenter Humor dabei hervor, den ich sehr mochte. Besonders gutaussehend war er nicht, aber das Aussehen hat mich bei Männern schon immer wenig interessiert. Ich überragte ihn um zwei oder drei Zentimeter, das störte mich nicht, zumal ich mit 1,78 Metern eine für meine Generation außergewöhnlich hochgewachsene Frau war. Gern leiden mochte ich Horsts große, tiefblaue Augen.

Wie ich hatte auch er bereits eine Ehe geführt, aber keine Kinder bekommen. Wie ich wünschte er sich mehrere Kinder.

Sein zweiter Lebenstraum war, ein eigenes Haus zu bauen. Auch mir war ein eigenes Zuhause sehr wichtig, außerdem kannte ich mich mit dem Bauen aus. In Freiburg hatte ich mehrfach mit Baurecht zu tun gehabt, in Theorie und Praxis, ich war über Baustellen geturnt, das Thema schreckte mich nicht ab.

Wir heirateten Ende 1961. Direkt im Anschluss erwarben wir ein Grundstück in einer schleswig-holsteinischen Kleinstadt, etwa zwanzig Kilometer nördlich von Hamburg. Wir bauten uns ein Einfamilienhaus mit einem schönen Garten.

Unsere Partnerschaft sorgte im Landgericht für Gerede. »Jetzt kommen Frauen in die Justiz, und als Erstes heiraten sie die Männer aus derselben Kammer!« – »Ja, ja, genau so haben wir es uns vorgestellt.« – »War nicht anders zu erwarten.« So und ähnlich lauteten die Kommentare. Es gab einen richtigen Aufstand. Der Landgerichtspräsident bestellte uns zu sich, ließ sich von unseren Heiratsplänen berichten und erteilte uns gnädig seinen Segen. Selbstverständlich konnten wir als Ehepaar nicht mehr an derselben Kammer arbeiten. Ich wurde in die Strafjustiz versetzt, in der ich nie arbeiten wollte. Es kostete mich Kraft und Überredungskunst, schnellstmöglich wieder an eine Zivilkammer zu kommen.

Als 1963 unser Sohn Rolf geboren wurde, war mein Mann selig. Auch für mich ging mit der Geburt ein wunderschöner Traum in Erfüllung, aber für Horst war es noch etwas anderes. Er war Jahrgang 1917, er wünschte sich einen Stammhalter, und nun bekam er ihn gleich mit dem Erstgeborenen. Auf seinen Wunsch nannten wir ihn Rolf Johannes, nach Rolf und Hans, den zwei älteren Brüdern meines Mannes. Beide waren im Krieg gefallen. Horst war sein Leben lang voller Trauer um seine Brüder, und er trug schwer an der Last, als einziges Kind seiner Eltern lebend aus dem Krieg zurückgekehrt zu sein.

Bei der Entbindung erlitt ich einen mehrfachen Beckenbruch, der mich für viele Monate außer Gefecht setzte. Wäre alles gutgegangen, hätte ich direkt nach Ablauf der Mutterschutzfrist von acht Wochen wieder zu arbeiten begonnen. Da waren mein Mann und ich uns einig. Er hatte in manchen Bereichen etwas altmodische Ansichten, nicht aber in Bezug auf meine Rolle in Beruf und Familie. Als Richterin hatte er mich kennengelernt, in die Richterin hatte er sich verliebt, mit einer Richterin wollte er die Ehe führen – nicht mit einer Hausfrau. Aufgrund des Beckenbruchs konnte ich mich eine Zeit lang kaum rühren. Horst versorgte unseren Sohn, schmiss den Haushalt, ich konnte mich voll und ganz auf ihn verlassen. Auch später, nachdem die Mädchen geboren waren, kümmerte mein Mann sich rührend um alle seine Kinder. Er war gern Vater, er war ein guter, fürsorglicher Vater und Ehemann. – Bis er sehr krank wurde.

So bald wie möglich kehrte ich nach Rolfs Geburt ans Gericht zurück. Zu Hause hatten wir ein »Dienstmädchen«, wie man sie damals noch nannte, heute würde man Haushaltshilfe sagen. Sie hieß Erika, kam von einem Bauernhof und wohnte bei uns in ihrem eigenen Zimmer. Sie war ein herzliches und fleißiges Mädchen, auch mit Rolf ging sie lieb und geschickt um. Bis unsere Kinder groß waren, haben wir immer junge Frauen bei uns gehabt, die Haushalt und Kinder versorgten. Als 1967 unsere erste Tochter geboren wurde und 1970 Andrea, konnte ich wie geplant nach acht Wochen wieder arbeiten. Das ging nur, weil zu Hause alles gut organisiert war.

Mein Mann fuhr morgens früh ans Gericht, kam oft schon mittags zurück und brachte sich Akten mit. Die bearbeitete er zwar selten, aber er nahm es sich immer wieder vor. Trotzdem schaffte er seine Arbeit, denn er war intelligent, arbeitete schnell und hatte ein gutes Judiz, also ein ausgeprägtes Gerechtigkeitsgefühl. Nur seine Aktenordner, mit denen war er eigen, er fuhr sie zwischen Hamburg und Schleswig-Holstein spazieren. Ich fand das unsinnig und zog es vor, meinen Schreibtisch im Gericht zu nutzen. Ich wusste, ich würde zu Hause nicht zum

Arbeiten kommen, denn kaum betrat ich das Haus, forderten die Kinder meine Aufmerksamkeit. Morgens fuhr ich später zur Arbeit als mein Mann, vorher regelte ich, was im Haushalt zu tun war. Nachmittags kümmerte mein Mann sich zusammen mit der jeweiligen Kinderpflegerin um die Kinder. Auf dem Rückweg von der Arbeit fuhr ich einkaufen, kam zwischen 17 und 18 Uhr nach Hause, und die ganze Familie aß zusammen zu Abend.

Einmal hatten wir ein Au-pair-Mädchen aus Österreich, über sie sprechen die Kinder bis heute, weil sie so wunderbar kochte. Marillenknödel, Kaiserschmarren und derlei mehr – süße Speisen, die Kinder gern mögen.

Mein Mann und ich verdienten als Richter am Landgericht beide nicht sehr viel, zudem zahlte mein Mann seiner geschiedenen Frau einen guten Unterhalt, was ich befürwortete. Aber wir mussten rechnen, um mit drei Kindern und unserem neuen Haus finanziell hinzukommen. Ich erfuhr, dass es in der Nähe eine Schule gab, in der Kinderpflegerinnen und Hauswirtschafterinnen ausgebildet wurden. Die Ausbildung bestand aus einem eineinhalbjährigen Schulbesuch plus zwei Jahren Praktikum. Als Familie mit mindestens drei Kindern konnte man Praktikantinnen aufnehmen, die man selbstverständlich bezahlen musste, nur verdienten sie weniger als fertig ausgebildete Fachkräfte. Der Haken an der Sache: Man brauchte eine »Ausbildungsbefähigung«. Die hatten weder mein Mann noch ich. So ging ich zu der Schulleiterin und fragte, was wir machen könnten.

»Ganz einfach, machen Sie doch eine Ausbildung«, schlug die Schulleiterin vor. Sie war sehr nett und wollte mir wirklich helfen.

»›Einfach‹ hört sich gut an. Aber was meinen Sie genau?«

»Sie können zum Beispiel Meisterhausfrau lernen.«

Meisterhausfrau? Ich?, dachte ich im Stillen. »Aha, gut,

Meisterhausfrau!«, sagte ich. »Erklären Sie mir doch bitte genauer, was für eine Ausbildung das ist.«

»Es gibt hier eine Hauswirtschaftsschule, an der man in Abendkursen die Qualifikation einer Meisterhausfrau erlangt. Ich würde mich dafür einsetzen, dass Sie schon während Ihrer Ausbildung selbst ausbilden dürfen«, bot die Schulleiterin an.

So habe ich es dann gemacht. Drei Jahre lang ging ich zweimal wöchentlich abends zur Schule. Die Ausbildung war in erster Linie für Frauen gedacht, die als Hauswirtschaftsleiterinnen etwa in Kinderheimen oder Krankenhäusern arbeiten wollten. Es ging darum, die professionelle Haushaltsführung zu erlernen. Dazu gehörten Lerninhalte wie Wäsche- und Möbelpflege, und selbstverständlich lernte man sehr gut kochen. Es entsprach meinem Bedürfnis nach Struktur, die Hausarbeiten, die man ja oft »irgendwie« und nebenher erledigt, genauer anzuschauen und effektiver zu gestalten. Auch betriebswirtschaftliche Aspekte spielten eine Rolle.

Aus jener Zeit stammt meine Gewohnheit, jeden Cent, den ich ausgebe, aufzuschreiben und jeden Monat, jedes Jahr abzurechnen. Und Vergleiche anzustellen: einen Vorjahres- und einen Vorvorjahresvergleich. An welcher Stelle habe ich mehr ausgegeben? Wofür habe ich weniger ausgegeben? Sind Tendenzen ersichtlich? Oder handelt es sich eher um besondere einmalige Ausgaben? Im Wirtschaftsleben nennt man so etwas eine Bilanzanalyse. Andererseits gab es Unterrichtseinheiten, die mich weniger interessierten. Sich stundenlang mit diversen Zubereitungsmöglichkeiten eines Kartoffelpürees zu beschäftigen mag für Haushaltsprofis tatsächlich von Belang sein. Bei mir als hauptberufliche Richterin und nebenberufliche Hausfrau musste Kartoffelpüree flott fertig sein.

Nach drei Jahren schloss ich die Ausbildung ab; von Anfang an lebte Anke bei uns, unsere erste Kinderpflegepraktikantin, eine nette junge Frau, sehr gut erzogen, ruhig und herzlich. Sie hatte an zwei von vier Wochenenden frei sowie mittwochnachmittags. Nach meiner Scheidung fuhr ich mittwochs immer mittags nach Hause, das ließ sich einrichten. Die Kinder mochten Anke sehr gern, und sie mochte die Kinder. Im Anschluss an ihr Praktikum blieb sie ein weiteres Jahr bei uns, da musste ich sie voll bezahlen, auch das war hinzubekommen. Dann heiratete Anke und kündigte bei mir. Ich riet ihr dringend, in der Ehe berufstätig zu bleiben, konnte sie aber nicht überzeugen. Bei ihrer Hochzeit streuten meine Töchter Blumen.

Nach Anke kam die nächste Kinderpflegerpraktikantin zu uns, wir hatten eine ganze Reihe junger Frauen, die bei uns lebten und arbeiteten. Fast alle waren sehr nett und tüchtig. Dadurch, dass sie so jung waren – die meisten fingen mit 18 oder 19 Jahren bei uns an –, stellten sie für die Kinder eine Mischung aus großer Schwester und Erzieherin dar. Sie konnten anders mit den Kindern umgehen als ich, sie spielten, alberten und tobten mit ihnen herum. Das hätte ich nicht gekonnt, ich hatte ständig massenhaft andere Dinge im Kopf, meine Prozesse, meine Akten, ich war nicht annähernd so unbefangen wie diese jungen Mädchen. Sie bereicherten das Familienleben und besonders den Alltag der Kinder. Im Sommer fuhren sie zusammen ins Schwimmbad, im Winter zur Schlittschuhbahn. Die eine ritt und nahm die Kinder mit zum Reiterhof. Oft ließ ich ihnen meinen Wagen da und fuhr mit der Bahn zur Arbeit, damit die Praktikantinnen die Kinder chauffieren konnten.

Doch ich achtete auch darauf, dass die Ausbildung nicht zu kurz kam. Auszubildende haben ein Recht darauf, man darf sie nicht als billige Arbeitskräfte ausnutzen. Morgens machten wir immer Generalstab, wir besprachen, was anstand und wie es zu erledigen war. Abends folgte der Rückblick, wir tauschten uns über die Geschehnisse des Tages aus. Manchmal passierte ein Missgeschick – ein Wollpullover lief in der Wäsche auf Puppengröße ein, oder eine Bluse bekam einen Bügeleisenabdruck eingebrannt. Dann erklärte ich, wie sich das vermeiden ließ, zeigte den Mädchen wieder und wieder, wie man die Wäsche sortiert und das Bügeleisen richtig einstellt. Auch in die Haushaltsbuchführung wies ich sie ein.

Zwischen meinem Mann und mir herrschte tiefes Vertrauen, wir hintergingen einander nicht. Er hatte seinen Sohn, seine Töchter, seinen Beruf. Er hatte das schöne Haus mit dem Garten, dazu eine große Werkstatt, er war ein leidenschaftlicher Heimwerker. Das alles war seine Welt, mehr brauchte er nicht. Mein Mann beschwerte sich nicht darüber, dass ich zu viel arbeitete oder zu wenig Zeit für ihn hätte. Auch behauptete er nicht, ich würde den Haushalt oder die Kinder vernachlässigen oder ihm zu viele Familienaufgaben aufhalsen. Ihm gefiel alles, so, wie es war. Manchmal ließ er mich spüren, dass er Bewunderung empfand für seine relativ junge, relativ erfolgreiche Frau, die drei Kinder geboren hatte.

Die ersten Jahre in unserem Haus waren eine gesellige Zeit. Viele junge Familien bauten Häuser in der Nachbarschaft, wir halfen einander, luden uns nachmittags gegenseitig zum Kaffee im Garten ein oder tranken abends zusammen ein Glas Wein. Es gab viele Kinder, sie konnten gefahrlos auf der Straße spielen, die Siedlung hatte etwas Idyllisches. Eine besonders nette Freundschaft verband meinen Mann und mich mit einem Arzt, dem Leiter einer psychiatrischen Klinik, und seiner Familie. Als wir eines Abends beisammensaßen, meinte jener Freund plötzlich: »Weißt du, Lore, ich habe mir etwas überlegt. Ich denke, du musst deinen Beruf aufgeben.«

»Wie bitte?«

»Ja, ich bin mir bewusst, dass du deinen Beruf sehr magst, es ist ein guter, wichtiger Beruf. Aber wenn aus euren Kindern etwas werden soll, musst du zu Hause bleiben. Meinst du nicht auch, Horst?« Sicher hatte unser Freund erwartet, dass Horst fröhlich einschlagen würde, bei einem Mann des Jahrgangs 1917 wäre das nichts Ungewöhnliches gewesen. Aber Horst antwortete: »Nein, wenn Lore arbeiten möchte, ist das richtig. Sie muss es selbst wissen.«

»Und ich weiß es ganz genau!«, erklärte ich. »Die Ansicht, eine Frau müsse zu Hause bleiben, stammt ungefähr aus dem Mittelalter.«

»Meine Frau hat auch einen Beruf gelernt«, sagte der Freund. »Aber sie bleibt zu Hause, damit sie sich um die Kinder kümmern kann. Denn nur so wird etwas aus den Kindern.«

Ich mochte nicht weiterdiskutieren, es führte zu nichts. Aber ich war enttäuscht von dem Freund. Eigentlich war er so ein netter, kluger Mensch. Über Familienmodelle redete ich nie wieder mit ihm. Was das Thema anging, sprach ich ihm die Kompetenz ab.

Einige Jahre später ging seine Ehe in die Brüche, die Frau zog aus, wir vermittelten dem Freund eine unserer ehemaligen Praktikantinnen, um seinen Haushalt und die Kinder zu versorgen. Nach einiger Zeit heirateten die Kinderpflegerin und der Arzt.

Den ersten Herzinfarkt hatte mein Mann 1966. Ein befreundeter Arzt erklärte mir, dass mit Herzinfarkten oft eine Wesensveränderung einhergeht. So kam es auch bei Horst, langsam und schleichend. Seine Herzprobleme nahmen zu, immer öfter litt er unter Angina Pectoris, das bedeutet Atemnot und Beklemmungsgefühle im Brustraum aufgrund verengter Herzkranzgefäße. Sein behandelnder Arzt hatte ihm Nitroglyzerin-Kapseln verschrieben, die bei akuter Angina Pectoris bewirken, dass die Gefäße sich weiten. »Aber Sie können auch einen Schnaps nehmen, wenn Sie keine Luft kriegen, das hat dieselbe Wirkung«, sagte der Arzt. Mein Mann entschied sich für den Schnaps, leider.

Es fällt mir sehr schwer, darüber zu schreiben. Man darf

sich nicht schlecht über Tote äußern. Mein zweiter Mann ist nun schon lange tot. Er erlitt weitere Herzinfarkte, sie schwächten ihn körperlich und psychisch. Kriegstraumata brachen wieder hervor, er wurde mal melancholisch, mal aggressiv und oft unberechenbar. Ich bekam Angst. Angst vor ihm, Angst um die Kinder.

Nach der Geburt von Andrea und der anschließenden Mutterschutzzeit kam ich 1970 ans Oberlandesgericht zur Erprobung. Das war die intern so genannte dritte Staatsprüfung, bei der es aber keine Prüfungssituation im engeren Sinne gab. Stattdessen musste man sich als »Hilfsrichter« in einer neunmonatigen Probezeit an einem Senat bewähren, man wurde dort gründlich unter die Lupe genommen. Ein Senat am Oberlandesgericht entspricht einer Kammer am Landgericht: Es ist ein Spruchkörper, also ein Kollegium, bestehend aus einem Vorsitzenden Richter und mindestens zwei Beisitzern, die gemeinsam Recht sprechen. Der Vorsitzende eines Senates hieß damals Senatspräsident – später wurden die Amtsbezeichnungen geändert, heute gibt es nur noch Vorsitzende Richter und Richterinnen, aber keine Senatspräsidenten mehr am OLG.

Nach der bestandenen Erprobung am OLG gingen Richter normalerweise zunächst zurück zum Landgericht und wurden dann, nach einiger Zeit, zum Richter am OLG befördert. Für einige Kollegen war die Erprobung eine große Herausforderung, besonders für Kriegsheimkehrer, deren Examenszeit schon sehr weit zurücklag und die an Prüfungen nicht mehr gewöhnt waren. Manche hielten den Druck kaum aus.

Im Anschluss an meine »dritte Staatsprüfung« kehrte ich nicht wieder ans Landgericht zurück, da »mein« Senatspräsident mich unbedingt am OLG behalten wollte. Bis eine Stelle frei war, ging noch etwas Zeit ins Land – in der ich als vom Landgericht abgeordnete Richterin am OLG arbeitete. Dass ich nicht sofort befördert wurde, gefiel mir ganz gut. Denn mit einer Beförderung hätte ich meinen Mann in der Karriere quasi überholt. Ich ging zu den Entscheidern und sagte: »Bevor Sie mich befördern, muss erst mein Mann befördert werden. Er ist viel älter als ich, unsere Ehe hält es nicht aus, wenn ich vor ihm aufsteige.« Mein Mann wurde dann tatsächlich zum Vorsitzenden Richter am Landgericht befördert und war damit auf derselben Karrierestufe wie ein Richter am OLG. Leider bekam er heraus, dass ich entsprechend vorstellig geworden war. Das gefiel ihm natürlich nicht. Aber immerhin: Als ich 1972 zur Richterin am OLG befördert wurde, waren wir gleichauf.

Außer mir gab es am OLG nur eine andere Richterin. Mir war klar, dass mir dadurch eine besondere Verantwortung zufiel: Hätte ich Fehler gemacht oder wäre aus anderen Gründen gescheitert, so hätten nachfolgende Frauen es noch schwerer gehabt. Zum Glück bin ich nicht derart strukturiert, dass ich über so etwas ständig nachdenke. Ich nahm mir vor: Streng dich mal ordentlich an. Und das war's.

Dass meine Ehe nicht zu retten war, wollte ich lange nicht wahrhaben. So handelte ich leider viel zu spät. Im März 1973 zog ich aus und nahm die beiden Mädchen mit. Rolf kam später nach.

Zwei Monate nach meinem Auszug wurde unsere Ehe geschieden. Nach dem alten Scheidungsrecht ging das so schnell. Zuerst wurde die Ehe aufgelöst, danach wurden die sogenannten Scheidungsfolgen gesondert geregelt. Es gab einen erbitterten Rosenkrieg. Mein geschiedener Mann weigerte sich, eine akzeptable Regelung in Bezug auf das gemeinsame Haus zu treffen. Er verweigerte auch den Unterhalt für die Kinder, obwohl er sie so liebte. Die Sache ging bis zum Oberlandesgericht nach Schleswig. Für mich verlangte ich selbstverständlich keinen Unterhalt, ich sorgte gern für mich selbst.

Jeden Stein, den mein Exmann finden konnte, legte er mir

in den Weg. Ich blieb bei meiner Überzeugung: Gegangen zu sein war nicht mein Fehler, es war unerlässlich gewesen. Mein Fehler war, dass ich zu lange gewartet hatte. Lange bevor die Ehe geschieden wurde, hatte ich aufgehört, sie zu führen. Ich bin mitgelaufen in der Ehe, aber ich habe am Leben meines Mannes nicht mehr teilgenommen. Ich war unzufrieden, aber ich habe die Konsequenzen nicht gezogen. Das habe ich mir häufig vorgeworfen.

Wenn man einen inneren Ablösungsprozess nicht auch in die Tat umsetzt, kann man viele Gründe dafür nennen: die gemeinsamen Kinder, das Haus, den Garten – das ganze Alltagsleben, das man sich als Ehepaar aufgebaut hat. Ein guter Freund und Richterkollege, der mir dabei half, meine Trennung vorzubereiten und den neuen Haushalt einzurichten, sagte zu mir: »Wenn Horst Peschel infolge der Scheidung etwas passiert, nimmt kein Mensch mehr ein Stück Brot von dir.« Das klang nicht nett, aber es war realistisch. Tatsächlich musste ich auch Angst vor den beruflichen Konsequenzen haben, zusätzlich zu den allgemeinen sozialen Folgen. Eine Scheidung sahen viele Menschen damals noch als etwas Beschämendes an – vor allem für die geschiedene Frau.

Doch so viele und so scheinbar gute Erklärungen man sich für die Fortsetzung einer maroden Ehe zurechtlegen kann: Man darf ihnen kein Gewicht geben. Wer seine Ehe innerlich beendet, ist verpflichtet, dem Partner reinen Wein einzuschenken. Hätte ich es getan, hätte ich meinem Mann und mir unglückliche Jahre ersparen können.

So etwas ist mir in meinem Berufsleben nie passiert. Wenn mir im Beruf etwas Grundsätzliches nicht entsprach, handelte ich couragiert, sprach Klartext und sorgte dafür, dass die Situation sich änderte. Im Persönlichen bin ich nicht so zielsicher; vielleicht auch nicht so mutig. Möglich, dass ich Angst vor der Auseinandersetzung, der Reaktion meines Mannes hatte. Ich könnte viele Beweggründe nennen. Dass ich so lange gezögert habe, war trotzdem nicht in Ordnung.

Mein geschiedener Mann heiratete schnell wieder. Er fand eine sehr sympathische, herzliche Frau, jünger als ich, zu der ich bis heute netten Kontakt pflege. Es hätte nicht besser kommen können. Ich war heilfroh, dass Horst an unserer Trennung nicht zugrunde ging. Mit seiner dritten Frau bekam er noch ein Kind, er hatte wieder eine Familie. Meine Kinder besuchten ihren Vater und ihre Stiefmutter regelmäßig, sie mochten Gisela, auch sie sind immer noch in Kontakt mit ihr.

Nach der Scheidung kam mein geschiedener Mann auf die Idee, mir den Namen Peschel verbieten zu wollen. Nach damaligem Eherecht hatte der Mann – nur der Mann – die Möglichkeit, der Frau nach der Scheidung im Rahmen eines Gerichtsverfahrens das Führen des Ehenamens zu untersagen. Meine drei Kinder trugen diesen Namen, ich selbst hatte über zehn Jahre unter dem Namen Peschel als Richterin gearbeitet. Ich legte zwar nach der Scheidung keinen Wert auf die Beibehaltung des Namens, aber wegen meiner Kinder kam eine Wiederannahme meines Mädchennamens Gutzeit nicht in Betracht. Deshalb wehrte ich mich gegen sein Ansinnen. Das Gesetz, auf das er sich berief, war eindeutig verfassungswidrig.

Wenn nötig, wäre ich bis vor das Bundesverfassungsgericht gegangen, um meinen Namen zu behalten. Doch der Antrag des Herrn Peschel wurde abgewiesen, und er ging nicht in die Beschwerde. Gleich im Anschluss an diesen Vorgang hängte ich meinen Mädchennamen Gutzeit an. Ihn voranzustellen, also Gutzeit-Peschel, war damals nicht möglich. Wer mich als Frau Peschel kannte, konnte mich nun als Frau Peschel-Gutzeit wiederfinden. Es gab keine Komplikationen aufgrund unterschiedlicher Namen von Mutter und Kindern. Und man brachte mich nicht mehr automatisch mit meinem geschiedenen Mann in Verbindung.

Er wurde lange vor Erreichen des Rentenalters pensioniert und starb 1984 an seinem vierten Herzinfarkt.

Geheiratet habe ich nie wieder. Ein Grund dafür war, dass ich keine unglücklichen Ehen sammeln wollte. Eine durch den Tod beendete Ehe ist ein schlimmes Schicksal, eine geschiedene Ehe ist ein privater Konkurs. Außerdem: Eine Frau mit über vierzig Jahren und drei Kindern ist nicht gerade das, wonach heiratswillige Männer sich sehnen. Das kann ich gut verstehen. Ein Vorsitzender am OLG sagte nach meiner Scheidung zu mir: »Frau Peschel, das mit der Heirat wird sowieso nichts mehr bei Ihnen. Sie sind viel zu selbständig.«

»Aha, eine Frau kann also nur heiraten, wenn sie unselbständig ist. Als Selbständige wird sie nicht mehr gewollt«, konterte ich.

»Nein! So habe ich das nicht gemeint!«

»Doch, genau so haben Sie es gemeint.«

Vielleicht stimmt es auch. Und wer sich allein im Leben eingerichtet hat – beruflich, finanziell, psychisch, praktisch –, der überlegt sich vielleicht dreimal, ob er – oder sie – das Ganze noch einmal anders aufbaut.

Nach der Scheidung habe ich Partner gehabt, zum Teil waren es sehr langjährige Beziehungen. Aber so erfolgreich und glücklich wie im Beruf bin ich privat längst nicht.

Der Rabenmutter-Mythos

Die Frau, die kürzlich bei mir Rat suchte, hatte ein Studium abgeschlossen und eine Dissertation begonnen. Dann hatte sie geheiratet – und ihre Studien abgebrochen, als das erste Kind geboren wurde. Das zweite Kind kam, sie blieb zu Hause. Ihr Mann machte Karriere, er verdiente ausreichend Geld für die Familie. Sie war stolz auf ihren Mann, hielt ihm den Rücken frei, kümmerte sich um die Kinder und den Haushalt, gelegentlich begleitete sie ihn zu Abendveranstaltungen seiner Branche. Berufstätig war sie nie. Als die Frau in meiner Kanzlei auftauchte, war sie Ende vierzig. »Mein Mann hat mich verlassen, was soll ich jetzt tun?«, fragte sie völlig verzweifelt. »Ich habe zwei Jahrzehnte nur für die Familie gelebt, jetzt bin ich nichts mehr, ein Niemand! Ich habe kein Geld, ein Kind ist aus dem Haus, das zweite wird bald ausziehen. Dann bin ich ganz allein, niemand braucht mich mehr. Wie soll es bloß weitergehen mit mir?«

Dies ist eine Situation, die ich in meinem Alltag als Rechtsanwältin immer wieder erlebe. Oft befinden sich gut ausgebildete Frauen in dieser Situation. Ich rate ihnen dann, sich schnell eine Arbeit zu suchen. Ohne Berufserfahrung ist das nicht einfach. Aber diese Frauen können nicht darauf bauen, dass ihr Mann beziehungsweise ihr zukünftiger Geschiedener ihnen bis an ihr Lebensende einen guten Unterhalt zahlt. Sie brauchen Arbeit, um eigenes Geld zu verdienen. Außerdem erfüllt Arbeit viele weitere Funktionen, nicht nur für Frauen in der beschriebenen Situation. Wer arbeiten geht, hat eine Aufgabe, die ihm

Zufriedenheit und Anerkennung verschaffen kann. Arbeit bringt eine Struktur in den Alltag; sie ermöglicht der Arbeitenden, Neues zu sehen, zu lernen und sich weiterzuentwickeln. Außerdem sehr wichtig: Wer arbeitet, nimmt am sozialen Leben teil.

Bei einer anderen Mandantin von mir sind die Vorzeichen etwas anders, doch die Konsequenz ist die gleiche: Die Frau hat vier Kinder im Schulalter. Bevor sie heiratete und Mutter wurde, erlernte sie einen qualifizierten Beruf und übte ihn eine Zeit lang aus. Jetzt ist sie unzufrieden in der Ehe, und sie überlegt, mit den Kindern auszuziehen, denn es ist nicht zu erwarten, dass der Mann geht. Ich habe sie bestärkt – wenn sie keine Hoffnung mehr für ihre Ehe sieht, sollte sie zu neuen Ufern aufbrechen. »Das bedeutet, dass Sie sich eigene Ziele und Wegmarken setzen müssen«, riet ich ihr. »Zuerst werden Sie sich eine Teilzeitarbeit in Ihrem erlernten Beruf suchen.«

»Ja«, antwortete sie, »das möchte ich schon lange, aber mein Mann will nicht, dass ich arbeite. Er sagt, ich soll zu Hause bleiben und mich um die Kinder kümmern.«

»Es geht jetzt nicht darum, was Ihr Mann will. Es geht darum, dass Sie sich selbst ernähren können.«

In einer Ehe, die gut funktioniert, würde ich der Frau ebenso zu einer Teilzeittätigkeit raten. Was hält sie zu Hause, wenn ihre Kinder vormittags in der Schule sind? Dort bekommt sie keinerlei Anregung, keinerlei Ansprache – wertvolle Stunden verstreichen ungenutzt. Auch für sie wird irgendwann die Zeit kommen, da die Kinder ein eigenständiges Leben führen, das ist zumindest sehr zu hoffen. Dann könnte die Frau die Teilzeit- zur Vollzeittätigkeit ausbauen. Für die Berufstätigkeit sprechen auch bei ihr neben den wirtschaftlichen Gründen die Argumente der Lebensgestaltung, der Persönlichkeitsentwicklung und der Teilnahme am gesellschaftlichen Leben. Nicht zu vergessen zwei weitere Argumente: Jeder Mensch kann berufsunfähig oder arbeitslos werden. Wenn das einem männlichen Familienernährer passiert und er eine Frau hat, die im Berufsleben steht, kann sie seine Rolle übernehmen und die wirtschaftliche Familienkatastrophe abwenden.

Hätte ich, als meine Kinder klein waren, die Möglichkeit gehabt, Teilzeit zu arbeiten, so hätte ich sie gern wahrgenommen. Als meine beiden älteren Kinder auf die Welt kamen, gab es die Möglichkeit jedoch noch nicht. Auch eine länger als acht Wochen andauernde Dienstbefreiung nach der Geburt eines Kindes war nicht vorgesehen. Um in gesundem Zustand monatelang zu Hause zu bleiben und mich allein den Kindern zu widmen, hätte ich meinen Beruf komplett aufgeben müssen. Das Gesetz zur Einführung von Teilzeitarbeit und Familienurlaub für Beamtinnen und Richterinnen trat erst 1968 in Kraft, im Jahr nach der Geburt meines zweiten Kindes. Da ich selbst dieses Gesetz initiiert und durchgesetzt hatte, wollte ich den Weg, den es mir nach Andreas Geburt 1970 eröffnete, nicht gehen. Denn einer meiner Grundsätze lautet: Gesellschaftliche und rechtliche Änderungen, die ich mit veranlasst habe, mache ich mir möglichst nicht selbst zunutze. So bleibt deutlich, dass ich mich zum Nutzen der Gesellschaft für die Änderungen eingesetzt habe und nicht zu meinem persönlichen Vorteil.

Wenn heute eine Frau ein halbes oder vielleicht auch ein ganzes Jahr nach der Geburt eines Kindes zu Hause bleibt und anschließend nur 25 oder 30 Stunden wöchentlich arbeitet, kann ich das nachvollziehen. Einen längeren Familienurlaub als ein Jahr halte ich hingegen für problematisch. Wer in seinen Beruf zurückkehren möchte, muss die Verbindung dazu halten. Nach über einem Jahr, schätze ich, geht die Verbindung in vielen Berufen allmählich verloren. Was den zeitlichen Umfang der Erwerbstätigkeit einer Mutter oder eines Vaters angeht – zwischenzeitlich haben selbstverständlich auch Männer ein Anrecht auf Teilzeitarbeit –, ist sicher der finanzielle Bedarf ein Kriterium.

Handelt es sich um eine Familie, in der ein Elternteil oder beide einer hochdotierten Tätigkeit nachgehen, so müssen meiner Meinung nach nicht beide eine hohe Anzahl an Wochenstunden arbeiten. Ist die Familie auch mit weniger Arbeit gut versorgt, könnte ein Elternteil oder können beide ihre Stundenanzahl reduzieren. In dieser Hinsicht würde ich pragmatisch entscheiden, nicht nach starren Prinzipien. Ich kenne Richterinnen, die zugunsten der Kinderbetreuung fünfzehn Jahre in Teilzeit arbeiteten, währenddessen befördert wurden und später wieder anfingen, die volle Stundenzahl zu leisten. Sie lebten in Partnerschaften mit Männern, die ausreichend verdienten. Alles hat bei ihnen gut funktioniert: die Familienfinanzierung, die Karrieren beider Elternteile und die Erziehung der Kinder.

Nach meiner Ehescheidung arbeitete ich weit mehr als 40 Stunden in der Woche. Da mein geschiedener Mann in der ersten Zeit keinen Unterhalt für die Kinder zahlte, musste ich zusätzlich zu meiner Vollzeitbeschäftigung als Richterin am Oberlandesgericht eine Nebentätigkeit annehmen: Ich arbeitete als Prüferin für beide juristische Staatsexamen. Von etwa hundert Prüfern war ich die einzige Prüferin. Die Briefe, die ich im Rahmen meiner Prüfertätigkeit erhielt, begannen immer mit der Anrede: »Sehr geehrte Frau Peschel-Gutzeit, sehr geehrte Herren«.

Meine Aufgaben als Prüferin waren die Beurteilung von Hausarbeiten, die Korrektur von Examensklausuren und die Abnahme mündlicher Prüfungen. Das alles waren interessante, für mich aber auch anstrengende Aufgaben. Ich stand morgens um fünf Uhr auf und nutzte die Ruhe im Haus für meine Nebentätigkeit. Ungefähr eineinhalb Stunden hatte ich dann zum Klausurenlesen, manchmal nahm ich die Arbeit mit ins Bett und las dort. Danach begann das Familienleben. Gemeinsam mit der Kinderpflegerin sorgte ich dafür, dass die Kinder frisch gewaschen, gekleidet und pünktlich am Frühstückstisch saßen und dass ihre Ranzen gepackt waren. Wir aßen zusammen und besprachen den Tag. Dann gingen die älteren Kinder in die Schule, Kinderpflegerin Anke blieb mit Andrea zu Hause, und ich fuhr zur Arbeit. Abends fuhr ich nach wie vor auf dem Nachhauseweg einkaufen, zu Hause war ich nun meist erst gegen 19 Uhr, denn die Arbeit am OLG beanspruchte mich sehr. Außerdem gehörte ich seit 1973 dem Vorstand des Deutschen Juristinnenbundes an, von 1977 bis 1981 war ich dessen Erste Vorsitzende. Selbstverständlich nahm auch diese wichtige Aufgabe mich zeitlich in Anspruch.

Soweit möglich, trennte ich Beruf und Privatleben. Gerichtsakten nahm ich nicht mit nach Hause. Die Fahrten nutzte ich zum »Umschalten«. Fuhr ich morgens zum Gericht, ließ ich das Familienleben gedanklich hinter mir und bereitete mich innerlich auf die Arbeit vor. Abends auf dem Heimweg machte ich es genau umgekehrt. Ich wusste, wenn ich die Haustür öffnete, würden mich die Kinder mit ihren Erlebnissen, Fragen und Wünschen in Beschlag nehmen. Um es mir ein bisschen leichter zu machen, hatten die Kinder und ich eine Vereinbarung getroffen: Wenn ich das Haus betrat, bekam ich als Erstes ein Glas Wasser mit einem Schuss Whisky. Das ließen die Kinder mich in Ruhe austrinken. Erst dann stürzten sie sich auf mich.

Jedes Kind durfte bis zu drei Freunde gleichzeitig mit nach Hause bringen, und je älter die Kinder wurden, desto länger blieben abends ihre Freunde. So hatten wir oft ein volles Haus und eine vollbesetzte Abendbrottafel. Dieses Zuhause voller Leben und Fröhlichkeit bereitete mir Freude, kostete aber auch Energie. War mit den Kindern alles besprochen und geregelt, verlangte noch einmal der Haushalt meine Aufmerksamkeit; die Kinderpflegerpraktikantin und ich gingen gemeinsam die Aufgaben und Pläne durch: Was hatte gut geklappt? Wo gab es Probleme? Was stand für die nächsten Tage an? Was musste organisiert, was besorgt werden? Und so weiter und so fort.

Wer mehrere Kinder erzieht, einen Haushalt führt und voll berufstätig ist, braucht starke Nerven und viel Organisationstalent. Es gibt nichts zu beschönigen. Der Alltag als alleinerziehende Vollzeitarbeiterin ähnelt einer Galeerenarbeit. Ich glaube keiner Frau, die behauptet, ihr falle das alles leicht. Aber ich bin es zu keiner Zeit gewohnt gewesen, es leicht zu haben im Leben. Ich gehöre zu den Menschen, die sich, wenn sie einen Berg erklimmen wollen, auf den Weg machen – obwohl sie wissen, dass dieser Weg voller Tücken sein könnte. Vielleicht reicht meine Kondition nicht, vielleicht stolpere ich und verknackse mir den Knöchel, vielleicht verliere ich das Gleichgewicht und stürze hinunter – könnte alles passieren. Doch ich neige dazu, meinen Bedenken nicht zu viel Raum zu lassen, sondern meine Ziele zu verfolgen. So geht es zum Glück vielen Frauen, und deshalb bekommen sie Kinder. Bekanntlich ist die Entbindung kein Vergnügen, trotzdem lassen sich die meisten Frauen dadurch nicht vom Kinderkriegen abbringen.

Manches Mal hing mir die Doppel- und Dreifachbelastung zum Halse heraus, ich fühlte mich wie in einer Tretmühle und sehnte mich nach Ruhe. Ich ächzte unter dem Druck der Jahrzehnte währenden Dauerverantwortung für die Kinder. Doch solche Anwandlungen vergingen so schnell, wie sie gekommen waren. Ich hatte immer Kinder gewollt, ich hatte immer arbeiten wollen und musste aus wirtschaftlichen Gründen arbeiten. Ich empfand die Verpflichtung, mich zusätzlich gesellschaftlich zu engagieren, und wenn man das alles wirklich will, schafft man es auch. Das Leben, das ich führte, hatte ich – abgesehen von der gescheiterten Ehe – aus freien Stücken gewählt. Dieses Wissen gab mir die Kraft, es zu meistern.

Was sich nicht vermeiden lässt, ist das permanente schlechte Gewissen. Es ist da, und es wird sich nach meiner Erfahrung und Überzeugung niemals abstellen lassen. Bei der Arbeit denkt eine Mutter ständig an ihre Kinder und fragt sich, wie es ihnen geht, ob alles in Ordnung ist. Zu Hause denkt sie an die Arbeit. Das ist ein unlösbares Problem. Wie die meisten anderen Kinder von berufstätigen Alleinerziehenden beklagten auch meine sich: »Nie bist du zu Hause!« Das waren schlimme Momente, mein schlechtes Gewissen verschlechterte sich weiter. »Meine Arbeit ist unsere Lebensgrundlage«, erklärte ich den Kindern. »Das mögt ihr gut oder schlecht finden, aber ohne das Geld, das ich verdiene, könnten wir nicht so leben, wie wir es tun. Es gibt keine Alternative.«

Selbst kleine Kinder können solche Erklärungen schon verstehen und akzeptieren. Dann fühlen sie sich gegenüber anderen Kindern, deren Eltern mehr Zeit für die Familie haben, nicht mehr zurückgesetzt. Meine jüngste Tochter Andrea brachte es auf den Punkt: »Mama, du bist hier für alles zuständig und trägst hier für alles allein die Verantwortung.« Ein solcher Mensch hat nicht unendlich Zeit zum Spielen, zum Toben, zum Helfen bei den Hausaufgaben, zum Ausflüge-Machen, für Reiterhof-Besuche und Kindergeburtstagsfeiern.

Es geschah an einem frühen Morgen. Andrea war damals noch klein, drei Jahre vielleicht. Sie stolperte, fiel hin und prallte mit dem Kopf gegen einen Heizkörper. Aus einer klaffenden Wunde pulsierte das Blut heraus. Dass die Wunde genäht werden musste, war offensichtlich.

Ich hatte einen wichtigen Termin, eine Senatssitzung am OLG. Es war eine Phase, in der mir manche Kollegen nicht wohlgesonnen waren und gegen mich intrigierten. Normalerweise hätte ich anrufen und absagen können, es gab selbstverständlich Vertretungsrichter. Aber unter den damaligen Umständen war daran nicht zu denken. Ich rief den Kinderarzt an: »Wie lange darf ein Loch im Kopf unversorgt bleiben?« –

»Höchstens drei Stunden.« – »Und was tue ich gegen die Blutung?« Er beschrieb mir Maßnahmen zur Blutstillung. Die Kinderpflegerin wollte ich nicht allein mit Andrea zum Arzt schicken. Ich war und bin der Ansicht, dass es Sache der Mutter ist, dabei zu sein, das Kind zu halten und zu trösten, wenn eine Wunde genäht wird. Ich raste ins Gericht, kam gerade eben pünktlich zur Senatssitzung, brachte sie gedankenverloren hinter mich, raste zurück nach Hause und fuhr mit Andrea zum Arzt.

Das war das erste Mal, dass mein Beruf akut unter der Familie litt und umgekehrt. Es gab noch ein zweites Mal, an das ich mich aber nicht im Einzelnen erinnere. Das erste Mal hat mir so sehr zugesetzt, dass es die andere Erinnerung überdeckt. Ansonsten habe ich meine Arbeit am Gericht nie aus familiären Gründen vernachlässigt. Ich bin ein gewissenhafter Mensch und habe mein Pensum geschafft. Im Jahr 1984 wurde ich zur Senatspräsidentin, also zur Vorsitzenden Richterin am Hanseatischen Oberlandesgericht, befördert. Dazu wäre es nicht gekommen, wenn ich nachlässig gearbeitet hätte.

Bezahlt habe ich den Erfolg mit Freizeit. In den Jahren als alleinerziehende Mutter und Richterin hatte ich kaum eine freie Minute. Mich einfach mal hinsetzen und ein Buch lesen? Undenkbar. Mit Freunden essen gehen ganz in Ruhe? Nie. Auch mittags am Gericht ging ich nicht in die Kantine, dafür fehlte mir die Zeit. Von zu Hause brachte ich mir immer eine Scheibe Brot oder eine andere Kleinigkeit mit, die aß ich am Schreibtisch, während ich weiterarbeitete. Wenn meine Kollegen zum Essen gingen, sagte ich: »Grüßen Sie mir die Kantine!« Die halbe oder ganze Stunde, die ein Kantinenessen kostet, hätte ich hinten an meinen Arbeitstag dranhängen müssen. Das kam nicht in Frage, ich wollte so früh wie möglich bei den Kindern sein. Später lernte ich viele berufstätige Mütter kennen, die es genauso machten. Bis heute mache ich keine Mittagspausen.

Über die Jahre und Jahrzehnte hat es sich bei mir so einge-schliffen: Ich unterbreche meine Arbeit tagsüber nicht, arbeite konzentriert an einem Stück von morgens bis abends. Essen gehe ich mittags nur, wenn es ein Arbeitsessen ist.

Gab es Arbeit, die ich in der Woche nicht erledigt hatte, kümmerte ich mich an den Wochenenden darum, an denen die Kinder bei ihrem Vater waren. Manchmal fuhren sie mit dem Vater zusammen in den Urlaub. Auch das waren Zeiten, in denen ich zu Hause Dinge aufarbeiten konnte, die beim Gericht liegengeblieben waren und für die es keine festen Ter-mine gab.

In jenen freizeitfreien Jahren habe ich Taktiken und Sinn-sprüche entwickelt, die primitiv klingen, aber weiterhelfen. Zum Beispiel: Fasse keine Sache zweimal an! Daran halte ich mich bis heute. Eine Aufgabe, die sich mir jetzt stellt und die ich jetzt erledigen kann, wird sofort erledigt. Und wenn sie mir noch so langweilig erscheint, wenn ich noch so wenig Lust dar-auf habe. Sicher, manchmal sagt eine innere Stimme: Lass es einfach liegen! Morgen ist auch noch ein Tag! Aber ich schenke ihr keine Beachtung. Ich weiß genau, dass morgen andere Auf-gaben kommen werden, sodass ich weniger Zeit und ganz be-stimmt nicht mehr Lust haben werde, die heute aufgeschobene Aufgabe anzugehen. Dieses Denken führt zu einer großen Kon-zentration.

Auch lernte ich in meiner Zeit als alleinerziehende Mutter: Erteile keine Anordnungen, deren Ausführung du nicht über-wachen kannst! Solche Anordnungen sind meistens sinnlos, sie können sogar kontraproduktiv sein, weil sie die eigene Autori-tät untergraben. Diesem Grundsatz folge ich bis heute, und rückblickend habe ich festgestellt, dass schon mein Vater – be-wusst oder unbewusst – danach gehandelt hatte.

»Bitte räumt heute eure Zimmer gründlich auf!« Trug ich dies den Kindern morgens auf und verschwand dann bis zum

Abend, so geschah logischerweise nichts. Eine ganztägige Kinderpflegerin hatte ich bis etwa 1978, danach kamen stundenweise Zugehfrauen, die nach dem Mittagessen gingen. Deshalb gab es niemanden, der die Ausführung meiner Anweisung überwachte.

In der Wahrnehmung eines Kindes und Jugendlichen ist ein Tag ein langer Zeitraum. Bis zum späten Nachmittag dachten die Kinder, ihnen bliebe noch reichlich Zeit zum Aufräumen, danach vergaßen sie die Sache, oder es kam etwas für sie Wichtigeres dazwischen. Zu dem Haus, das wir nach meiner Scheidung bewohnten, führte eine lange Auffahrt. Hörten die Kinder abends meinen Wagen – ein feines Gehör hatten sie alle –, so wussten sie: Jetzt muss Mama erst mal das Gartentor öffnen. Dann fährt sie herein, dann steigt sie wieder aus und schließt das Gartentor. Sie fährt die Auffahrt hoch, öffnet das Garagentor, fährt in die Garage, schließt das Tor wieder, und dann sind es noch ein paar Schritte bis ins Haus. Die ganze Prozedur kam ihnen so lang vor, dass sie der Meinung waren, sie könnten währenddessen aufräumen. Sobald sie mich am Gartentor hörten, begannen sie, wie wild ihre Sachen einzusammeln.

Viele Jahre später lachten wir oft darüber. Andrea sagte: »Wenn ich dein Auto hörte, rief ich laut: ›Aufräumen! Mama kommt!‹« Sie trieb die Geschwister an, ihr starkes Harmoniebedürfnis veranlasste sie dazu, sie wollte keinen Krach in der Familie. Dann holte sie ein Glas Wasser und gab einen Schuss Whisky hinein, damit empfing sie mich – und mit einem süßen Lächeln.

Natürlich wusste ich genau, dass sie manchmal deutlich mehr als die erlaubten drei Freunde zugleich mit nach Hause brachten und Partys feierten, ohne mich zu fragen. Das hätte ich verbieten können, aber so ein Verbot hätte nichts bewirkt – außer einem Autoritätsverlust. Wer ein Verbot ausspricht, das gebrochen wird, kaum dass er zur Tür hinaus ist, macht sich lächerlich. Entweder ich habe eine Methode, um etwas, das ich nicht möchte, effektiv zu verhindern – oder ich muss es akzeptieren.

Noch ein Grundsatz, dem ich folge: Etwas, das ich nach außen nicht ändern kann, kann ich nur bei mir selbst ändern. Ich muss meine eigene Einstellung zu diesem Problem ändern, muss hier toleranter und großzügiger werden.

Rabenmutter! Raben-mutter. Ra-ben-mut-ter. Es ist ein widerliches Wort, trotzdem sollte man es sich einmal auf der Zunge zergehen lassen und dabei überlegen, was genau es wohl bedeuten soll: Eine Mutter, die ihre Kinder allein lässt in der feindlichen Welt? Eine Mutter, der das eigene Vergnügen wichtiger ist als das Wohl der Kinder? Eine Mutter, die der Karriere mehr Beachtung schenkt als den Kindern? Eine Mutter, die ihre Kinder vernachlässigt? Eine Mutter, die ihre Kinder leiden lässt? Eine schlechte Mutter? Eine Mutter, deren Kinder besser nicht geboren wären?

Seit langem ist bekannt: Raben kümmern sich gut um ihren Nachwuchs. Trotzdem lebt der Rabenmuttermythos bis heute fort – allerdings nur im deutschsprachigen Raum. Anderswo hat er nie existiert. Viele Menschen zählten mich zur Kategorie der Rabenmütter, auch wenn sie es nicht offen aussprachen. Viele dachten so in den sechziger und siebziger, teilweise auch noch in den achtziger Jahren. »Warum arbeitet eine Frau, die Kinder hat?«, lautete eine oft gestellte Frage. Oder auch: »Warum bekommt eine Frau, die arbeiten möchte, Kinder?« Beide Fragen waren rhetorisch gemeint, beide beinhalteten die Aussage: Eine Frau muss sich entscheiden – entweder für die Berufstätigkeit oder für Kinder. Dabei war und bleibt es doch vollkommen eindeutig, warum eine Mutter erwerbstätig ist. Die Gründe lauten: Autonomie und Verantwortung. Warum eine Frau Kinder bekommt, lässt sich ebenso einfach erklären: Kinder sind etwas Wunderbares, und ohne sie würde die Menschheit aussterben.

Meine Freundin Jutta Limbach, ehemalige Präsidentin des Bundesverfassungsgerichts und Mutter von drei Kindern, schreibt in einem Aufsatz: »Entscheidet sich die berufstätige Frau für Kinder, so muss sie mit dem Vorwurf leben, eine Rabenmutter zu sein. Dabei sind die Folgen der mütterlichen Erwerbstätigkeit für die Sozialisation der Kinder bestens erforscht worden. Sozialisationsdefizite wegen mütterlicher Berufstätigkeit sind bei den Kindern nicht festgestellt worden.« Nicht die Berufstätigkeit an sich sei ausschlaggebend, so Limbach, sondern das Zusammenspiel verschiedener Faktoren wie etwa das Qualifikationsniveau und die Berufszufriedenheit der Mutter. Im Übrigen sei bei der Sozialisation der Kinder auch die Zufriedenheit derjenigen Mütter von Belang, die sich ganztags der Familienarbeit widmen.*

Für die Entwicklung von Kindern sehe ich es als Vorteil, wenn sie schon früh im Alltag vermittelt bekommen, dass die Berufstätigkeit von Frauen Normalität bedeutet. Des Weiteren bin ich überzeugt, dass Profis an der Erziehung von Kindern mitwirken sollten, nicht nur die Lehrer in der Schule, sondern auch Erzieher, ausgebildete Tagesmütter oder -väter und Pädagogen, die in Kindertagesstätten oder Ganztagsschulen arbeiten. In der Regel haben Mütter keine fundierte Ausbildung zur Kindeserziehung, deshalb ist es gut und richtig, wenn ihnen Spezialisten zur Seite stehen.

In der Krippe, im Kindergarten, bei der Tagesmutter oder auch bei der eigenen Erzieherin zu Hause verhalten Kinder

---

* Jutta Limbachs Aufsatz »Die falsch verstandene Gleichberechtigung« erschien in *Die* OLG-*Präsidentin – Gedenkschrift für Henriette Heinbostel*, einem informativen und unterhaltsamen Buch zu Ehren einer fiktiven Figur. Herausgegeben von Konstanze Görres-Ohde und anderen, Berlin 2007

sich anders als gegenüber der Mutter. Durch die zusätzliche Bezugsperson lernen sie andere Sicht-, Denk- und Verhaltensweisen kennen. Eine gute, nicht ausschließlich von Vater und Mutter geleistete Erziehung wirkt inspirierend auf Kinder, schult deren geistige Flexibilität und ihr Anpassungsvermögen. Ein erfahrener Profi hat zudem bessere Vergleichsmöglichkeiten, kann Kinder und ihre Entwicklung anders einordnen als die Eltern. Werden Kinder stunden- oder tageweise zu ihrem eigenen Vorteil von Spezialisten betreut, können Mütter und Väter diese Zeit hervorragend für die Berufstätigkeit nutzen – und dadurch ihre Autonomie fördern und wirtschaftliche Verantwortung für die Familie übernehmen.

Fertig ausgebildete und erfahrene Pädagogen konnte ich mir für meine Kinder nicht leisten, aber unsere Kinderpflegerpraktikantinnen hatten immerhin eine umfassende Grundausbildung absolviert, bevor sie zu uns kamen. Schnell begriff ich, dass es nötig war, den jungen Mädchen eine gewisse Position einzuräumen und nicht zu befürchten, dass sie mir die Mutterrolle strittig machten. Es gibt Mütter, die in derartigen Situationen eifersüchtig werden. Solche Gefühle habe ich mir nicht erlaubt. Ich kann nicht den ganzen Tag außer Haus sein und gleichzeitig erwarten, dass die Kinder mich annehmen wie jemanden, der ständig bei ihnen ist. Solche Erwartungen sind widersinnig. Insofern musste ich es aushalten, wenn die Kinder ihre Erzieherin manchmal interessanter fanden als mich, ihre Mutter. Ergab es sich, dass ich gemeinsam mit Anke oder einer ihrer Nachfolgerinnen ins Haus kam, konnte es passieren, dass die Kinder zuerst auf die Kinderpflegerin zustürmten. Das ist nicht schön für eine Mutter, aber es ergibt sich aus der Situation und ist damit folgerichtig.

Als meine Kinder klein waren, gab es zur Vereinbarkeit von Familie und Beruf keine öffentliche Meinung, keine Lobby, keine Forderungen oder Konzepte. Das Ganze war reine Privatsache. Nach dem Motto: Wer sich Kinder leistet, muss zusehen, wie er zurechtkommt. Es wurden genug Kinder geboren, als Mutter konnte man nicht per se mit gesellschaftlicher Anerkennung rechnen. Ich erwartete keine Anerkennung, da ich die Kinder nicht für die Gesellschaft, sondern zur Vervollkommnung unserer Familie, zur Erfüllung unseres gemeinsamen Kinderwunsches bekommen hatte. Ich erwartete auch keine finanziellen Zuwendungen oder andere staatliche Unterstützung, sondern sah es als meine Aufgabe an, die Familie zu finanzieren und zu organisieren.

Mit der Einstufung von Kindern als Privatangelegenheit war ich einverstanden. Was mich hingegen befremdete, war der Umstand, mit drei Kindern als Sonderfall, wenn nicht als Problemfall zu gelten. »Drei Kinder, wie ist das möglich?«, tuschelten manche Leute hinter vorgehaltener Hand. Als Andrea zur Welt kam, fragte mich eine Krankenschwester mitleidig: »Musste das sein?« Ich galt als »Sozialmutter«, wie man damals sagte. Damit meinte man Mütter, die mit einem gewissen Lebensstandard nicht mithalten konnten – Mütter, die auf Sozialhilfeniveau lebten.

Heute sind die Rahmenbedingungen für Eltern und Kinder in vielerlei Hinsicht besser. Es gibt die Elternzeit und den gesetzlichen Anspruch auf Teilzeit nicht nur für Beamte und Angestellte im öffentlichen Dienst, sondern auch in der Wirtschaft. Es gibt Elterngeld, es gibt bedeutend mehr Kindergeld als früher, sodass man sich öfter einen Babysitter leisten kann. Es gibt Ganztagsschulen und allgemein viel mehr Betreuungsangebote für Kinder. Gerade heute ist es wichtig, dass die Erziehung teilweise außerhalb der Familie stattfindet. Kinder haben einen Anspruch darauf, mit anderen Kindern zusammen zu sein. Sie müssen Freunde finden können, müssen einen selbstverständlichen Umgang mit Altersgenossen erlernen – das kann sehr gut in Kindergärten und ähnlichen Einrichtungen stattfinden.

Wohnhäuser, in denen zwanzig oder mehr Kinder leben wie in den fünfziger und sechziger Jahren, gibt es nicht mehr. Es gibt auch nicht mehr die Straßen und Hinterhöfe, auf denen die Nachbarskinder in Scharen zusammen spielen. Den Raum dafür bietet heute die Kita. Dort finden Kinder auch den Ersatz für fehlende ältere oder jüngere Geschwister. Sie haben Umgang mit Kindern, die schon mehr können als sie und ihnen als Vorbild dienen. Und sie erleben kleinere Kinder, die ihre Hilfe brauchen und für die sie Vorbild sind.

Beklagt sich heute eine junge Frau, sie halte der Doppelbelastung durch Familie und Beruf nicht stand, dann fällt es mir schwer, dies zu akzeptieren. Ein Grund für das Gefühl der Überforderung, so vermute ich, ist vielleicht die immer noch in weiten Teilen der Bevölkerung verbreitete Überzeugung, eine Familie habe nach dem alten Muster zu funktionieren: Der Mann beschafft das Geld, die Frau kümmert sich um die Kinder. Ganz so, wie auch in der bereits erwähnten Studie des Deutschen Jugendinstitutes beschrieben, laut der weit über neunzig Prozent aller jungen Männer in Deutschland es als Hauptaufgabe des Vaters ansehen, den Lebensunterhalt für die Familie zu verdienen. Das Familienbild der jungen Männer ist nicht von der Idee der Gleichberechtigung bestimmt, sondern von fragwürdigen patriarchalischen Traditionen. In solch einem Umfeld stehen berufstätige Mütter nach wie vor unter Druck.

Im Jahr 2010 wurde unter dem Titel »Deutschlands Chefinnen« eine Studie veröffentlicht. Jene 49 Frauen, die es in die Führungsebene der 500 größten deutschen Unternehmen geschafft hatten (und die damit 2,4 Prozent an allen Vorständen und Geschäftsführern ausmachten), wurden darin gebeten, Handlungsempfehlungen für weibliche Führungskräfte auszusprechen. Keine einzige der 32 Studienteilnehmerinnen bezeichnete Mutterschutzzeiten, Probleme bei der Kinderbetreuung oder unflexible Arbeitszeiten als Karrierehemmnis. 81 Prozent leben in einer festen Partnerschaft, immerhin 44 Prozent haben Kinder. Das Problem, Familie und Beruf miteinander zu vereinbaren, sei zwar vorhanden, sagten sie, durch intelligente Organisation jedoch beherrschbar. Wer Karriere macht, habe zudem oft die finanziellen Möglichkeiten, sich qualitativ hochwertige Kinderbetreuung zu beschaffen.

Diese Aussagen zeigen, dass selbstbewusste Frauen sich nicht um Rabenmuttervorwürfe scheren, mit denen auch sie gewiss direkt oder indirekt konfrontiert werden. An diesem Selbstbewusstsein sollten sich Frauen, die beruflich weiter unten in der Hierarchie agieren, ein Beispiel nehmen. Außerdem ist zu hoffen, dass sich mit zunehmendem Anteil an einflussreichen Frauen und insbesondere an Müttern in den Unternehmen allgemein ein anderes Bewusstsein zum Thema Beruf und Familie bildet, auch bei Männern.

Gelegentlich habe ich den Verdacht, dass vereinzelte Frauen die vermeintlich schlechten gesellschaftlichen Rahmenbedingungen als Alibi nutzen. »In meinem Beruf kann man einfach keine Kinder haben. Unmöglich, beides unter einen Hut zu bringen, ohne dass die Erziehung des Kindes oder meine Karriere leidet.« So und ähnlich lauten die Argumente. Und: Es sei endlich an der Zeit, dass Arbeitgeber und Staat gute Vereinbarkeitsmodelle entwickeln und umsetzen. Andersherum höre ich Geschichten von jungen Berufstätigen, die trotz bester Ausbildung und besten Karrierechancen den Sprung aus dem mittleren Management in die Führungsetage mit dem Argument verweigern, sie wollten sich mit Mitte dreißig eine Auszeit nehmen, um ein Kind zu bekommen (eines!) und in den ersten Jahren (mehreren!) voll und ganz für das Kind da zu sein. Ob und in welcher Position sie danach in ihren Job zurückkehren, lassen sie offen.

Könnte es vielleicht sein, dass es manchen kinderlosen Frauen statt an Unterstützung am Willen und am Mut zum eigenen Kind mangelt? Und ist es möglich, dass manche der Zuhausebleiberinnen gern einen gemütlichen Alltag genießen möchten? Beides wäre zu akzeptieren. Aber die so denkenden Frauen sollten ihre Gründe offen nennen, sie sollten weder Staat und Gesellschaft noch die eigenen Kinder für ihre Entscheidungen verantwortlich machen. Meiner Erfahrung nach bedeuten Kinder Belastung und Verantwortung, ja, aber sie sind vor allem eine Dauerfreude.

Erziehung kostet Energie, ja, aber Kinder schenken uns auch Kraft. Ein Leben mit Kindern ist überhaupt nicht zu vergleichen mit einem Leben ohne Kinder. Welches Leben eine Frau wählt, ist ihre persönliche Entscheidung, die von allen anderen respektiert werden muss. Allerdings empfehle ich, die Entscheidung für oder gegen Kinder bewusst und in erster Linie für sich selbst zu treffen. Je deutlicher eine Frau sich alle Konsequenzen dieser Entscheidung, positiv wie negativ, vor Augen führt, desto glücklicher und souveräner wird sie später mit ihnen leben. Und desto geringer wird das Bedürfnis sein, den Vater der Kinder, den Arbeitgeber oder die gesellschaftlichen Bedingungen für die eigene Lage verantwortlich zu machen.

Ein schönes, großes eigenes Haus: Seit meiner Jugend hatte ich davon geträumt – im Jahr 1978 wurde der Traum wahr. Zusammen mit meiner Mutter erwarb ich ein Haus mit Garten in Hamburg nahe der Elbe. Meine Mutter verkaufte den Bungalow, in dem sie zuletzt gelebt hatte. Das Geld brachte sie als Anzahlung in das Hamburger Haus ein, zusätzlich nahmen wir einen Kredit auf, den wir je zur Hälfte verantworteten und abbezahlten. Ich selbst hatte noch keine Möglichkeit gehabt, Geld anzusparen.

In der ersten Zeit musste man schon ziemlich genau hinschauen, um die Schönheit des Hauses zu erkennen, es war stark sanierungsbedürftig. Ich nannte unser neues Haus eine

»geschminkte Leiche«. Wir ließen es entkernen und von Grund auf erneuern. Die Innengestaltung entwarf ich selbst, gemeinsam mit einem Architekten. Es machte mir großen Spaß, dem Haus eine ganz neue Struktur zu geben, alles nach den Bedürfnissen und dem Geschmack unserer Familie zu konzipieren. Fast jeden Tag fuhr ich zur Baustelle, eineinhalb Jahre lang übernahm ich auch die Bauleitung und koordinierte die Arbeit von bis zu 22 Handwerkern. Die Wohnung im ersten Stock nahm meine Mutter. Mein Vater war 1975 gestorben, 1979 zog meine Mutter in das Haus. Die unteren zwei Stockwerke – Hochparterre und Souterrain – wurden erst später fertig; 1981 zogen meine drei Kinder und ich ein. Da gab es immer noch viel am Haus zu tun, alle mussten mit anpacken.

Auf Kinderpflegerinnen oder Zugehfrauen verzichtete ich nun gänzlich. Tagsüber lebten die beiden Älteren weitgehend ihr eigenes Leben, auch ihr Mittagessen bereiteten sie selbst zu. Andrea ging zum Essen zu ihrer Omi hinauf. Meine Mutter und ich behielten unter unserem gemeinsamen Dach völlig getrennte Haushalte, sie kam auch nicht zu uns nach unten, um die Kinder zu versorgen. Schon vorher hatte sie wenig an der Versorgung ihrer Enkel teilgenommen. Dafür hatten wir zu weit voneinander entfernt gewohnt, außerdem hatte mein Vater meine Mutter ziemlich in Anspruch genommen und hätte keine Freude an ständig um ihn herumspringenden Enkeln gehabt. Zudem war meine Mutter zwar eine gute Pädagogin, vertrat aber in Erziehungsfragen manche Ansichten, die ich nicht teilte. Während ich vor allem auf eine argumentative Erziehung setzte, legte meine Mutter mehr Wert auf Akzeptanz ihrer Anordnungen. Sie mochte es nicht, wenn Kinder ihre Anweisungen hinterfragten, nach Erklärungen verlangten oder gar Gegenvorschläge machten. Insofern wäre eine gemeinsame Erziehung durch meine Mutter und mich schwierig gewesen.

Als Andrea etwa 12 bis 13 Jahre alt war, fühlte sie sich oft einsam. Ihr großer Bruder war aus dem Haus, und ich war als Richterin am Hanseatischen Oberlandesgericht sowie in nebenberuflichen und ehrenamtlichen Tätigkeiten extrem eingespannt. Erst viel später sagte Andrea zu mir: »Du hast mir damals so gefehlt.« Das hat mich tief getroffen. Ich hatte es in dieser Schärfe nicht bemerkt. Das mache ich mir bis heute zum Vorwurf. Eine Mutter muss so etwas merken und etwas dagegen tun. Ich weiß nicht, was ich getan hätte, aber ich hätte einen Weg suchen müssen und ihn gefunden. Ich bedaure sehr, dass ich von Andreas Problem erst zu spät erfuhr. Das gilt auch für meine Versäumnisse und Fehler bei den beiden großen Kindern. Jetzt kann ich es nicht mehr wiedergutmachen. Ich kann die Kinder und mich selbst nur um Nachsicht bitten mit dem alten Erfahrungssatz: Der Mensch macht Fehler. Es geht leider nicht ohne.

In Bezug auf die Rolle der Mutter in Familie und Gesellschaft gibt es derzeit eine merkwürdige Entwicklung; eine Rückwärtsbewegung, zu der sich bemerkenswert viele Frauen in Großstädten bekennen – an Orten also, an denen bekanntlich jede zweite Ehe scheitert. Insbesondere junge Frauen, die wohlhabenden, gebildeten Kreisen entstammen, verzichten dort bewusst auf Qualifikation und Berufserfahrung. Sie sagen: »In der Rolle als Mutter und Hausfrau kann ich mich am besten verwirklichen.« Wenn ich so etwas höre, ringe ich um Fassung.

Nachbarinnen, die morgens in eleganter Kleidung das Haus verlassen, der Kinderfrau die Klinke in die Hand drücken und Richtung Arbeit verschwinden, werden kritisch beäugt, ihre Kinder werden »bemitleidet«. Viel besser sei es für die Kinder, wenn die Mutter gemütlich mit ihnen frühstücke, sich dann mit ihnen aufs Sofa kuschle und eine Geschichte vorlese. Später kleide solch eine »gute Mutter« sich mit bequemer Jeans, T-Shirt und Turnschuhen, um die Kinder auf den Spielplatz zu begleiten, die Einkäufe zu erledigen, zu kochen, zu backen, die

Wohnung zu putzen und mit Selbstgebasteltem zu dekorieren. Für das Einkommen sorge selbstverständlich der Ehemann.

Fatalerweise sind viele dieser Frauen überzeugt, dass sie es besser machen als die berufstätigen Mütter. Zum Glück gehört meine Tochter Andrea nicht zu jenen Rückschrittlichen, obwohl ich bei ihr manches falsch gemacht habe. In dem Moment, wo ich dies aufschreibe, hat sie eine kleine Tochter, ihr zweites Kind. Sie ist zu Hause und bezieht Elterngeld, wird danach aber selbstverständlich wieder arbeiten, wie sie es auch schon nach der Geburt ihres ersten Kindes getan hat.

Einer der Beweggründe für die »Rolle rückwärts« scheint mir eine bisweilen anzutreffende allzu hohe Anspruchshaltung zu sein. Auch die Medien tragen zu dem angeblichen Idealbild der modernen Powerfrau bei: rasante Karriere, mächtige Erfolge, ein hohes Gehalt; eine harmonische Ehe mit einem phantastischen Mann; mehrere Kinder, die Bestleistungen in Schule und Sport erbringen; ein stets perfektes Äußeres – perfekt frisiert, gekleidet, geschminkt, durchtrainiert; ein großes, gepflegtes, schick eingerichtetes Haus; regelmäßige Fernreisen im Urlaub, interessante Hobbys, ein großer Freundeskreis ... Das sind Träume aus einer Phantasiewelt, die keine Frau realisieren kann. Aber darf deshalb die Konsequenz sein, außer Kindern und einem zahlenden Gatten nichts weiter erreichen zu wollen?

Als Rechtsanwältin vertrete ich selbstverständlich auch Männer in Scheidungs- und Sorgerechtsangelegenheiten. Immer wieder beschreiben Ehemänner von Hausfrauenmüttern, dass sie sich im Familienleben überflüssig fühlen. Sie sagen: »Ich darf nur das Geld ranschaffen, sonst nichts.« In solchen Ehen bedingen sich die Probleme der Männer und der Frauen gegenseitig. Den Hausfrauenmüttern fehlt die Existenzgrundlage, den männlichen Alleinverdienern fehlen Zuständigkeit und Akzeptanz bei der Erfüllung von Familienaufgaben. Beide leiden unter Defiziten.

Mit Freude Frau sein

Es war Mitte der sechziger Jahre – Rolf war bereits geboren –, als mich eine Kollegin am Landgericht ansprach: »Frau Peschel, ich verabschiede mich, von nun an werde ich zu Hause bei den Kindern sein.« Frau H. war eine sehr gute, angesehene Richterin. Wie ich war auch sie mit einem Richter verheiratet. Nun hatten die beiden ihr drittes Kind bekommen. Nach meiner Erinnerung brauchte es aufgrund einer Behinderung viel Zuwendung. »Ich möchte mich ein paar Jahre ganztags um das Kind kümmern«, erklärte mir die Kollegin, was ich sofort verstand. Was mir aber nicht einleuchten wollte: Warum gab sie ihren Beruf dann gleich ganz auf? Die Antwort lautete: Sie hatte keine andere Möglichkeit. Weder Teilzeitarbeit noch eine Beurlaubung ohne Bezahlung über mehrere Monate oder Jahre hinweg waren für Beamtinnen und andere Beschäftigte im öffentlichen Dienst möglich, auch nicht in Sonderfällen wie diesem. Die Richterin musste um Entlassung aus dem Staatsdienst bitten. Nach einigen Jahren zurückkehren konnte sie nicht, weil sie dann die Altershöchstgrenze für den Eintritt in den öffentlichen Dienst überschritten haben würde. So stand Frau H. beruflich vor dem Nichts. Ihre Ausbildung und Erfahrung wurden von einem Moment zum anderen wertlos. Eben noch hatte sie mitten im Berufsleben gestanden, mit bester Aussicht auf eine weiterhin interessante Karriere. Nun war sie jeglicher Perspektive beraubt.

Ich war außer mir. In was für einem Staat lebten wir? Wie

konnte es sein, dass dieser Staat seine menschlichen Ressourcen derart verschwendete? Konnte und wollte die Bundesrepublik Deutschland sich das leisten? Nein, das durfte nicht sein, davon war ich überzeugt. Und ich beschloss: Das wird sich ändern.

Etwa drei Jahre später hatte ich das Ziel erreicht: In den Jahren 1969 und 1970 führten nach und nach alle Bundesländer die Teilzeitarbeit und den Familienurlaub für Beamtinnen und Richterinnen ein. Das Rahmengesetz, das dieser Neuerung zugrunde lag, wird in Fachkreisen bis heute die »Lex Peschel« genannt.

Seit 1956 gehöre ich dem Deutschen Juristinnenbund an, einer Vereinigung von Juristinnen, die in den verschiedensten Berufen arbeiten. Gemeinsam nutzten sie damals und nutzen bis heute ihre vielfältigen beruflichen Möglichkeiten und Erfahrungen, um gesellschaftliche Fortschritte auf den Weg zu bringen. Vor dem Juristinnenbund hielt ich 1966 einen Vortrag über die Ungerechtigkeit, dass Frauen im öffentlichen Dienst gezwungen waren, auf Kinder zu verzichten oder die Kindeserziehung vollständig in fremde Hände zu geben oder – wenn dies nicht möglich war – aus dem Berufsleben auszuscheiden. Sofort waren die Juristinnen sich einig, dass dieser Zustand, der den Frauen, ihren Familien und dem Staat schadete, geändert werden musste. Was war das für eine Gesellschaft, in der Frauen, die Kinder bekommen wollten, ihren Beruf dafür aufs Spiel setzen mussten?

Innerhalb des Juristinnenbundes gründete ich eine Kommission Beamtenrecht, in der wir die Situation genauer analysierten und Auswege erarbeiteten. Parallel begann der Juristinnenbund, die Trommel zu rühren für unser Anliegen. Unser Ziel: Vereinbarkeit von Staatsdienst und Kinderbetreuung, das heißt eine gesetzlich garantierte Möglichkeit der Teilzeitarbeit und des Familienurlaubs für Beamtinnen und andere Beschäftigte im öffentlichen Dienst. Wir entwickelten einen Gesetzentwurf. Ich hielt einen Vortrag nach dem anderen über das Thema.

Wohin ich auch kam, mit wem ich auch sprach: Ich stieß auf männlichen Widerstand. Da waren einerseits die unqualifizierten Kommentare, die sich damit beschäftigten, dass eine teilzeitarbeitende Richterin unmöglich morgens Recht sprechen und nachmittags Windeln wechseln könne. Manche Männer sprachen deutlich aus, was sie dachten: »Wir wollen keinen Bratkartoffelgeruch in unseren Räumen! Wir wollen keinen Windelgestank und kein Babygeschrei!« Da waren andererseits die etwas qualifizierteren, aber deshalb nicht akzeptableren Kommentare, wonach unser Vorhaben verfassungswidrig sei. Die Behauptung der Verfassungswidrigkeit wird oft als Keule gegen unwillkommene Gesetzesänderungen verwendet. Es ist ein Totschlagargument, denn kein Jurist kann sagen: »Verfassungswidrig? Das kümmert mich nicht!« Auch der damalige Bundesinnenminister Ernst Benda vertrat die Auffassung, unser Reformziel sei verfassungswidrig. Im Jahr 1971 wurde er Präsident des Bundesverfassungsgerichts.

In Artikel 33, Absatz 5 des Grundgesetzes (GG) heißt es, das Recht des öffentlichen Dienstes sei »unter Berücksichtigung der hergebrachten Grundsätze des Berufsbeamtentums zu regeln und fortzuentwickeln« (die Wörter »und fortzuentwickeln« wurden allerdings erst im Jahr 2006 ergänzt). Zu diesen »hergebrachten Grundsätzen« gehört es, dass Beamte hauptberuflich und auf Lebenszeit zu beschäftigen sind. Die Kritiker unserer Reformidee vertraten die Auffassung: Wenn eine Frau ihre Arbeitskraft auch oder sogar zeitweilig gänzlich der Familie zur Verfügung stellt, könne sie ihre Pflicht aus Artikel 33, Absatz 5 GG nicht erfüllen, da sie dann nicht hauptberuflich dem Staat diene. Diese Schlussfolgerung akzeptierte ich nicht. Der Grundgesetz-Artikel soll allein bewirken, dass Beamte keine Nebentätigkeiten aufnehmen, die der korrekten Ausführung ihrer Haupttätigkeit im Wege stehen.

Ich war mir nicht sicher, ob wir unser Anliegen würden

durchsetzen können, aber ich wollte alle Möglichkeiten ausschöpfen. In der Beamtenrechtskommission des Juristinnenbundes erforschten wir die juristischen Gegebenheiten, ihre Grundlagen und historischen Hintergründe. Wir suchten nach erlaubten Situationen, die mit der Beurlaubung von Müttern im Staatsdienst, die ihre Kinder erziehen wollten, vergleichbar waren. Ich schrieb lange Begründungen für unseren Gesetzentwurf. So argumentierten wir beispielsweise mit dem Wehrdienst: Männliche Staatsdiener wurden beurlaubt, um ihrer Wehrpflicht nachzukommen. Danach konnten sie ohne weiteres in ihren Beruf zurückkehren, es gab keine Probleme. Warum sollte es dann Probleme geben, wenn Frauen nach einer Phase der Kindeserziehung zurückkehrten? Die Soldaten wurden mit Lob bedacht, in der Rentenversicherung bekamen sie die Monate des Wehrdienstes als rentenerhöhende Zeit angerechnet. Und die im Staatsdienst tätigen Mütter? Sie mussten ihren Beruf aufgeben, wurden ihrer Existenzgrundlage beraubt. War das richtig? Sollte es so weitergehen?

Dr. Erna Scheffler rief mich an, sie war damals die einzige Richterin des Bundesverfassungsgerichts. Sie sagte: »Frau Kollegin, Sie machen einen Fehler. Wenn Sie Sonderrechte für Frauen verlangen, sägen Sie den Ast ab, auf dem wir alle sitzen.« Ich fuhr nach Karlsruhe und besprach mit ihr unser Anliegen. Es gibt Fotos davon, wie wir zusammensitzen und diskutieren: die berühmte Verfassungsrichterin Dr. Scheffler mit der jungen Frau Peschel vom Hamburger Landgericht. »Ich begreife weder Ihre Argumente, noch begreife ich Sie, Frau Scheffler«, sagte ich. »Es liegt doch auf der Hand, dass diese Gesellschaft sich bewegen muss. Was für einen Frauentyp wollen wir im öffentlichen Dienst haben? Wollen wir dort wirklich ausschließlich kinderlose Frauen?«

»Nein«, meinte Frau Scheffler. »Aber ein Mann hört auch nicht auf zu arbeiten, weil er Kinder hat.«

»Was für ein Wunder! Die meisten Männer verlangen eben, dass die Frauen sich um die Kinder kümmern.«

»Kann sein, aber deshalb darf die Frau keine gesetzlichen Sonderrechte bekommen. Das alles muss die Familie regeln, nicht der Staat. Wenn Frauen in den öffentlichen Dienst gehen, wissen sie, dass sie dort hundert Prozent arbeiten oder ganz fortgehen müssen. Wer das nicht will, muss sich einen Arbeitgeber suchen, der Urlaub zwecks Kindeserziehung gibt.«

Ich hatte die Regierung gegen mich, ich hatte das Bundesverfassungsgericht gegen mich. Die Chancen für mein Reformziel standen schlecht, dennoch war ich felsenfest überzeugt davon, dass eine Reform des Beamtenrechts kommen musste. Aus dem Juristinnenbund kannte ich die Rechtsanwältin und Bundestagsabgeordnete Dr. Emmy Diemer-Nicolaus von der FDP. »Sehen Sie einen Weg, wie wir hier weiterkommen?«, fragte ich sie. »Den sehe ich allerdings. Wir machen eine Initiative aus der Mitte des Hauses.« »Aus der Mitte des Hauses« bedeutet: im Namen von Abgeordneten aller Fraktionen. Solch ein Antrag wird im Bundestag direkt beraten, ohne langen Vorlauf. »Ich frage einmal nach, ob Frauen anderer Fraktionen mitmachen«, bot Frau Diemer-Nicolaus an. Gesagt, getan – mit dem Ergebnis: Frauen aller Fraktionen unterstützten die Initiative: CDU, CSU, SPD und FDP. Die Sache kam als Gruppenantrag ins Parlament, und nach etwa einjähriger Prüfung und Beratung wurde das Gesetz beschlossen.

»Sie haben einen Pyrrhussieg errungen«, sagte der Präsidialrichter des Landgerichts in Hamburg zu mir. Glauben Sie im Ernst, dass wir noch eine einzige Frau einstellen?« Mit dieser Frage wollte er mir Angst einflößen. In die Realität umsetzen konnte er seine Drohung nicht, denn das wäre gewiss ein verfassungswidriges Handeln gewesen. Und so antwortete ich: »Sie wollen alle weiblichen Bewerber ignorieren? Das versuchen Sie mal. Dann sehen wir uns in Karlsruhe wieder.«

»Ihre eigene Karriere können Sie jetzt vergessen. Sie haben sich unbeliebt gemacht«, sagten viele Kollegen. Darauf konnte ich nur antworten: »Es wird nicht das letzte Mal gewesen sein, dass ich mich ›unbeliebt mache‹«. Wer Gerechtigkeit durchsetzen will, muss das Risiko des Widerstands, der Niederlage und auch der persönlichen Nachteile eingehen.

Wer die Zeiten, in denen ich die »Lex Peschel« durchsetzte, nicht erlebt hat, kann sich vielleicht nicht vorstellen, welche Bedeutung das Gesetz hatte. Erst nach seiner Einführung konnten zum Beispiel auch Lehrerinnen in Familienurlaub gehen oder Teilzeit arbeiten – heute gibt es nichts Normaleres als eine Lehrerin mit mehreren Kindern, die eine Zweidrittelstelle hat. Später wurde das Gesetz so erweitert, dass auch männliche Beamte das Recht auf Teilzeitarbeit und Familienurlaub erhielten. In der Folge kam der gesetzliche Anspruch auf Teilzeitarbeit für alle Angestellten in der Bundesrepublik, auch in Wirtschaftsunternehmen. Auch der gesetzlich gewährte Erziehungsurlaub beziehungsweise die Elternzeit, die das Gesetz heute jeder Mutter und jedem Vater in Deutschland ermöglicht, steht in Zusammenhang mit der »Lex Peschel«.

Ich war Anfang dreißig, eine kleine Landrichterin, eine in der Öffentlichkeit völlig unbekannte Person, als ich begann, mich für die Lösung dieses drängenden Problems, die Änderung des Beamtenrechts, zu engagieren. Dass ich unser Anliegen trotz meiner Unerfahrenheit gegen alle Widerstände durchsetzen konnte, war eines der Schlüsselerlebnisse in meinem Leben. Von da an wusste ich: Wenn ich wirklich überzeugt bin von einer Sache und fest entschlossen, sie durchzusetzen, dann kann ich es schaffen.

Zugleich lernte ich, auf welche Weise ich ein solches Anliegen durchsetzen kann, welcher Weg zu mir passt: der Weg der Sachlichkeit, der Argumentation, Ruhe und Verbindlichkeit. Wie jeder Mensch werde auch ich bisweilen wütend und ungeduldig. Aber ich weiß, dass ich mit freundlicher Beharrlichkeit mehr erreiche. Möchte ich eine große gesellschaftliche Änderung durchsetzen oder negative Entwicklungen verhindern, dann sammle ich so viele und fundierte Informationen wie möglich: juristische, historische, soziologische, statistische und so weiter – darauf baue ich meine Argumentation auf. Ich halte Vorträge, nehme an Diskussionen teil, suche Verbündete, schreibe Gesetzentwürfe oder beteilige mich daran, suche Wege, sie in den Bundestag einzubringen. Der Deutsche Juristinnenbund arbeitet seit den fünfziger Jahren des vergangenen Jahrhunderts erfolgreich auf diese Art.

Faszinierend finde ich an dieser Vereinigung auch, dass dort so unterschiedliche Frauen zusammenarbeiten. Studentinnen und Professorinnen, Amtsrichterinnen und Richterinnen des Bundesverfassungsgerichts, Juristinnen aus der Wirtschaft, Rechtsanwältinnen, Notarinnen und andere. Heute hat der Juristinnenbund etwa 2800 Mitglieder.

1975 wurde ich stellvertretende Vorsitzende, von 1977 bis 1981 war ich Erste Vorsitzende des Deutschen Juristinnenbundes, danach zwei Jahre lang Past President. Wie bereits erwähnt, leitete ich rund zwanzig Jahre lang die Familienrechtskommission des Juristinnenbundes, außerdem zeitweilig die Kommissionen Steuerrecht, Rentenrecht, Jugendhilferecht und Beamtenrecht. Aus meiner Funktion beim Juristinnenbund heraus wurde ich beispielsweise als Sachverständige vor das Bundesverfassungsgericht geladen, als es um die steuerliche Anerkennung von Kinderbetreuungskosten ging. Diese Anerkennung war bis dahin erst ab dem zweiten Kind möglich, mein Rechtsgutachten trug dazu bei, dass die Regelung geändert wurde.

Mit dem Juristinnenbund haben wir uns erfolgreich für eine Änderung des Staatsangehörigkeitsrechtes für Kinder eingesetzt mit dem Ziel, dass deutsche Mütter ihre Staatsangehörigkeit an ihre Kinder weitergeben können. Bis dahin erhielten

Kinder automatisch die Staatsangehörigkeit des Vaters. Wenn der Vater ein amerikanischer Soldat war, der nach kurzer Zeit Mutter und Kind in Deutschland zurückließ, war und blieb das Kind trotzdem US-Bürger. War der Vater Birmane, Iraner oder Angolaner, so war auch das in Deutschland geborene und lebende Kind Birmane, Iraner oder Angolaner. Wenn der Vater das Kind nicht anerkannte, war es staatenlos – ein absurder Zustand.

An vielen Stellen haben wir den Finger in die Wunde gelegt, zum Beispiel auch beim Thema Vergewaltigung in der Ehe, die erst seit 1997 strafbar ist, oder beim Namensrecht. Es gab fünf Änderungen des Namensrechts in Folge, da viele Abgeordnete des Bundestags nicht verstanden, dass eine Frau ihren Namen behalten möchte, wenn sie heiratet. Erst seit wenigen Jahren herrscht in Deutschland die freie Namenswahl: Jeder Ehepartner kann seinen eigenen Familiennamen behalten, beide können den Geburtsnamen des Mannes oder der Frau führen oder einen Doppelnamen in beliebiger Reihenfolge.

Oft bin ich gefragt worden: »Wären Sie lieber als Mann auf die Welt gekommen?« Nein, das wäre ich ganz bestimmt nicht. Ich bin sehr gerne Frau. Eine Frau hat viel mehr Möglichkeiten, sie kann ein interessanteres Leben führen, nicht nur weil sie Kinder gebären kann. Frauen haben oder entwickeln vielfältige Talente, um Familie, Beruf und Freizeitinteressen zu koordinieren, sie sind begabte Organisatorinnen und häufig auf mehreren Gebieten gleichzeitig tätig. Obwohl ich Männer wirklich gern mag und mit vielen Männern befreundet bin, finde ich ihr Leben oft eindimensional und sehr überschaubar. Sie haben ihren Beruf, vielleicht noch den Golfclub oder andere Vereine, in der Freizeit die Familie, das war's.

In meinem Leben gab es keinen Moment, in dem ich lieber ein Mann gewesen wäre. Dass ich mich für Frauenrechte einsetze, liegt an meinem Gerechtigkeitsbedürfnis, ich möchte, dass die Menschen in Gerechtigkeit zusammenleben. Aber ich gehe nicht auf die Straße für Frauenrechte, ich gehe nicht in Talkshows, um mit provokanten Thesen Aufsehen zu erregen, ich bin nie eine »Mein Bauch gehört mir«-Feministin gewesen. Als die Feministinnen unter Führung von Alice Schwarzer in den siebziger Jahren unter diesem Motto gegen den Paragraphen 218 des Strafgesetzbuches protestierten, den »Abtreibungsparagraphen«, habe ich ihr Anliegen selbstverständlich unterstützt. Eine Frau muss selbst und allein darüber entscheiden dürfen, ob sie eine Schwangerschaft beendet oder nicht. Das ist eine Frage der Autonomie und Gerechtigkeit. Doch die Methoden der »Mein Bauch gehört mir«-Bewegung und die radikalfeministischen Weltanschauungen, die jene Frauen zum Teil vertraten, waren nicht die meinen.

Wenn Frauen frech und provokant auftreten, können sie damit etwas anstoßen, die Menschen zum Nachdenken bringen, auch Empörung hervorrufen, das alles ist wichtig. Meiner Erfahrung nach bewirkt solch ein Auftreten jedoch keine großen Umwälzungen und keine langfristigen Verbesserungen. Dafür ist ein sehr langer Atem nötig, der Marsch durch die Instanzen. Außerdem sind Verbündete wichtig, vor allem verbündete Männer.

Alice Schwarzer und ich kennen uns seit langem, und sie kennt meine Meinung: Sie und »ihre« Frauenbewegung stehen auf den Schultern früherer Frauengenerationen. Schon lange vor ihnen gab es emanzipierte Frauen, die genau dieselben Ziele verfolgten: Gleichberechtigung, Gleichstellung, das Ende jeglicher Diskriminierung. Der Deutsche Juristinnen-Verein, die Vorgängerorganisation des Deutschen Juristinnenbunds, wurde 1914 gegründet und setzte die Zulassung von Frauen zu juristischen Berufen durch. Es gab viele andere, zum Teil deutlich ältere Frauenvereine, die beispielsweise das Frauenwahlrecht 1918 erkämpften. Alice Schwarzer erkennt das an, sie sagt: »Ohne eure Vorarbeit wären wir nicht da, wo wir heute sind.«

Gelegentlich berate ich Alice Schwarzer juristisch, zweimal arbeiteten wir eng zusammen. Das erste Mal 1978, als ich sie bei ihrer Diskriminierungsklage gegen den *Stern* unterstützte – Schwarzer wollte die Abbildung pornographischer Titelbilder auf Zeitschriften unterbinden lassen. Da ich damals Richterin war, konnte ich weder als Anwältin noch als Mitklägerin auftreten. Doch im Hintergrund beteiligte ich mich intensiv an dem Prozess. Unsere zweite Zusammenarbeit war die sogenannte PorNO-Kampagne. Frau Schwarzer rief mich 1987 an und fragte, ob ich ihr helfen könne, etwas gegen die um sich greifende »Pornographisierung«, wie sie es nannte, zu unternehmen. Insbesondere ging es um pornographische Abbildungen in Printmedien. Zeitungen und Zeitschriften waren damals weitaus dominanter als heute, elektronische Medien gab es noch nicht.

»Strafrechtlich ist die Sache geregelt«, erklärte ich Alice Schwarzer. »Es gibt ausführliche Pornographie-Paragraphen, die bestimmen, was unter Strafe gestellt ist und was nicht.«

»Darum geht es mir nicht. Was hilft es, wenn jemand wegen eines Pornos ins Gefängnis kommt? Ich will, dass die Pornographisierung aufhört. Das geht nur, wenn Mädchen und Frauen sich effektiv dagegen wehren können, dass sie andauernd mit widerlichen Bildern konfrontiert sind.«

Das leuchtete mir ein. Es ging um eine zivilrechtliche Lösung, nämlich um die Möglichkeit, auf Unterlassung zu klagen und Schadenersatz zu erhalten. Ein neues Gesetz musste her – was schon allein aus technischen Gründen schwierig war. Im deutschen Zivilrecht ist bis auf wenige Ausnahmen keine Popularklage vorgesehen, das heißt, ein Bürger kann nicht für eine ganze Gruppe – hier: die Gruppe der Frauen – klagen.

Um welche Art von Darstellungen ging es konkret? Uns lag nicht daran, die Abbildung nackter Mädchen im Allgemeinen zu verbieten – notwendig war, die Abbildung von Gewaltpornographie zu verhindern. Was genau darunter zu verstehen sei, musste das Gesetz definieren, trotzdem durfte der Text nicht ausufern. Je umfangreicher ein Gesetzentwurf ist, desto schwieriger lässt er sich politisch durchsetzen und desto komplizierter ist die Anwendung des neuen Gesetzes in der Praxis. Außerdem musste der Text berücksichtigen, dass es vermutlich nicht wenige männliche Abgeordnete gibt, die gern Bilder konsumieren, die zwar keine explizit gewalttätigen Szenen zeigen, aber dennoch von vielen Frauen als erniedrigend empfunden werden. Die Formulierung des Gesetzentwurfs war eine Gratwanderung.

Von Anfang an ahnte ich, dass wir ein neues Anti-Pornographie-Gesetz nicht würden durchsetzen können. Aber unsere Zweifel durften uns nicht abhalten. Wer nichts versucht, kann nichts erreichen. Alice Schwarzer und ich waren uns einig.

Gemeinsam mit zwei befreundeten Anwältinnen traf ich Schwarzer in deren Kölner Wohnung, stundenlang diskutierten wir unseren Gesetzentwurf, in den folgenden Monaten forschten wir weiter zu der Thematik, tauschten uns aus, formulierten und feilten an dem Text. Am Ende hatten wir einen kurzen, praxistauglichen Entwurf. Die Verabschiedung dieses Gesetzes hätte unter anderem dafür gesorgt, dass eine Frau, die in der Öffentlichkeit oder am Arbeitsplatz gegen ihren Willen der Wahrnehmung von Pornographie ausgesetzt ist, auf Unterlassung und Schadenersatz hätte klagen können. Als Pornographie hätte zum Beispiel ein zusammenhangloses Bild gegolten, auf dem eine als Sexualobjekt dargestellte Frau Verletzungen oder Schmerz erfährt.

Eine Sonderausgabe der Zeitschrift *Emma* erschien: »PorNO – die Kampagne, das Gesetz, die Debatte«. Alice Schwarzer gelang es, eine Anhörung zu diesem Gesetzentwurf in der SPD-

Bundestagsfraktion zu erwirken. Im September 1988 fand die Veranstaltung statt, sie dauerte zwei Tage, viele Fachleute kamen zu Wort, das Thema war komplex.

Danach passierte nichts mehr. Fragte man nach, warum nicht, waren die Argumente sehr schwammig: Das Regelungsbedürfnis bestehe nicht, die Pressefreiheit sei gefährdet, es gehöre zur freiheitlichen Demokratie, dass man abbilden könne, was man abbilden wolle, und so fort. Kein Politiker, keine Politikerin nahm sich bis heute ernsthaft des Themas an – was nicht bedeutet, dass es für immer so bleiben muss. Ich halte es für gut möglich, dass eine spätere Generation empfindlicher sein wird.

Pornographie hat es zu allen Zeiten gegeben, es wird sie immer geben, keine Frage. Uns ging es darum, zu verhindern, dass sie hoffähig wird, dass man Gewaltpornographie zwangsläufig begegnet, ihr nicht ausweichen kann. Uns gefiel das nicht, wir leben nicht gern in einer Gesellschaft, in der Gewalt zum Alltag gehört. Deshalb taten wir, was wir konnten. Wer sich gesellschaftspolitisch engagiert, darf nicht erwarten, dass jede Initiative Erfolg hat. Wenn man mit einer Initiative eine gewisse Bewusstwerdung in der Gesellschaft erzielt, kann man schon nicht mehr von einem Scheitern sprechen. Frau Schwarzer verfolgt das Thema bis heute. Sie weiß, wie wichtig ein langer Atem ist.

Schwarzer und ich stimmen bei weitem nicht in allen Ansichten überein. Aber es gibt viele Themen, bei denen wir einer Meinung sind – wie etwa die Abschaffung des Ehegattensplittings. Es ist nicht länger akzeptabel, dass der Staat Paare steuerlich fördert, nur weil sie einen Trauschein besitzen. Durch die Möglichkeit der gemeinsamen Veranlagung verliert die Bundesrepublik jedes Jahr etwa 20 Milliarden Euro an Steuergeldern. Der Staat braucht dringend Geld für die Kinder- und Jugendförderung, für viele andere soziale Aufgaben. Dass eine einzige Gruppe in unserer Gesellschaft ohne triftigen Grund derart massiv subventioniert wird, widerspricht meinem Gerechtigkeitsgefühl. Nicht die Ehe an sich darf zu Steuerentlastungen führen, wohl aber Betreuungsarbeit in der Familie, Erziehung von Kindern, Pflege von Kranken und Alten. Dabei darf nicht von Belang sein, ob der oder die betreuende Person verheiratet ist oder ledig.

Bevor wir zusammenarbeiteten, hielt Alice Schwarzer mich für eine zutiefst konservative Frau. Ich gehörte noch keiner Partei an, und ich trug damals wie heute gern Seidenblusen, gern Geblümtes, gern zartrosa Jacken. Später merkte Frau Schwarzer, dass ich eine Art Wolf im Schafspelz bin. Schon lange sind wir nun befreundet.

Eine andere bekannte Feministin nannte mich einmal »die Schleife« – weil ich oft Schluppenblusen trage, also Blusen mit einer großen Schleife am Kragen. »Die Schleife«, das war nicht nett gemeint – die Feministin wollte damit wohl andeuten, dass sie mich für altmodisch hielt, mich als emanzipierte Frau und Frauenrechtlerin nicht ernst nahm. Ich bedaure es, wenn intelligente Menschen ihre Mitmenschen in Schubladen einordnen. Besonders, wenn es aufgrund von Äußerlichkeiten geschieht.

Manchmal können solche Vorurteile aber auch günstig für die Vorverurteilte sein. So wurde ich schon in den achtziger Jahren als Rednerin auf einen CDU-Parteitag eingeladen. Es ging um die Frage: In welcher Form sollen nichteheliche Väter an der elterlichen Sorge beteiligt werden? Das ist eines meiner großen Themen, mein Leben lang habe ich mich nicht nur für Frauenrechte eingesetzt, sondern insbesondere auch für Kinderrechte sowie für die Rechte der Väter. Unter anderem engagierte ich mich lange für die Änderung der Regelung, wonach die Sorgeberechtigung des nichtehelichen Vaters davon abhängig war, ob die Mutter zustimmte oder nicht, ohne dass die Mutter ihre Ablehnung begründen musste.

Jetzt, nach Entscheidungen des Europäischen Gerichtshofs für Menschenrechte und des Bundesverfassungsgerichts, wird das entsprechende Gesetz tatsächlich geändert. Künftig wird der Vater sich auch ohne Zustimmung der Mutter an der elterlichen Sorge für sein Kind beteiligen können. Strittig ist aber noch, wie das geschehen soll, automatisch mit der Geburt des Kindes oder nur auf Antrag des Vaters im Rahmen eines Gerichtsverfahrens. Ich habe viele Vorträge zu dem Thema gehalten und Aufsätze veröffentlicht. Im Jahr 2011 wurde ich erneut gebeten, meine Einschätzung darzulegen: Die CDU/CSU-Bundestagsfraktion lud mich ein, zu referieren. Meiner Meinung nach sollte ein Vater die Möglichkeit haben, durch ein Gericht prüfen zu lassen, ob seine Mitsorge dem Kindeswohl dient oder nicht. Derzeit gibt es mehrere Gesetzentwürfe zu dieser Frage, das Ergebnis ist offen.

Kleider machen Leute – an diesem Spruch ist viel Wahres. Ich bin froh, dass ich mich heute so elegant und weiblich kleiden kann, wie ich möchte, früher war das nicht möglich. Als ich 1959/60 in der Freiburger Kanzlei als Anwältin arbeitete, stellte sich mir die Kleidungsfrage noch nicht, denn ich war in Trauer, trug schwarze Kleider und Kostüme. Als Richterin in Hamburg begann ich langsam, mich wieder farbenfroher zu kleiden. Eines Tages bekam ich einen Anruf von einer älteren Kollegin – sie und eine andere Richterin waren in der Nazizeit emigriert und im Wege der Wiedergutmachung in die Justiz in Hamburg übernommen worden. Diese Kollegin erklärte mir, dass meine einzige junge Mit-Richterin sich unmöglich kleide. Sie trug ein ärmelloses Sommerkleid, das sei unseriös, und das gehe nicht bei der Justiz. Das solle ich der jungen Kollegin ausrichten.

Ich war perplex, aber doch noch so geistesgegenwärtig, zu erwidern: »Und warum sagen Sie ihr das nicht selbst?« Aber ich hatte verstanden und kaufte mir graue Kostüme, die zwar nicht so maskulin geschnitten waren wie die Kleidung anderer Juristinnen, die aber in meinen Augen sehr freudlos wirkten. Es war eben eine Zeit, in der Frauen noch Mühe hatten, Anerkennung zu finden. Viele Männer nahmen eine Frau kaum zur Kenntnis, und manche der wenigen älteren Frauen, die in verantwortlicher Position arbeiteten, nahmen das weibliche Auftreten der jüngeren übel.

Also erschien ich fortan in unauffälligen Kostümen zur Arbeit, um mich nicht unbeliebt zu machen. Es war unangenehm, derart herumzulaufen, aber es war auszuhalten. Mein Mann lachte oft, wenn ich morgens das Haus verließ, er fand meine Mausverkleidung sehr amüsant. Wenn ich abends nach Hause kam, tauschte ich immer als Erstes das graue Kostüm gegen schöne Kleidung. Im Laufe vieler Jahre und Jahrzehnte, als immer mehr Frauen in der Justiz arbeiteten, wurde es dann allmählich üblich, im Beruf erfreuliche, elegante, farbige Kleidung zu tragen.

»Vertreten Sie eigentlich auch Männer?« Diese Frage höre ich bisweilen am Telefon in meiner Anwaltskanzlei. »Ja, selbstverständlich«, antworte ich dann. »Warum fragen Sie?« – »Ich habe im Internet über Sie recherchiert und gesehen, dass Sie Frauenrechtlerin sind.«

Frauenrechtlerinnen mögen angeblich keine Männer und vertreten als Anwältinnen keine Männer: Dies sind Vorurteile, die sich offensichtlich nur schwer beseitigen lassen.

In den siebziger Jahren bildeten sich Anwältinnen-Kollektive als Gegengewicht zu der übergroßen Zahl von Kanzleien, die ausschließlich von Männern geleitet wurden. Juristinnen schlossen sich zusammen, um sich mit vereinter Kraft zu etablieren und Erfolge zu erzielen. Das war nachvollziehbar. Manche jener Frauenkanzleien schrieben sich auf die Fahne, ausschließlich Frauen zu vertreten, oft bearbeiteten sie auch nur ganz bestimmte Themen, zum Beispiel Gewalt gegen Frauen.

Derartige Kanzleien gibt es noch heute. Im Strafrecht vertreten sie Frauen als Opfer, sind Opferanwältinnen oder Nebenklägerinnen. Auch im Zivilrecht gibt es feministische Anwältinnen, darunter Familienrechtsanwältinnen, die sich auf die Vertretung von Frauen beschränken. Gegen Spezialisierungen ist grundsätzlich nichts einzuwenden. Meiner Vorstellung von Gleichberechtigung entspricht eine solche Spezialisierung jedoch nicht. Ich bin Anwältin, um Menschen zu helfen, denen Unrecht geschieht – ganz gleich, ob sie Frauen oder Männer oder Kinder sind.

»Eigentlich würde ich Sie bitten wollen, mich zu vertreten«, sagte ein Mann zu mir, der sich sehr für seine kleine Tochter einsetzte und unbedingt erreichen wollte, dass sie bei ihm in Berlin blieb und nicht mit der Mutter ins Ausland umzog. Er war bereits Mandant in unserer Kanzlei, ein Anwaltskollege betreute ihn in geschäftlichen Fragen. Bei seinen Besuchen in unseren Räumen hatte der Mandant erfahren, dass hier auch Familienanwältinnen arbeiteten. Deshalb kam er auf mich zu.

»Nun habe ich aber gelesen, dass Sie eine Frauenrechtlerin sind. Also brauche ich Sie wohl nicht zu fragen, ob Sie mich im Streit gegen die Mutter meines Kindes vertreten können?«

»Es ist Ihre Entscheidung, ob Sie mich fragen. Wenn Sie kein Vertrauen in mich haben, sollten Sie es besser nicht tun. Aber wenn Sie gelesen haben, dass ich Frauenrechtlerin bin, müssten Sie eigentlich auch auf die Information gestoßen sein, dass ich mich mein ganzes Leben lang für Kinder und deren Rechte eingesetzt habe.«

»Ja, aber unter ›Kinderrechtlerin‹ kann ich mir wenig vorstellen«, antwortete der Herr. Ich erklärte es ihm. Am Ende des Gesprächs meinte er: »Sie haben erfolgreich geworben und mich überzeugt.«

»Schön, aber es war gar nicht meine Absicht, zu werben und zu überzeugen. Ich wollte Ihnen nur zeigen, dass Frauenrechtlerinnen nicht so schwarz-weiß denken, wie Sie meinten – und dass mir die Rechte von Kindern und Vätern ebenso wichtig sind. Versprechen kann ich Ihnen nichts. Vielleicht treffen wir auf eine Richterin, die für die Mutter entscheidet. Vielleicht treffen wir auf einen männlichen Richter, der genauso denkt. Wir wissen es nicht. Aber Sie können sichergehen: Ich würde mich für Sie einsetzen und für Ihr Kind – ungeachtet des Geschlechts.«

Der Mandant bat mich, das Mandat zu übernehmen. Wir waren schließlich erfolgreich, seine kleine Tochter durfte bei ihm bleiben und in Berlin leben.

Schon als Familienrichterin am Hanseatischen Oberlandesgericht setzte ich mich in den siebziger und achtziger Jahren in vielen Fällen dafür ein, dass bei Trennung der Eltern die Väter das Sorgerecht bekamen, wogegen meine männlichen Kollegen erhebliche Bedenken äußerten. »Das kann doch nicht Ihr Ernst sein!«, hieß es dann. »Was soll denn der Mann mit den Kindern anfangen?« Mein Vorsitzender Richter sagte einmal: »Frau Peschel-Gutzeit, wenn ich mir vorstelle, ich hätte unsere Kinder erziehen sollen – das hätte ich nicht gekonnt.«

»Mag sein«, entgegnete ich. »Aber der junge Mann, um den es hier geht, hat das Sorgerecht beantragt. Ihm liegt viel daran, das Kind bei sich zu haben und zu erziehen, das hat er überzeugend dargelegt. Das Kind selbst möchte bei ihm leben, nicht bei der Mutter. Sie können nicht gegen Vater und Kind entscheiden, nur weil Sie es sich selbst nicht zutrauen, Kinder zu erziehen!« Also bekam der Vater das Sorgerecht. Damals wurde die elterliche Sorge noch einem Elternteil allein zugesprochen, inzwischen hat sich die Rechtslage geändert.

Ich bin sehr froh, als Frau geboren zu sein – und ich denke, das Leben als Frau könnte noch schöner sein, wenn es noch gerechter zuginge in der Gesellschaft. Die Behauptung, Kinder gehörten stets zur Mutter, ein Mann könne allein keine Kinder erziehen, hat mit Gerechtigkeit nichts zu tun. Wer heute noch so denkt, hat sich mit den Erkenntnissen der auf Kinder spezialisierten soziologischen, psychologischen und medizinischen Wissenschaft nicht hinreichend auseinandergesetzt. Es gibt fabelhafte Mütter und andere, denen die Betreuung und Versorgung ihrer Kinder sehr schwerfällt. Und ganz Ähnliches gilt für Väter, vor allem für jüngere. Das zu erkennen und danach zu handeln, war in den siebziger und achtziger Jahren schwer, schon gar bei der Justiz. Ich rechne es mir als gewisses Verdienst an, dass wir an unserem Senat am Oberlandesgericht schon damals auch für Väter entschieden haben.

Mehr Recht als schlecht

Das Mädchen war fünf oder sechs Jahre alt, nennen wir sie Maren. Ihr wahrer Name war natürlich ein anderer. Maren, eine kleine, zarte, niedliche und aufgeweckte Person. Aber das wusste ich noch nicht, als ich losfuhr, um sie bei ihrer Mutter zu besuchen. Die Eltern hatten sich scheiden lassen, nun stritten sie darum, wo ihre Tochter leben sollte. Die Mutter reklamierte das Mädchen ganz selbstverständlich für sich. Sie arbeitete nur halbtags, hatte eine Eigentumswohnung mit drei Zimmern ge-erbt und war der Meinung, der Vater sei als Erziehender unge-eignet, zumal er oft bis 18 Uhr arbeitete. Scheinbar sprach alles dafür, dass das Mädchen bei der Mutter lebte. So hatte das Fa-miliengericht es in erster Instanz auch entschieden. Der Vater hatte Beschwerde eingelegt, er wollte, dass Maren bei ihm lebe. Nun landete der Fall bei mir, beim Oberlandesgericht. Ich war als Richterin zuständig.

Selbstverständlich hörte ich das Kind an, seit 1977 war das vorgeschrieben, und ich war der Überzeugung, ein Kind könne selbst gut einschätzen, wo es sich wohler fühlt und besser zu seinem Recht kommt, bei der Mutter oder beim Vater. Ich hatte mir angewöhnt, jedes Kind in seinem alltäglichen Umfeld an-zuhören, wenn nötig drei Mal: einmal bei der Mutter zu Hause, einmal beim Vater, einmal auf neutralem Grund, zum Beispiel in der Kita. Hätte ich das Kind nur bei einem Elternteil besucht, hätte es womöglich gesagt, was seiner Vermutung nach der dort wohnende Elternteil hören wollte. Auch wenn die Eltern im

Nebenzimmer gewesen wären, hätte ihre Anwesenheit das Kind vielleicht beeinflusst.

Ich kam immer unangemeldet, was dazu führen konnte, dass ich vor verschlossener Tür stand oder nicht hineingelassen wurde. Das Risiko ging ich ein, um das Kind zu entlasten. Hätte ich Termine vereinbart, hätten die Eltern ihr Kind auf meinen Besuch vorbereitet. Auch wenn sie nur erklärt hätten: »Da kommt eine Frau und will mit dir über Mama und Papa sprechen«, wäre das für ein Kind schwer auszuhalten gewesen. Schon allein wenn Eltern nervös sind – und jeder ist nervös, wenn sich eine Richterin ankündigt –, überträgt sich die Nervosität wahrscheinlich auf ihr Kind.

Die kleine Maren besuchte ich zuerst bei ihrer Mutter, bis dahin kannte ich die Familie nur aus den Akten. An einem frühen Abend fuhr ich vom Gericht zu dem Haus, in dem Maren und ihre Mutter im dritten Stock wohnten. Schon im Treppenhaus hörte ich ein Kind laut weinen und schreien. Oben angekommen, klingelte ich, das Gebrüll setzte kurz aus, um sodann fortgesetzt zu werden. Die Mutter öffnete die Tür, ich stellte mich kurz vor, entschuldigte mich dafür, dass ich unangemeldet kam, ich sei zufällig gerade in der Gegend. »Kommen Sie ruhig herein«, sagte die Mutter, »Sie kommen gerade richtig. Maren ist wieder einmal dermaßen ungezogen, es ist nicht zu fassen!« Der Mutter war ihre erhöhte Pulsfrequenz anzuhören und anzusehen, ihre Begrüßungsworte nahm ich schweigend hin. Die Mutter zeigte mir, hinter welcher Zimmertür sich ihre Tochter befand. Sie kam nicht mit zu dem Kind.

Ich öffnete die Tür, die kleine Maren saß auf einer schmalen Fensterbank und heulte wie ein Schlosshund. »Hallo, Maren, da bist du ja, das ist schön«, sagte ich in ruhigem Ton. »Ich würde dich so gern kennenlernen, aber ich kann dich nicht verstehen, wenn du so furchtbar weinen musst. Vielleicht musst du einen

Augenblick nicht weinen?« Sie hörte sofort auf. »Ich heiße Frau Peschel-Gutzeit, und ich bin Richterin. Du weißt zwar nicht, was eine Richterin ist, das musst du auch nicht so genau wissen. Aber du weißt, dass Mama und Papa sich streiten. Ich will dafür sorgen, dass der Streit aufhört. Und dann werde ich entscheiden, ob du künftig bei Mama oder bei Papa lebst. So, nun weißt du, warum ich hier bin. Und jetzt zeig mir doch bitte dein Kinderzimmer.« In der Akte war vorgetragen, Maren hätte ein eigenes Kinderzimmer.

Die Kleine, unter Schluchzen: »Na, hier.«

»Was, hier? Ist dies hier dein Kinderzimmer?«

»Ja.«

»Wo sind denn deine Spielsachen?«

Da kam sie von der Fensterbank heruntergekrabbelt und öffnete einen Schrank, in dem sich etwas Spielzeug befand. Darüber hinaus war das Zimmer möbliert mit einem großen Esstisch und sechs Stühlen drum herum. An den Wänden standen hohe Schränke, einen davon erkannte ich als Schrankbett. Damit war das Zimmer voll. Wenn man das Bett ausklappte, musste offensichtlich der Tisch zur Seite gerückt werden.

»Und wo spielst du?«

»Na, da!« Maren zeigte zur Fensterbank.

»Auf der Fensterbank?«

»Ja, da spiele ich meistens.«

Die Mutter kam dazu und fragte, ob sie einen Kaffee machen solle. Diese Frage bejahte ich grundsätzlich, auch wenn ich keine Lust auf Kaffee hatte. Mit dem Kaffeekochen waren die Eltern erst einmal beschäftigt, und ich konnte in Ruhe mit dem Kind sprechen. Als die Mutter zurückkam, schlug ich vor, dass wir uns ins Wohnzimmer setzten. »Nein, das geht nicht«, sagte die Mutter nervös. »Da schläft Thomas!«, krähte Maren. »Sei still, Maren!«, herrschte die Mutter ihre Tochter an und warf ihr einen bösen Blick zu. Sie räusperte sich, richtete sich auf und wandte sich dann mir zu: »Mein Lebensgefährte ist gerade von der Schicht gekommen.«

Nun hatte ich bereits einen recht umfassenden Eindruck: In der Dreizimmerwohnung gab es ein Wohnzimmer, das das Kind nicht betreten durfte, ein Mutterschlafzimmer und ein Esszimmer. Für die kleine Maren gab es eine Fensterbank zum Spielen und ein Schrankbett. Im Übrigen schimpfte die Mutter furchtbar mit dem Kind.

Am folgenden Sonntag besuchte ich Maren bei ihrem Vater, ebenfalls unangemeldet. Ich hörte Kinder oft sonntags an, weil sie nur am Wochenende bei dem zweiten Elternteil waren. In der Akte stand, der Vater habe kein Kinderzimmer, sei schlecht organisiert und führe einen unordentlichen Haushalt. Ich klingelte, der Vater öffnete die Tür, die kleine Maren erkannte mich sofort an der Stimme und kam auf mich zugehüpft. »Da bist du ja wieder!« Sie nahm mich bei der Hand – das taten die Kinder häufig, die ich anhörte.

»Nehmen Sie doch Platz«, sagte der Vater, »und bitte entschuldigen Sie, dass es hier so chaotisch aussieht! Wenn ich gewusst hätte, dass Sie kommen, hätte ich aufgeräumt. Es tut mir so leid, bitte glauben Sie mir, es sieht hier nicht immer so aus!«

Auf dem Esstisch stand eine Nähmaschine, Stoffreste, alte Gardinen und Garnrollen lagen überall verstreut. Marens Vater wirkte ganz verzweifelt, als würde ich ihm wegen der Unordnung sofort das Kind wegnehmen. Die kleine Maren hingegen war sehr vergnügt. »Morgen ist Fasching im Kindergarten, ich gehe als Balletttänzerin!« Ihr Vater war gerade dabei, ihr Kostüm zu nähen.

Tatsächlich gab es kein Kinderzimmer, dafür aber ein geräumiges Wohnzimmer, in dem Maren ein schönes großes Hochbett hatte und darunter eine Höhle zum Spielen. Fröhlich zeigte sie mir ihr kleines Reich. Im Gespräch mit dem Vater erfuhr ich, wie er Marens Betreuung organisiert hatte für den Fall, dass die Kleine ganz bei ihm wohnen würde. Morgens käme das Kind wie gewohnt in den Kindergarten, nachmittags kümmerte sich eine Tagesmutter um Maren, abends würde er die Kleine abholen. Alles war durchorganisiert. Damit stand das Ergebnis meiner Anhörungen fest, es gab nicht mehr viel zu beraten, nicht viel zu schreiben. Die Gründe dafür, dass Maren künftig bei ihrem Vater leben würde, waren offensichtlich: Das Kind war glücklich beim Vater, der Vater liebte und versorgte das Kind in rührender Weise, Maren würde es gut bei ihm haben.

Kinder nehmen viel Platz ein in meinem Leben. Meine eigenen Kinder und Enkelkinder, aber auch die Kinder der Gesellschaft. Johannes Rau sagte einmal über mich: »Sie hat sich ein Leben lang für den sogenannten kleinen Mann eingesetzt.« Damit meinte er: Ich habe mich für diejenigen eingesetzt, die ihre Rechte selbst nicht gut wahrnehmen können. Dazu gehören viele Frauen, dazu gehören Kinder, und dazu gehören eben bisweilen auch Väter.

Als Richterin über das Schicksal von Kindern zu entscheiden war die Aufgabe, die mir am meisten zu schaffen gemacht hat. In den dreizehn Jahren, die ich als Familienrichterin am Hanseatischen Oberlandesgericht arbeitete – zunächst als Beisitzerin, später als Vorsitzende –, habe ich etwa fünfhundert bis sechshundert Kinder angehört und gemeinsam mit meinen Kollegen entschieden, bei welchem Elternteil die Kinder leben sollten. Jener Elternteil erhielt auch das Sorgerecht. Das gemeinsame Sorgerecht nach Scheidung war damals noch nicht die Regel, es wurde als Institution erst 1998 eingeführt. Unter den Kindern, die ich besuchte, waren auch Babys. Kritiker meinten, es sei Unsinn, Säuglinge »anzuhören«. Aber ich wollte mir deren Zuhause anschauen, die Geschwister kennenlernen, ich wollte sehen, wie die Babys in die Familie eingebunden waren. In meinem Senat habe ich fast alle Anhörungen übernommen, weil meine männlichen Kollegen sich sehr schwertaten, Kinder anzuhören. Sie waren kinderlose Männer.

Was ist für das Kind am besten? Was kann und wird der Vater oder die Mutter für das Kind tun? Wie können Vater oder Mutter dem Kind schaden? Wo bekommt es mehr von dem, was es braucht? Wo bekommt es mehr Liebe, Geborgenheit? Wo bekommt es Halt, wo die umfassendere Bildung? Wie wird das Kind sich entwickeln, wie werden die Eltern sich entwickeln? Wo kann das Kind so sein, wie es ist? Fragen wie diese ließen mich nicht los, sie begleiteten mich von morgens bis abends. Ich schlief damit ein, ich wachte damit auf. Mein Grundsatz, zwischen Privatleben und Beruf strikt zu trennen, ließ sich, wenn es um Kinder ging, nicht realisieren.

Sehr lebendig ist immer noch meine Erinnerung an das Mädchen Solveig, dessen geschiedene Eltern einen täglichen Wohnungswechsel vereinbart hatten. Solveig war im Kindergartenalter und musste jeden Tag umziehen. Wenn sie morgens aufwachte, wusste sie oft nicht, wo sie war. Die Kleine drohte durchzudrehen. Deshalb hatte die Mutter uns Richter beauftragt, einen anderen Aufenthaltsmodus zu finden.

Solveig besuchte einen Kinderladen, eine autonome Einrichtung. Dort sprach ich sie zuerst. Sie erzählte mir: »Bei Mama ist alles schön.« Dann ging ich zum Vater, er wohnte in einem Haus mit Garten. Seine neue Lebensgefährtin hatte ein Kind im gleichen Alter wie Solveig. Äußerlich war alles perfekt – aber Solveig sagte: »Bei Mama ist es noch besser.« Als ich bei der Mutter auftauchte, war diese höchst irritiert. »Hätten Sie sich doch bloß angekündigt! Dann hätte ich wenigstens die leeren Weinflaschen runtergebracht!« – »Entspannen Sie sich«, entgegnete ich, »ich trinke abends auch gern ein Glas Wein. Darum geht es nicht, und deshalb rufe ich vorher nicht an: Damit Sie nicht anfangen, die Gardinen zu waschen. Das alles ist nicht nötig. Ich möchte nur die Welt des Kindes erleben.«

Die Mutter wohnte in einer relativ beengten Altbauwohnung, aber das schien Solveig nicht zu bemerken. »Komm, ich zeig dir unseren großen Balkon!«, sagte sie, nahm mich an der Hand und führte mich auf einen etwa zwei Quadratmeter kleinen Küchenbalkon, der mit Kunstrasen ausgelegt war. »Ist es hier nicht schön?«, fragte Solveig. Dann führte sie mich in ihr »tolles Schlafzimmer« – einen Raum mit zwei Matratzen auf dem Fußboden, eine für die Mutter, eine für das Mädchen. Solveig fand das alles paradiesisch und, wie sie wiederholte, »besser als bei Papa«. Das war eine klare Aussage. Wir beschlossen dann, dass das Kind hauptsächlich bei der Mutter leben und den Vater regelmäßig besuchen sollte.

Nie, nicht ein einziges Mal, sagte ein Kind zu mir: »Was willst du?«, »Lass mich in Ruhe!«, »Geh weg!« oder ähnliche Worte, nie erfuhr ich Ablehnung durch ein Kind, das ich anhörte. Im Gegenteil, ich hatte immer den Eindruck, die Kinder wurden entlastet dadurch, dass sie einer neutralen Person erzählen konnten, wie ihnen zumute war. »Du kannst mir alles sagen, ich sage es nicht weiter, wenn du nicht möchtest«, versprach ich ihnen. Dann öffneten sie sich. Abschließend fragte ich: »Meinst du, ich dürfte Papa dieses und Mama jenes sagen?« Sie antworteten entweder »Hm, ja, darfst du« oder »Nee, das nicht«. Daran hielt ich mich.

»O Gott, jetzt wird das Kind auch noch angehört, das arme, wie schrecklich!« Wer so etwas sagt, nimmt eine typische Erwachsenenperspektive ein. Die Anhörung an sich war nicht das Problem. Problematisch fand ich vor allem, eine Prognose für die ferne Zukunft zu stellen. Die Entscheidung über das Sorgerecht für die Kinder, die wir trafen, war eine Entscheidung für die kommenden zehn, zwölf oder mehr Jahre, und sie wirkte sich auf das gesamte weitere Leben der Kinder aus. Ich durfte keine Fehler machen, und wenn mir einer unterlief, konnte ich nicht daraus lernen: Es gab ja keine Rückmeldung darüber, wie die Regelung, die das Gericht bestimmt hatte, sich auf das Kind auswirkte. Ich weiß nicht, ob und wie oft ich falsch entschieden habe. Das belastet mich.

Nur ein Mal bekam ich ein Feedback, und zwar durch einen Freund meines Sohnes. Als Rolf mich einmal zusammen mit einem seiner besten Freunde besuchte, sagte der Freund zu mir: »Wir kennen uns, erinnern Sie sich?«

»Nein«, sagte ich, »es tut mir leid, ich glaube nicht, dass ich Sie schon einmal gesehen habe.«

»Doch, sicher kennen Sie mich. Sie haben mich als kleines Kind angehört. Sie waren Richterin am Oberlandesgericht, mein Vater und meine Mutter stritten um das Sorgerecht. Sie trennten meinen Bruder und mich, er wuchs bei unserer Mutter auf, ich beim Vater. Das war genau richtig.«

Vor Einführung des gemeinsamen Sorgerechts trotz Trennung der Eltern erhielten Mütter fast stets das Sorgerecht, die Väter bekamen ein Umgangsrecht alle vierzehn Tage am Wochenende. Beantragte der Vater beispielsweise das Sorgerecht für sich, weil die Mutter ein Alkoholproblem hatte und die Kinder vernachlässigte, folgte daraus häufig, dass die Kinder in eine Pflegefamilie kamen; denn viele Richter, die weit überwiegend männlichen Geschlechts waren, waren überzeugt: »Der Vater schafft es nicht.«

»Es kann ja sein, dass der Vater seine Kinder liebt, dass er nett zu ihnen ist; kann ja sein, dass er sich alles Mögliche vornimmt für die Kinder. Aber in der Praxis ist das nicht machbar«, meinten die Richter. »Ich sehe doch zu Hause, was es bedeutet, ein Kind zu erziehen. Die Arbeit, die meine Frau leistet, schafft ein Mann nicht. Schon gar nicht neben dem Beruf. Was, wenn das Kind krank wird? Wohin sollen die Kinder in den Schulferien?« Diese Kollegen trauten Männern grundsätzlich keine Vaterqualitäten zu, sie trauten ihnen die Organisation des Familienalltags nicht zu. Gegen diese Verallgemeinerung, gegen die Diskriminierung von Männern durch Männer setzte ich mich damals wie heute erfolgreich ein.

In meiner Eigenschaft als Familienanwältin habe ich noch immer oft Väter vor mir, die sagen: »Ich habe keine Chance, das Aufenthaltsbestimmungsrecht zu erhalten.« Nach wie vor gibt es viele Richter und Richterinnen, Jugendamtsmitarbeiterinnen und Kinderpsychologen, die sagen: Ein Kind gehört zur Mutter. Natürlich sagen das auch viele Mütter selbst. Dabei sind dies meist gebildete Menschen, die eigentlich zur Reflexion fähig sein sollten.

Kinder haben ein Recht darauf, dass ihr eigener Wille erforscht wird. Dieses Recht in die Praxis umzusetzen fällt vielen Erwachsenen schwer. Viele Gerichte gehen über den Willen des Kindes hinweg mit der Begründung: Das Kind kann die Situation nicht beurteilen, es ist überfordert, es äußert keinen freien, sondern einen oktroyierten Willen. Seit Jahrzehnten wiederhole ich: Menschen sind beeinflussbar. Der Wille jedes Erwachsenen wurde aller Wahrscheinlichkeit nach unter Beeinflussung durch andere Menschen gebildet. Deshalb kann ich, selbst wenn ein Kind den Willen eines Erwachsenen übernommen hat, nicht so tun, als wäre es nicht sein Wille.

Überhaupt vertrete ich die Ansicht: Wir müssen Kinder an den Entscheidungen, die sie betreffen, so weit mitwirken lassen, wie sie es verstehen. Eine entsprechende Änderung des Bürgerlichen Gesetzbuches hat der Deutsche Juristinnenbund, auch auf meine Initiative, erwirkt. Bis zum 31. Dezember 1979 war das Eltern-Kind-Verhältnis im Bürgerlichen Gesetzbuch gleichbleibend seit seinem Inkrafttreten am 1. Januar 1900 geregelt. Es galt ein Über- und Unterordnungsverhältnis, wie man es sich in einer Musterfamilie im Kaiserreich vorgestellt hatte. Die sozial-liberale Koalition war sich einig, dass mehr Demokratie in die Familie einziehen musste. Ein damaliges politisches Schlagwort lautete: »Kinder sollen nicht länger Subjekt elterlicher

Fremdbestimmung sein.« Die konservativen Parteien im Bundestag empörten sich und griffen das Vorhaben massiv an.

Damals war ich Erste Vorsitzende des Deutschen Juristinnenbundes und Vorsitzende der Familienrechtskommission des Juristinnenbundes. Wir formulierten einen eigenen Gesetzentwurf und veröffentlichten ihn 1977 in dem Buch *Neues elterliches Sorgerecht: Alternativ-Entwurf eines Gesetzes zur Neuregelung des Rechts der elterlichen Sorge mit Begründung und Stellungnahmen.* Ich war Mitherausgeberin des Buches, dessen Kernaussage lautete: Mit zunehmender körperlicher und vor allem seelischer Reife müssen Kinder die Möglichkeit erhalten, an Angelegenheiten mitzuwirken, die sie selbst betreffen. Es ging also um ein langsam steigendes Selbstbestimmungsrecht – etwa in Bezug auf die Wahl der Schule und Berufsausbildung.

Auch die Frage, ab wann ein Jugendlicher bestimmen darf, ob er auszieht, zum Beispiel in eine Jugendwohngruppe, wenn er nicht mehr bei den Eltern wohnen will, sollte unserer Einschätzung nach abhängig von der Reife des Jugendlichen beantwortet werden. Kann man einer Fünfzehnjährigen die Partnerschaft mit einem siebzehnjährigen Jungen verbieten? Bis zu welchem Alter darf man Jugendlichen vorschreiben, was sie in der Freizeit tun und wann sie abends zu Hause sein müssen? Oder: Ab wann können und dürfen Mädchen selbst bestimmen, ob sie eine bestehende Schwangerschaft fortführen oder abbrechen? Auf diese und viele weitere Fragen bezog sich das vom Juristinnenbund entworfene Gesetz.

Der Bundestag veranstaltete eine Anhörung zur Reform des elterlichen Sorgerechts und lud zwölf Sachverständige ein, darunter keine Frauen. Der Deutsche Juristinnenbund schrieb einen Brief an den Rechtsausschuss des Deutschen Bundestages und bat darum, eingeladen zu werden – ohne Erfolg. Daraufhin veranstaltete der Juristinnenbund am Vorabend der Anhörung eine Pressekonferenz in Bonn und präsentierte sein Buch mit dem eigenen Gesetzentwurf. Noch in der Nacht erhielten die Rechtsanwältin Gisela Wild, Stellvertretende Vorsitzende des Deutschen Juristinnenbunds, und ich ein Telegramm mit der Bitte, als Sachverständige im Deutschen Bundestag aufzutreten. Das taten wir, als einzige Frauen.

»Wieso räumen wir Kindern und Jugendlichen nicht die Rechte ein, die sie aufgrund ihrer persönlichen Fähigkeiten wahrnehmen können?«, fragte ich die Herren Abgeordneten und die wenigen Damen im Deutschen Parlament. »Es kann dafür keine Begründung geben, außer, dass wir Macht ausüben wollen, dass wir Herrscher über Kinder und Jugendliche sein wollen.« Ich hielt dies, ebenso wie der Deutsche Juristinnenbund, für kein legitimes Ziel.

Seit dem 1. Januar 1980 heißt es nun in Paragraph 1626, Absatz 2 des BGB: *Bei der Pflege und Erziehung berücksichtigen die Eltern die wachsende Fähigkeit und das wachsende Bedürfnis des Kindes zu selbständigem und verantwortungsbewusstem Handeln. Sie besprechen mit dem Kind, soweit es nach dessen Entwicklungsstand angezeigt ist, Fragen der elterlichen Sorge und streben Einvernehmen an.*

An dieser Formulierung habe ich entscheidend mitgewirkt. Die Aussage ist eindeutig: Es gibt keine Entscheidung mehr über den Kopf der Kinder hinweg. Eltern müssen sich mit ihren Kindern besprechen und versuchen, sich zu einigen.

Auch die folgende Formulierung geht auf den Deutschen Juristinnenbund zurück, Paragraph 1631a BGB vom 1. Januar 1980: *In Angelegenheiten der Ausbildung und des Berufs nehmen die Eltern insbesondere auf die Eignung und Neigung des Kindes Rücksicht. Bestehen Zweifel, so soll der Rat eines Lehrers oder einer anderen geeigneten Person eingeholt werden.*

Man erwog damals eine andere Formulierung: »In Angelegenheiten der Ausbildung und des Berufs sind die Eltern verpflichtet (…).« Das war vielen zu hart, deshalb schlug ich vor:

»(…) nehmen die Eltern Rücksicht«. Der Indikativ der Formulierung deutet an, dass die Rücksicht bereits üblich sei, eine Selbstverständlichkeit sozusagen. Das klang akzeptabel. Auch »Rat einholen« klingt angenehm. So wurde die Vorschrift verabschiedet.

Dieser Paragraph geht zurück auf das Preußische Allgemeine Landrecht von 1794. Darin gab es eine Vorschrift, nach der ein Kind das Gericht anrufen durfte, wenn die Eltern es in einen Beruf drängten, den das Kind selbst nicht ausüben wollte. Der Deutsche Juristinnenbund argumentierte: Wenn dies vor zweihundert Jahren schon möglich war, muss es heute auch möglich sein. Dabei unterschlugen wir eine klitzekleine Information: dass diese Vorschrift des Preußischen Allgemeinen Landrechts nur für Knaben galt. Unsere Schlussfolgerung fanden die Parlamentarier überzeugend: Schon in Zeiten Friedrichs des Großen gab es das Recht des Kindes, sich bei der Ausbildung Hilfe zu holen, das muss auch jetzt gelten.

»Solange du deine Beine unter unseren Tisch stellst, bestimmen wir!« Was Generationen von Eltern selbstverständlich erschien (und manchen noch immer erscheint), ist deshalb seit 1980 in Deutschland nicht mehr zulässig.

Darüber hinaus setzten wir uns damals schon seit mehreren Jahren für ein gesetzliches Gewaltverbot in der Familie ein, das wir anlässlich der Sorgerechtsreform verstärkt propagierten. Zunächst hatten wir nur mäßigen Erfolg, sodass wir unser Ziel weiter verfolgen mussten. Erst im Jahr 2000, unter der rot-grünen Bundesregierung, wurde endlich die Gewalt aus der Kindererziehung gesetzlich verbannt. Paragraph 1631, Absatz 2 des BGB lautet seither: *Kinder haben ein Recht auf gewaltfreie Erziehung. Körperliche Bestrafungen, seelische Verletzungen und andere entwürdigende Maßnahmen sind unzulässig.*

Die Vereinten Nationen verabschiedeten 1989 die Kinderrechtskonvention. Sie bestimmt, dass kein Kind wegen seines

Geschlechts, seiner Herkunft, seiner Staatsbürgerschaft, Religion oder anderer Eigenschaften benachteiligt werden darf. Die Meinung von Kindern muss angehört, respektiert und in Entscheidungen einbezogen werden. Alle Entscheidungen bezüglich eines Kindes müssen vorrangig auf das Kindeswohl abzielen – in der Familie, in der Gesellschaft, auf staatlicher Ebene. Jedes Kind hat ein Recht auf bestmögliche Förderung. Noch viele weitere Gebote und Verbote gibt die UN-Kinderrechtskonvention vor. Mit Ausnahme der USA und Somalias haben alle Staaten die Konvention ratifiziert.

Was in Deutschland bisher nicht geschah: Es wurden keine Grundrechte für Kinder in die Verfassung aufgenommen. Für die Festschreibung von Kinderrechten im Grundgesetz kämpfe ich bis heute – zusammen mit UNICEF, dem Deutschen Kinderschutzbund und der Deutschen Liga für das Kind, bei der ich Kuratoriumsvorsitzende bin, sowie anderen Organisationen. Mehrere deutsche Bundesländer haben Kinderrechte bereits in ihre Verfassungen aufgenommen, der Bund bisher nicht. Im Jahr 2011 stellten die Fraktionen der SPD, Grünen und Linken im Bundestag Anträge auf Stärkung der Kinderrechte in Deutschland. Die Anträge beinhalteten unter anderem die Verankerung von Kinderrechten im Grundgesetz. Es gab dazu eine Anhörung, zu der ich geladen war. Die Anträge wurden vom Parlament abgelehnt. Aber die Diskussion ist nicht zu Ende. Im deutschen Grundgesetz verankerte Kinderrechte müssen und werden kommen.

Ebenso überzeugt engagiere ich mich für das Wahlrecht von Geburt an, das im Volksmund so genannte Kinderwahlrecht. Als ich einmal mit einem Bekannten darüber sprach, meinte der: »Kinderwahlrecht? Das hört sich an wie ein Partyknüller!« Ist es aber nicht, sondern ein ernstgemeintes Anliegen. Warum sollen Kinder wählen?, werde ich oft gefragt. Die Frage muss anders lauten: Warum dürfen Kinder nicht wählen? Das

Wahlrecht gehört in Deutschland zu den politischen Grundrechten. Jeder Mensch, der die deutsche Staatsbürgerschaft besitzt, darf wählen.

»Alle Staatsgewalt geht vom Volke aus.« So heißt es in Artikel 20 des Grundgesetzes. Das ist Demokratie – abgeleitet vom griechischen *demos*, »das Volk«. In Artikel 20 des Grundgesetzes ist nicht vom »volljährigen Volk« die Rede. In Artikel 38 heißt es dagegen: »Wahlberechtigt ist, wer das achtzehnte Lebensjahr vollendet hat.« Die beiden Artikel widersprechen einander. Warum ist ein Siebzehnjähriger nicht wahlberechtigt, wenn er dem Volk angehört und alle Staatsgewalt vom Volk ausgeht? Wieso der Zwölfjährige nicht, der Fünfjährige nicht?

Wenn zwei Artikel des Grundgesetzes einander widersprechen, muss eine Abwägung stattfinden. Zu fragen ist zum Beispiel: Welcher Artikel hat mehr Wert? Artikel 20 ist Teil einer sogenannten Ewigkeitsgarantie. Solange das Grundgesetz gilt, kann dieser für unsere Demokratie existenzielle Artikel unter keinen Umständen abgeschafft oder geändert werden. Artikel 38 ist eine Vorschrift minderen Gewichts, sie wurde auch bereits geändert. Als die Verfassung 1949 in Kraft trat, begann das Wahlalter mit 21 Jahren, im Jahr 1970 senkte es der Gesetzgeber auf 18. Staatsrechtler argumentieren: Die Wahlberechtigung wurde an die Volljährigkeit geknüpft. Doch das ist nicht zwingend. Warum muss ein Wähler volljährig sein? Man muss volljährig sein, wenn es um Rechtsgeschäfte geht, wenn man einen Vertrag schließen will. Eine Wahl ist weder ein Rechtsgeschäft noch ein Vertrag. Eine Wahl ist eine politische Standpunktentscheidung.

One man, one vote. Wenn es einen demokratischen Grundsatz gibt, dann diesen. In früheren Zeiten gab es das Ständewahlrecht. Der reiche Großgrundbesitzer hatte mehr Stimmen als ein weniger Begüterter. Dieses Ständewahlrecht wurde im Zuge unserer Demokratisierung abgelöst, jeder Mensch hat eine Stimme. Das demokratische Wahlrecht kennt keine Bevorzugung, keine Benachteiligung. Jeder muss wählen dürfen, jeder Alte, jeder Junge, jeder Analphabet, jeder Nobelpreisträger, jeder Mensch mit oder ohne Behinderung. Und jedes Kind. Nur so können Minderjährige an der Macht teilnehmen, die auch ihnen zusteht. So, wie jeder Rentner Macht ausübt, indem er zum Beispiel tendenziell eher keine Partei wählt, die die Renten kürzt oder die Leistungen der Pflegeversicherung minimiert.

In Deutschland gibt es relativ viele ältere Menschen, sie haben ein Wahlrecht. Und es gibt relativ wenig Kinder, sie haben kein Wahlrecht. Deshalb orientiert sich die deutsche Politik mehr an den Bedürfnissen und Wünschen der Älteren und weniger an denen der Kinder. Hätten Kinder ein Wahlrecht, müssten die Parteien sich kindgerechten Themen zuwenden, sie müssten für Kinder notwendige Ideen entwickeln und diese durchsetzen.

Im Jahr 1997 veröffentlichte eine juristische Fachzeitschrift einen Aufsatz von mir zum Thema Wahlrecht von Geburt an. Zufällig las ein Mitarbeiter der *Bild*-Zeitung den Text, prompt erschien auf Seite eins ein Bild von einem Baby mit Windeln, das in eine Wahlkabine krabbelt. Man hielt mich für endgültig »durchgeknallt«. Damit konnte ich gut leben, denn immerhin lenkte die *Bild* so die Aufmerksamkeit einer breiten Öffentlichkeit auf das Thema.

Im Jahr 2003 stellten 47 Parlamentarier einen Antrag im Deutschen Bundestag, in dem es hieß: *Der deutsche Bundestag fordert die Bundesregierung auf, einen Gesetzentwurf zur Einführung eines Wahlrechts ab Geburt durch Änderung des Artikels 38 des Grundgesetzes und erforderlicher weiterer gesetzlicher Änderungen vorzulegen. Dabei ist ein Wahlrecht ab Geburt dergestalt vorzusehen, dass die Kinder zwar Inhaber des Wahlrechtes werden, dieses aber treuhänderisch von den Eltern bzw. Sorgeberechtigten als den gesetzlichen Vertretern ausgeübt wird.*

Zu den Antragstellern gehörten Rainer Eppelmann (CDU), Petra Ernstberger (SPD), Hans-Peter Friedrich (CSU), Petra Merkel (SPD), Dirk Niebel (FDP), Cornelia Pieper (FDP), Christa Reichard (CDU), Hermann Otto Solms (FDP), Wolfgang Thierse (SPD), Antje Vogel-Sperl (Grüne), Antje Vollmer (Grüne). Unterstützer der Initiative waren auch der ehemalige Bundespräsident Roman Herzog, Kardinal Lehmann und der Unternehmensberater Roland Berger.

Zusammen mit der Deutschen Liga für das Kind hatte ich die Initiative mit auf den Weg gebracht, und ich war gebeten worden, den Antrag mit zu formulieren. Der Antrag wurde abgelehnt, doch die Diskussion ist noch lange nicht zu Ende. Je jünger die Abgeordneten, desto besser die Chancen für ein Wahlrecht von Geburt an. Mitglieder der Piratenpartei fordern das Wahlrecht ab vierzehn oder zwölf Jahren. Auch damit wäre noch nicht die volle Demokratie erreicht. Doch es wäre ein Schritt in Richtung Demokratisierung, also Ausweitung der Staatsgewalt, die vom gesamten Volk ausgeht.

All dies zeigt: »Kinderrechtlerin« ist eine ungewohnte, aber ernstzunehmende Bezeichnung. Wäre die Wortschöpfung nicht so hässlich, könnte man mich auch als »Gerechtlerin« bezeichnen. Denn nur darum geht es – um die Gerechtigkeit. Ich beschränke mich nicht auf einzelne gesellschaftliche Gruppen. Ich habe mich zum Beispiel sehr für die Abschaffung des Paragraphen 175 des Strafgesetzbuchs in der alten Fassung eingesetzt, der die Homosexualität verbot. Ebenso setzte ich mich für die Einführung der eingetragenen Lebenspartnerschaft ein und dafür, dass eingetragene Lebenspartner dieselben Rechte und Pflichten wie Eheleute genießen. Warum sollen Homosexuelle weniger Rechte haben als Heterosexuelle? Das widerspricht meinem Gerechtigkeitssinn. Und wenn das der Fall ist, versuche ich, eine solche Regelung zu ändern. Sich einfach nur aufzuregen reicht nicht aus.

»Frau Senatorin, darf ich fragen: Wie soll denn der Promiskuität der Frauen Einhalt geboten werden?«, fragte der Richter des
Bundesverfassungsgerichts.

»Ich glaube, ich habe Ihre Frage nicht richtig verstanden.
Können Sie sie bitte wiederholen?«, bat ich.

Der Richter wiederholte seine Frage nicht, woran er gut tat.
Es war Anfang der neunziger Jahre, verhandelt wurde das Ab-
treibungsgesetz, der Paragraph 218 des Strafgesetzbuches. Als
Hamburger Justizsenatorin hatte ich mich für die Fristenlösung
ausgesprochen, also dafür, dass Frauen innerhalb einer Drei-
monatsfrist selbst entscheiden können, ob sie eine Schwangerschaft fortführen oder nicht. Diese Haltung hatte den Richter
des Bundesverfassungsgerichts zur Promiskuitätsfrage verleitet.

Im Saal herrschte betretenes Schweigen, alle rangen nach
Luft – bis auf eine, Regine Hildebrandt. Sie war SPD-Politikerin,
ehemalige DDR-Bürgerin, Ostberlinerin und nun Ministerin
für Arbeit, Soziales, Gesundheit und Frauen in Brandenburg.
Sie stürmte nach vorn vor den Richtertisch, stemmte ihre Hände in die Hüften, drehte sich einmal um sich selbst und rief:
»Das glaube ich nicht! Wo bin ich denn hier eigentlich?« Ihre
Stimme wurde immer lauter, wütender. Alles erstarrte. Und
während der Präsident noch überlegte, wie er die Frau wohl
zum Schweigen und zurück auf ihren Platz bringen könne, kam
sie erst richtig in Fahrt. »Das kann doch überhaupt nicht sein.
Hier sind alles alte Männer, die wollen über den Bauch der
Frauen entscheiden! Es ist unfassbar …« Ungefähr fünf Minuten dauerte ihre Tirade. Sie sprach vielen aus dem Herzen.
Aber selbstverständlich darf man sich so nicht vor dem Bundesverfassungsgericht verhalten.

Ich habe dort immer pointiert und detailliert argumentiert,
was ich weiterhin für das Richtige halte. Auf der anderen Seite
dachte ich in jenem Moment: Vielleicht ist es gar nicht schlecht,
dass da einmal jemand so leidenschaftlich dazwischenfährt.

Regine Hildebrandt war eine sympathische, emotionale und impulsive Frau. Ihr Auftritt in der bisweilen sterilen Atmosphäre des Bundesverfassungsgerichts hatte etwas Erfrischendes. Da saßen tatsächlich lauter ältere Herren, einer davon erzählte etwas von der Promiskuität der Frauen. Ich dachte: Regine Hildebrandt wird uns mit ihrem Wutausbruch in der Sache nicht geholfen haben; aber vielleicht hat sie den einen oder anderen ein bisschen wachgerüttelt.

Es war der zweite Prozess um Paragraph 218, bei dem ich vor dem Bundesverfassungsgericht sprach. Der erste hatte zwanzig Jahre zuvor stattgefunden. Bis zu jenem ersten Prozess waren Schwangerschaftsabbrüche mit nur wenigen Ausnahmen strafbar gewesen. Das sollte in den siebziger Jahren geändert werden, die Beratungen kreisten um die Frage: Fristen- oder Indikationslösung? Auf Deutsch: Sollte es Frauen erlaubt werden, Abtreibungen innerhalb einer bestimmten Frist nach Empfängnis vornehmen zu lassen? Oder sollten sie nur dann abtreiben dürfen, wenn sie gegenüber Gutachtern beweisen konnten, dass sie sich in einer Notsituation befanden?

Der Deutsche Bundestag beschloss die Fristenlösung, was sofort Verfassungsbeschwerden nach sich zog. Das Bundesverfassungsgericht lud den Deutschen Juristinnenbund ein, eine Stellungnahme abzugeben. Um in einer so sensiblen Frage Stellung beziehen zu können, veranstalteten wir die erste Mitgliederbefragung in der Geschichte des Juristinnenbundes. Jedes Mitglied wurde gefragt: Soll eine Fristen- oder eine Indikationslösung eingeführt werden? Das Ergebnis war eine deutliche Mehrheit für die Fristenlösung, die auch meinem Rechtsempfinden entsprach. Am Ende gab das Bundesverfassungsgericht dennoch der Verfassungsbeschwerde gegen die Fristenlösung recht. Aber es gab zwei *dissenting votes*, zwei Verfassungsrichter des Senats sprachen sich für eine Fristenlösung aus und veröffentlichten ihre Meinung auch. Es waren von mir hochgeschätzte Juristen: Wiltraut Rupp-von Brünneck, die einzige Frau in dem Senat und Mitglied des Deutschen Juristinnenbundes, und Helmut Simon.

Zum zweiten Prozess um Paragraph 218 kam es Anfang der neunziger Jahre im Zusammenhang mit der Wiedervereinigung. In der DDR hatte es ein liberaleres Abtreibungsrecht gegeben als in der Bundesrepublik. Nun war das Gesetz der Bundesrepublik dem der DDR angepasst worden, die Fristenlösung mit Beratungspflicht wurde gesamtdeutsches Gesetz, da es keine Begründung dafür gab, den DDR-Frauen ein Recht zu nehmen, das ihnen jahrzehntelang zugestanden hatte. Abtreibungsgegner riefen wiederum das Bundesverfassungsgericht an. Die Regierungen aller Länder wurden geladen. Manche Ministerpräsidenten kamen persönlich, andere schickten einen Fachminister. Ich vertrat als Justizsenatorin den Hamburger Senat.

Wer geladen war, durfte plädieren. Manche Regierenden oder Regierungsvertreter verzichteten auf ihr Rederecht. Ich habe immer plädiert. Wenn ich beauftragt wurde, mein Land vor dem Bundesverfassungsgericht zu vertreten, hielt ich es für meine Aufgabe, das, was ich als richtig empfand, auch vorzutragen. Warum sonst sollte ich dort teilnehmen?

Ich sah es als unhaltbare Ungerechtigkeit an, Frauen zu bestrafen, wenn sie eine Schwangerschaft nicht zu Ende bringen wollten. Das vertrug sich nicht mit meinem Bedürfnis nach Autonomie, Gerechtigkeit und Emanzipation. Keine Frau treibt leichtfertig ab, für jede Frau ist die Entscheidung schwer. Wenn sie sich beraten lassen möchte: gut. Aber die Entscheidung muss sie selbst und allein treffen. Schließlich muss sie mit der Konsequenz der Entscheidung leben. Niemand kann und darf bewerten, ob die persönlichen Beweggründe für einen Schwangerschaftsabbruch »richtig« oder »falsch« sind. Jegliche Indikationslösung ist diskriminierend. Die Frauen müssen sich vor Gutachtern rechtfertigen – eine veritable Zumutung.

Letzten Endes hat das Gesetz mit der Fristenlösung standgehalten, die Verfassungsbeschwerden wurden zurückgewiesen.

In den zehn Jahren, die ich nun als Rechtsanwältin in Berlin tätig bin, beschäftige ich mich überwiegend mit Familienrecht. Neben Sorgerechtsfällen widme ich mich vor allem der »Kunst der Regelung von Scheidungsfolgen«, ich berate Männer und Frauen in praktischen Fragen der Trennung, setze Trennungsverträge auf, vertrete meine Mandanten vor Gericht bei der Ehescheidung und der Regelung des nachehelichen Unterhalts. Auch in diesem Bereich geht es um nichts anderes als das Schaffen von Gerechtigkeit. Viele Konflikte rund um die Trennung ließen sich vermeiden, wenn die Partner bestimmte Fragen schon zu Beginn ihrer Partnerschaft oder Ehe klären würden. In manchen Fällen denke ich, dass es gar nicht zu einer Trennung gekommen wäre, hätten die Partner die Eckpunkte des Zusammenlebens von vornherein vereinbart.

Den Begriff »Ehevertrag« hat jeder schon einmal gehört, die meisten stellen sich darunter vor, dass man Gütertrennung vereinbart. Doch die Frage, ob man das Wirtschaftsunternehmen namens Familie nach dem Modell der Zugewinngemeinschaft oder der Gütertrennung organisiert, ist während bestehender Ehe von untergeordneter Bedeutung – diese Frage wird erst bei Scheidung oder Tod eines Ehegatten relevant. Andere Fragen sind viel wichtiger.

Bei der Frage des Geldflusses treffen viele Paare nur scheinbar vernünftige Vereinbarungen. Sie richten entweder ein gemeinsames Konto ein, oder ein Partner erteilt dem anderen Vollmacht für sein Konto. Gibt es dann Streit, passiert es im ersten Fall häufig, dass plötzlich kein Geld mehr auf das gemeinsame Konto fließt. Im zweiten Fall muss der oder die Bevollmächtigte unvermittelt feststellen, dass die Vollmacht widerrufen ist oder das Konto nicht mehr existiert. Auch die berühmte Kreditkarte, die ein Mann seiner Liebsten »großzügigerweise« zur Verfügung stellt, kann von einem Moment auf den anderen jeglichen Wert verlieren.

Weitaus sinnvoller als solche Scheinregelungen ist es, die generelle Aufgabenverteilung in der Partnerschaft festzulegen: Wie hoch soll das gemeinsame Budget sein? Wer leistet welchen Anteil, wer verwaltet die Finanzen und wie? Was passiert, wenn einer seinen Anteil nicht leisten kann? Wollen wir Kinder? Falls ja: Soll einer von beiden eine Zeit lang zu Hause bleiben? Wie lange? Wie gestalten wir dann den finanziellen Ausgleich? Da der oder die Erziehende während der Zeit der häuslichen Kindererziehung seine oder ihre Altersvorsorge nicht vollwertig weiterbetreiben kann (zum Beispiel zahlt der Arbeitgeber während der Erziehungszeit nicht in die betriebliche Altersvorsorge ein), muss ein Ausgleich geschaffen werden, etwa indem das Paar in eine Lebensversicherung einzahlt. Oder der/die Erziehende erhält monatlich einen bestimmten Betrag auf sein/ihr Konto.

Die andere Möglichkeit: Wir wechseln uns ab bei der Erziehung. Wollen wir beide in Teilzeit arbeiten? Oder nehmen beide jeweils ein halbes Jahr Erziehungsurlaub? Auch dann darf man den Ausgleich bei der Altersvorsorge nicht vergessen. Genauso wenig wie das »Taschengeld«. Es ist ohnehin schon schwierig genug, damit umzugehen, wenn ein Partner zeitweilig kein eigenes Geld verdient. »Der Jäger bekommt das größte Stück Fleisch.« – »Wer bezahlt, bestimmt.« Solche Denkweisen sind fest im Menschen verankert. Und es gibt kaum eine entwürdigendere Situation als die, in der ein Partner den anderen um Geld bitten muss, weil seine Winterstiefel aufgetragen sind.

Jede Partnerschaft beinhaltet Risiken. Ich rate jedem Paar, die Risiken zu minimieren, indem es die Karten auf den Tisch legt und festhält: Wer hat welche Wünsche? Wer kann und möchte was leisten in der Partnerschaft, der Familie? Noch weiter lässt sich das Risiko senken, indem man sich juristisch beraten lässt. Das alles ist scheinbar unromantisch, trägt aber zur Vermeidung längerer unromantischer Konfliktphasen in der Zukunft bei.

Viele Paare – und vor allem Frauen – verlassen sich bei der Planung der Familienwirtschaft auf die Institution der Elternzeit. Dabei handelt es sich um eine der vielen Fallen in unserer Sozialwelt. Das Elterngeld beträgt bis zu 67 Prozent des Einkommens im vorangegangenen Jahr. Da Männer ein durchschnittlich höheres Einkommen haben als Frauen, würden die meisten Familien mehr staatliche Unterstützung erhalten, wenn die Männer lange Zeit bei den Kindern zu Hause blieben und die Frauen währenddessen ihrer Erwerbstätigkeit nachgingen. Die Realität sieht anders aus: Die Frauen bleiben zu Hause und ersparen dem Staat damit viel Geld. Nach der Elternzeit kehren viele Frauen nur halbtags in den Beruf zurück. Bekommen sie dann, etwa ein oder zwei Jahre später, ein weiteres Kind, sinkt das Elterngeld auf einen sehr geringen Betrag.

Deshalb ist das Elterngeld für viele Familien kein Existenzersatz. Wenn Frauen trotzdem Elternzeit in Anspruch nehmen wollen, rate ich ihnen, diese auf sechs bis maximal neun Monate zu beschränken und danach in den Beruf zurückzukehren – was bedeutet, dass spätestens während der Elternzeit Vereinbarungen darüber zu treffen sind, wie es nach der Elternzeit weitergehen soll. Wer holt das Kind an welchen Tagen aus der Krippe ab? Wer kümmert sich um die Einkäufe, wer um die mit Kindern deutlich aufwendigere Arbeit im Haushalt? Wie organisieren wir den Alltag, wenn das Kind in die Schule kommt? Wer bringt es zum Sport, wer holt es von Freunden ab? Wer bleibt zu Hause bei dem Kind, wenn es krank ist?

Auch rate ich Paaren dazu, im Ehevertrag eine Unterhaltsregelung für den Fall zu schaffen, dass die Ehe scheitert. Das mag unangenehm erscheinen, ist aber in vielen Fällen quasi überlebensnotwendig. Denn seit dem 1. Januar 2008 heißt es im Bürgerlichen Gesetzbuch, Paragraph 1569, Titel: »Grundsatz der Eigenverantwortung«: *Nach der Scheidung obliegt es jedem Ehegatten, selbst für seinen Unterhalt zu sorgen. Ist er dazu außerstande, hat er gegen den anderen Ehegatten einen Anspruch auf Unterhalt nur nach den folgenden Vorschriften.*

Zu den »folgenden Vorschriften« gehört diejenige, nach der ein Ehepartner dem anderen »wegen der Pflege oder Erziehung eines gemeinschaftlichen Kindes für mindestens drei Jahre nach der Geburt Unterhalt« zu zahlen hat. Doch was ist nach dem dritten Geburtstag des Kindes? Was, wenn eine Mutter dann keine Arbeit findet? Oder nur eine Teilzeitstelle hat, sodass sie mit ihrem Einkommen gerade eben die Wohnungsmiete bestreiten kann? Die »Sicherheitsvorkehrungen«, die der Gesetzgeber zum Schutze Erziehender und anderer Nicht-Erwerbstätiger geschaffen hat, sind so gering, dass jede und jeder sich im Klaren sein muss: Falls die Ehe scheitert, muss ich nach dem Gesetz allein für mich sorgen; was im Umkehrschluss be deutet: Kein Ehepartner darf während der Ehe auf eine Erwerbstätigkeit verzichten.

Wem diese gesetzlichen Bestimmungen nicht gefallen, der kann einen Ehevertrag schließen, in dem zum Beispiel geregelt sein kann: Die Frau soll während der Ehe nur geringfügig erwerbstätig sein, damit sie sich parallel um die Familienarbeit kümmern kann. Deshalb verpflichtet sich der Mann, im Falle des Scheiterns der Ehe der Frau einen Unterhalt in Höhe von monatlich xy unbegrenzt zu zahlen; oder fünfzehn Jahre lang zu zahlen. Innerhalb von fünfzehn Jahren kann die Frau sich wahrscheinlich eine eigene Existenz aufbauen. Alternativ können die Eheleute vereinbaren, dass sie sich die Familienarbeit teilen, dass sie beide ihre Erwerbstätigkeit einschränken oder Hilfskräfte hinzuziehen. Das oberste Ziel muss sein, dass sich ein junger Mensch – meistens: die Frau – nicht in die Gefahr begibt, eines Tages ohne Existenzgrundlage dazustehen. Es gibt verschiedene Möglichkeiten, das Risiko durch einen Ehevertrag abzufangen. Sind sich die Partner zum Zeitpunkt der Eheschließung einig, wie sie ihr Familienleben gestalten wollen, wird es keine großen Diskussionen um solche Vertragsinhalte geben.

Das Leben sportlich nehmen

Aktiver Sport im engeren Sinne hat in meinem Leben nie eine Rolle gespielt, ich habe alles Mögliche ausprobiert, bin aber leider unsportlich veranlagt und habe mich früh damit abgefunden. Um unnötige Plackerei und Misserfolge zu vermeiden, ließ ich mich schon auf dem Gymnasium vom Sportunterricht befreien. Ich fand einen Arzt, der mir wegen meiner augenfälligen Magerkeit allgemeine Schwäche attestierte – was meine Mitschülerinnen äußerst amüsant fanden. Sie wussten, dass ich kerngesund und kräftig war, trotz meines damals spindeldürren Körpers. Später, als Mutter, sagte ich immer: Die Kinder sind mein Sport – Karre schieben, Babys tragen, Einkäufe für einen Sechs-Personen-Haushalt schleppen: Betätigungen wie diese können ein ziemlich hartes Training sein.

Sportlichkeit im weiteren Sinne hat mir immer gelegen. Für Anliegen, die mir wichtig sind, steige ich, ohne zu zögern, in den Ring. Beim Kämpfen halte ich mich an die Regeln. Wenn ich antrete, will ich siegen. »Hauptsache, dabei sein« ist nicht meine Devise. Eine Niederlage spornt mich an. Auf Fair Play lege ich Wert. Komme ich in einer Sache nicht weiter, weil ich etwas nicht kann (oder nicht verstehe), beiße ich mich durch und erlege mir ein intensives Training auf (oder Studien). Leistung fasziniert mich. Nach dem Match gebe ich meinem Gegner gern die Hand, ganz gleich, ob ich gewonnen habe oder unterlegen bin. Insofern traf es sich gut, dass ich eines Tages eine Einladung zum Rallyefahren bekam. Nur war mir das anfangs nicht bewusst.

»Hallo, hier ist Elisabeth. Kennst du mich noch, Lore? Wir sind zusammen zur Schule gegangen.«

Es war das Jahr 1976, das Abitur hatte ich 25 Jahre zuvor gemacht. Ich konnte mich nicht an die Mitschülerin erinnern. Sie meinte, wir seien zusammen zur Volksschule gegangen und in die erste Klasse der Oberschule. Elisabeth erzählte ein bisschen von sich, da fiel es mir wieder ein. »Warst du das Mädchen mit den langen blonden Zöpfen, die immer zu Schnecken hochgesteckt waren?«

»Ja, genau, das war ich! Und jetzt habe ich den Auftrag, dich zu fragen, ob du dem Deutschen Damen Automobilclub beitreten möchtest.«

»Wovon redest du, bitte?

»Vom Deutschen Damen Automobilclub, DDAC.«

»Ich habe noch nie davon gehört.«

»Er wurde 1926 von emanzipierten Damen der Gesellschaft, die sich für den Automobilsport begeisterten, gegründet. Elly Beinhorn und Bertha Benz waren Ehrenmitglieder.«

Langsam wurde ich neugierig. Selbstverständlich faszinieren mich Persönlichkeiten wie die berühmte Flugzeugpilotin Elly Beinhorn oder die Automobilpionierin Bertha Benz.

»Es war ein sehr exklusiver Kreis damals – welche Frauen hatten schon ein Auto zur Verfügung?«, erzählte Elisabeth weiter. »Aber jene Damen waren nicht nur reich, sondern auch sportlich, aktiv, mutig und fortschrittlich. Von Anfang an veranstalteten sie Fahrwettbewerbe, außerdem pflegten sie das Gesellschaftliche, den Austausch unter Frauen. Die Nazis verboten den Frauen den Motorsport, im Krieg zerfiel der Club. Seit 1949 ist der DDAC wieder tätig, seit den fünfziger Jahren veranstaltet er Rallyes. Jetzt gibt es Nachwuchssorgen, die Damen sind in die Jahre gekommen. Meine Tante, eine der Präsidentinnen, hat mich beauftragt, jüngere Frauen zu finden, die Interesse haben am Autofahren. So bin ich auf dich gekommen.«

»Elisabeth, das finde ich großartig!«, sagte ich, war aber selbst nicht sicher, ob ich das auch meinte.

Seit jeher bin ich eine begeisterte Fahrerin, ich liebe schnelle Autos und gestehe, dass ich bis heute meine Mühe habe, geduldig hinter langsamen Fahrerinnen oder Fahrern herzukriechen. Andererseits war ich alleinerziehende Mutter meiner drei Kinder, Richterin am Hanseatischen Oberlandesgericht und stellvertretende Vorsitzende des Deutschen Juristinnenbundes, als ich den Anruf erhielt. Ich hatte genug um die Ohren. Eigentlich.

»Gut, ich schaue mir euren Verein einmal an.«

»Das freut mich! Und bitte bring noch eine Frau mit«, meinte Elisabeth. »Denn die Rallyes werden im Team gefahren: Pilotin und Kopilotin.«

Oh, oh, auf was für ein Abenteuer lasse ich mich da ein?, fragte ich mich. Doch die Verlockung war groß. Etwas Neues ausprobieren, abenteuerliche Autofahrten erleben, ungewohnte Herausforderungen meistern, interessante Frauen kennenlernen: Das alles war ganz nach meinem Geschmack.

»Kann ich erst einmal allein kommen?«, fragte ich Elisabeth. »Vielleicht findet sich später eine Teampartnerin.« Noch hielt ich mich selbst nicht für überzeugt genug, um eine andere zu überzeugen.

»Nein, der Club nimmt nur Teams auf.«

Nun wollte ich keinen Rückzieher mehr machen. Ich telefonierte mit meiner Freundin Ursula, einer Zahnärztin, und lud sie ein, meine Rallye-Teampartnerin zu werden.

»Bist du verrückt? Ich bin eine ganz ungeübte Fahrerin und traue mich kaum, nach Hamburg zu fahren! Das kann nichts werden.«

»Ach, komm, Ursel, wir schaffen das schon.«

Sie wäre nicht meine gute Freundin gewesen, hätte sie nicht genauso wie ich Freude an großen Aufgaben und kleinen Verrücktheiten gehabt. Also schloss Ursula sich mir an. Gemeinsam machten wir uns mit dem Rallyesport vertraut, mit den Regeln, den Aufgaben, wir lasen Bücher darüber, fingen bei null an – und fuhren dann zehn Jahre lang mit dem größten Vergnügen gemeinsam Rallyes. Insgesamt nahmen wir an etwa vierzig Rallyes teil.

Beim ersten Clubtreffen, das wir besuchten, fuhr die Präsidentin des DDAC mit einem prächtigen roten Alfa Romeo vor. Auch die anderen Damen chauffierten aufsehenerregende Gefährte. Mein Wagen war ein VW Golf, praktisch und preiswert. Ursel verdiente als Zahnärztin mehr Geld und fuhr dementsprechend ein teureres Auto, einen Mercedes Roadster – ein Cabriolet mit Automatikgetriebe. Auch dieses Auto war nur bedingt rallyetauglich, aber immer noch besser als meine kleine Kiste. Ursula war damit einverstanden, dass wir ihren Wagen für die Rallyes nutzten. »Aber da ist noch ein Problem«, sagte sie, »mir wird am Steuer schnell übel.«

»Da bist du richtig prädestiniert für den Automotorsport!«

Eine grundlegende Rallyeregel ist, dass beim Start für jedes Team feststehen muss, wer fährt und wer Kopilotin ist, danach darf man nicht mehr wechseln. Also durfte Ursula den Weg zur Rallye fahren, wenn sie wollte. Wenn ihr schlecht wurde, setzte ich mich zu Beginn der Rallye ans Steuer. Hatte sie einen guten Tag, fuhr sie. Bei den sehr eingefahrenen Teams gab es eine feste Rollenverteilung, wir lernten beide beides: fahren und den Weg finden. So konnten wir uns, wenn die Kopilotin einmal nicht weiterwusste, gemeinsam über die Motorhaube beugen und das Material studieren.

Eine Rallye ist, wenn man so will, Denksport auf der Straße. Sie beginnt damit, dass man einen Stoß kryptischer Unterlagen überreicht bekommt, die es zu entschlüsseln gilt. Abstraktionen von Straßenkarten, Maßstabsermittlungen, Errechnungen von Längen- und Breitengraden wie in der Seefahrt und vielerlei mehr. Jedes Team muss die Aufgaben lösen, die gefundene

Strecke in die Straßenkarte übertragen und in einer vorgegebenen Zeit abfahren. Am Streckenrand stehen Kontrollposten, die dem Team die Vorbeifahrt auf der Bordkarte bescheinigen. Dazu kommen oft weitere Aufgaben wie Gefahrentraining, Langstreckenfahrten oder das Abfahren von Hindernisparcours. Nach drei oder vier Tagen wird ausgewertet, und dann gibt es eine Siegerin.

Der Schreckensmoment einer jeden Rallye ist, wenn der Kopilot ruft: »Ich bin aus der Karte!« Das bedeutet: Alarmstufe rot! Ich weiß nicht, wo wir sind, und habe keine Idee, wie ich unsere Position bestimmen könnte. Waren Ursula und ich in solch einer scheinbar ausweglosen Situation und konnten nicht anhalten, weil wir zum Beispiel auf einer Autobahn fuhren, schalteten wir sofort in den folgenden Modus der Zusammenarbeit: Die Kopilotin versenkte sich in die Karte, die Fahrerin nannte ihr Orientierungspunkte, an denen wir vorbeifuhren: »Rechts zwei Häuser, dahinter ein Teich, links eine Scheune ...« So kamen wir irgendwann wieder hinein in die Karte. Rallye fahren war anstrengend, aufregend und großartig.

Unterwegs riefen wir uns immer wieder gegenseitig zu: »Was machen wir hier eigentlich für einen Unsinn? Während andere Leute im Liegestuhl liegen, rasen wir durch die Landschaft und finden den Weg nicht. Das kann doch nicht wahr sein!« Und dann lachten wir laut, um wenig später schon wieder zu debattieren: »Hier müssen wir lang!« – »Nein, ganz falsch, da entlang!« Nichtsdestotrotz waren wir ein eingeschworenes Team, erlebten zusammen die wunderbarsten Szenen.

Ursulas Wagen war schnell und sah schick aus, lag aber tief auf der Straße. Kein geringes Problem, wenn es über Wald- und Wiesenwege ging. Mehr als einmal lag ich unter der Karosse, stopfte Lecks in der Ölleitung notdürftig mit Kaugummi und Korken. Während der Rallyes war nur die Selbstreparatur zulässig.

Zu den Höhepunkten oder besser: Tiefpunkten unserer Rallyekarriere gehörte der Tag, an dem wir uns mit dem Roadster bei strömendem Regen auf einem schlammigen Waldweg festfuhren. Irgendwo im Gebirge, wir hatten vollkommen die Orientierung verloren. Ich gab Gas, bis der Motor heulte. Die Räder drehten durch, der Wagen bewegte sich keinen Zentimeter vor oder zurück, er sank nur tiefer ein. Ursel warf mir einen eiskalten Blick von der Seite zu. »Haben wir ein Abschleppseil?«, fragte ich sie. »Natürlich nicht. Einen Automatikwagen kannst du nicht abschleppen!« Das hatte ich vergessen. Was nun? Der Regen trommelte auf das Dach. Ich beschloss, Hilfe zu suchen, stieg aus, öffnete den Regenschirm und stakste in feiner Aufmachung den matschigen Weg zurück auf die Landstraße. Seit der Gründung des Clubs bis heute tragen alle Rallyeteilnehmerinnen einen dunkelblauen Blazer und das Halstuch mit dem Clublogo, einem weißen Viererkleeblatt. Selbstverständlich trug ich dazu einen schönen Rock und ebensolche Schuhe, das Gesamtbild musste stimmen.

Erschöpft und durchnässt erreichte ich ein Dorf. Es war Sonntag, die Straßen menschenleer. Ich überlegte gerade, ob ich irgendwo klingeln sollte, da hörte ich es hinter mir tuckern. Ein Bauer auf seinem Trecker rollte die Dorfstraße entlang. Ich hielt ihn an und rief ihm zu: »Guten Tag! Sie haben sicher bemerkt, dass es regnet. Was Sie allerdings noch nicht wissen, ist, dass Sie jetzt mit mir umkehren und in den Wald fahren!« Der Bauer sah mich verständnislos und etwas erschrocken an. »Da stecken wir mit einem Mercedes fest«, ergänzte ich. Mit einer Geste lud er mich ein, auf dem Beifahrersitz auf dem riesigen Kotflügel Platz zu nehmen. Als wir bei dem gestrandeten Roadster ankamen, saß Ursel darin wie versteinert. Aufmunternd rief ich ihr zu: »Gleich geht's weiter, Ursel, der Trecker zieht uns raus!« Daraufhin sie: »Und womit? Wir haben doch immer noch kein Seil.« Wo sie recht hatte, hatte sie recht.

Ich stapfte zum zweiten Mal zur Landstraße. Nach ein paar Minuten kam ein Opel-Kombi vorbei. Ich stoppte ihn. Eine Frau saß am Steuer. Der Rest des Wageninneren war ein Blumenmeer – die Frau war Blumenhändlerin und auf dem Weg zu ihrem Stand am Friedhof. Ob sie vielleicht ein Abschleppseil besitze, das sie mir verkaufen könne, fragte ich sie. Sie wusste es nicht, willigte aber ein, nachzusehen. Wir luden Unmengen von Rosen, Lilien, Margeriten und Vergissmeinnicht aus dem Wagen. Es duftete herrlich. Und tatsächlich: Unter den Gewächsen kam ein Seil zum Vorschein, das mir die hilfsbereite Frau für 20 Mark überließ. Nachdem wir alle Blumen wieder eingeladen hatten, ging ich zurück in den Wald und präsentierte stolz meine Beute. Ursel schaute skeptisch. Der Bauer verband Trecker und Sportwagen, schwang sich zurück in sein Führerhaus und schleppte los.

Es war furchtbar. Der Wagen stellte sich quer, die Räder blockierten, der Schlamm spritzte in alle Richtungen, der Bauer fluchte, der Treckermotor heulte. Aber schließlich hatten wir es geschafft, der Wagen stand wieder auf der Landstraße. Dem Bauer gaben wir ein üppiges Trinkgeld und sahen ihn durch den Regen davonjuckeln.

Ich setzte mich hinter das Steuer, nass bis auf die Haut. Ursel hatte die letzten zwei Stunden auf dem Beifahrersitz verbracht und kaum einen Tropfen abbekommen. Noch immer brütete sie missmutig vor sich hin und schwieg. »Hast du wenigstens herausgefunden, wohin wir müssen?«, fragte ich sie. Wir hatten viel Zeit verloren, und es würde mehr als knapp werden, das Etappenziel innerhalb der Karenzzeit zu erreichen. »Sicher«, sagte Ursel trocken und gab Anweisung: »Links die Landstraße runter und nach dreieinhalb Kilometern abbiegen Richtung Süden.« Sie hielt mir die Karte vor die Nase. Darauf hatte sie eine Route eingetragen, die sich schlängelte wie ein Slalomparcours – es waren Serpentinen. Ich unterdrückte einen Fluch, startete den Motor und sagte mit ruhiger Stimme zu Ursel: »Halt dich gut fest.« Tatsächlich erreichten wir die Kontrolle – zwei Minuten vor Ablauf der Karenzzeit.

Als wir am Hotel vorfuhren, in dem sich die Rallyefahrerinnen trafen, war unser schlammverschmierter Wagen eine kleine Attraktion. Schnell nahm ich eine heiße Dusche, frisierte mich und zog ein Kleid an. Jeder Rallyetag schloss mit einem guten Abendessen, gutem Wein und angeregten Gesprächen. Alle Damen kleideten sich elegant, die Atmosphäre war festlich und vergnügt. Ich genoss jeden Rallyetag von dem Moment, in dem ich in den Wagen stieg, bis zum Absacker in der Nacht. In jenem Rahmen lernte ich eindrucksvolle Persönlichkeiten kennen wie die Unternehmerinnen Regine Sixt von der Sixt-Autovermietung und Heidi Hetzer, die einen großen Autohandel leitet und erfolgreich an internationalen Rallyes teilnahm. Auch sehr interessante und sympathische junge Frauen durfte ich beim Deutschen Damen Automobilclub kennenlernen.

Ursula und ich waren beide beruflich sehr ausgelastet und kamen manchmal schon mit letzter Kraft bei den Rallyes an. In der ersten Zeit bestand unsere Konkurrenz überwiegend aus ausgeruhten Hausfrauen, sodass die Startbedingungen ungleich waren. In den letzten Jahren stießen immer mehr junge, sportliche Frauen dazu. Sehr lustvolle Autofahrerinnen, voller Energie, mit viel Wissen, Geschick und dem nötigen Maß an Risikobereitschaft. Aufgaben, an denen wir uns mühsam abarbeiteten, erledigten manche junge Frauen mit links. »Kann es sein, dass wir hier jetzt die *eldest stateswomen* sind?«, fragte ich meine Freundin. »Ja, man kann den Eindruck gewinnen«, fand auch sie. Aber wir waren ohne Neid, wir freuten uns über die jungen Frauen, die alles so flott und forsch durchzogen. Gern übergaben wir ihnen den Stab und wünschten ihnen von Herzen viel Freude und Glück bei ihren weiteren Rallye-Abenteuern.

Wenn ich mich richtig erinnere, gewannen Ursula und ich

zwei Rallyes. Selbstverständlich hätten wir es gern öfter geschafft.

Ich liebte die Herausforderung für Mensch und Karosse. Ob ich auf unbekanntem Terrain den richtigen Weg fand, in der Zeit blieb, ob ich mein Fahrzeug auch in Extremsituationen gut beherrschte – all das galt es stets aufs Neue unter Beweis zu stellen. Doch die eigentliche Herausforderung lag natürlich darin, den Sieg einzufahren. Ich hätte mich nicht auf den Weg gemacht, um durch die Landschaft zu gondeln und abends schön zu feiern – das hätte ich auch ohne Rallye haben können. Wenn ich an einem Wettbewerb teilnehme, will ich gewinnen.

Bevor ein Mensch sich Wettbewerb und Konkurrenz aussetzt, sollte er für sich die Frage beantworten: Will ich wirklich siegen – oder reicht es mir, dabei zu sein? Diese Erfahrung habe ich im Leben immer wieder gemacht. Ohne Ehrgeiz und Siegeswillen geht es nicht. Vielleicht ist das etwas, das manche Frauen noch besser lernen könnten: entschlossener und ehrgeiziger vorzugehen, wenn es um das Erreichen von Zielen und das Gewinnen von Wettbewerben geht. Andererseits wünsche ich Frauen, dass sie sich von einem Misserfolg nicht entmutigen lassen, sondern Kraft daraus schöpfen, sich angespornt fühlen. Auch ein tiefer Groll gegenüber den Bezwingern ist nicht erstrebenswert, er kostet nur zusätzliche Kraft. Wenn eine Frau doch einmal wütend ist, darf sie das sein, es ist ja menschlich. Nur sollte die Wut möglichst schnell wieder verfliegen. Es gibt das Klischee von Männern, die sich tagsüber aufs Bitterste bekämpfen und abends gemütlich ein paar Biere zusammen trinken. Dieses Klischee trifft nicht selten zu, und ich finde dieses Verhalten vernünftig. Die beiden Biertrinker nehmen ihre berufliche Konkurrenz offensichtlich nicht allzu persönlich.

Sei es im Privatleben, sei es im Beruf: Die meisten Siege und die meisten Niederlagen sollte man sportlich nehmen. Was geschehen ist, kann und muss man akzeptieren. Schließlich geht es ums Gewinnen, nicht ums blanke Überleben.

Als ich Justizsenatorin war, erlebte ich immer wieder, dass sich keine oder zu wenige Frauen bewarben, wenn hohe Positionen in der Justiz besetzt werden sollten – wie etwa in Hamburg das Amt des Generalstaatsanwaltes oder der Generalstaatsanwältin, das bundesweit zur Bewerbung ausgeschrieben wurde. »Und wo sind die Frauen?«, fragte ich meine Beamten, nachdem sie mir die Bewerbungen vorgelegt hatten. Wer mich kannte, wusste, was dann auf ihn zukam: Ich ließ meine Mitarbeiter ausschwärmen, um gezielt Frauen zur Bewerbung aufzufordern. Auch ich selbst führte Gespräche mit potenziellen Bewerberinnen – und hörte mehrfach eine Antwort, die mich verstörte: »Gut, ich bewerbe mich, wenn Sie mir zusichern, dass ich den Posten bekomme.« Anscheinend hatten sie Sinn und Ablauf eines Bewerbungsverfahrens missverstanden. Selbstverständlich sicherte ich ihnen nichts zu. Ich wollte sie nur einladen, am Wettbewerb teilzunehmen.

Von manchen Bewerbern hörte ich: »Für mich ist das Bewerbungsverfahren wie eine Art Olympische Spiele. Dort versammeln sich die besten aller Länder. Vielleicht schneide ich gut ab, vielleicht reichen meine Kenntnisse und Fähigkeiten noch nicht an die der anderen heran. Ich bin gespannt.« Solche Menschen habe ich in ihrer Haltung bekräftigt. Ich sagte: »Richtig, dies ist eine sehr begehrte Position. Darauf bewerben sich auch Kollegen aus anderen Bundesländern. Vielleicht gibt es jemanden, der besser ist als alle Hamburger zusammen. Das macht die Sache aufregend – aber wir müssen uns deswegen überhaupt nicht verstecken.« Wer solch einen Wettbewerb wie ein packendes Turnier angeht, kann ihn – bei allem Ehrgeiz und Siegeswillen – ein bisschen lockerer angehen. Mit arger Verbissenheit und übertriebener Anspannung steht man sich eher selbst im Weg. Die Angst vor dem Scheitern ist fast immer unbegründet, denn bei den meisten Wettbewerben im Leben gibt es nichts zu verlieren und viel zu gewinnen. Wer sich das klarmacht und danach handelt, kann gelassener mitspielen.

Entgegen allen Vorurteilen gibt es viele junge Frauen, die sehr gern, gut und sehr sicher Auto fahren. Vielen gefällt es auch, temporeich und sportlich unterwegs zu sein. Noch mehr Vorurteile besagen, dass ältere Damen unsicher fahren und mit ihrer Gemächlichkeit den Verkehrsfluss blockieren. Ich kenne viele Gegenbeispiele; eines davon bin ich selbst. Fast alles im Alltag mache ich schnell und sofort, aber zugleich mit Sorgfalt. Auch beim Autofahren. So ergab es sich, dass ich sechzehn Jahre nach dem Ende meiner Rallyezeit, im Alter von fast siebzig Jahren, eine weitere Möglichkeit erhielt, mal so richtig schwungvoll aufzudrehen.

Ein Autohändler bot mir an, den damals neuen VW Phaeton testzufahren. »Testfahrerin, ich?«, fragte ich ihn erstaunt. Wir kannten uns, da sich sein Geschäft in der Nähe meiner Kanzlei am Kurfürstendamm befindet. »Ja, sicher. Testen Sie, was in dem Wagen steckt. Sie haben mir doch erzählt, dass Sie gern sportlich fahren und früher an Rallyes teilgenommen haben. Jetzt dürfen Sie wieder in die Vollen gehen.«

Damals, im Jahr 2002, war der Phaeton gerade neu auf dem Markt. Jeder, der etwas von Autos verstand, wusste, dass es ein gutes Auto war. Trotzdem lief der Verkauf nur schleppend. Der Wagen musste auf die Straße, und der Händler meinte, es sei eine gute Idee, ihn von einer Frau wie mir auf die Straße bringen zu lassen. Wegen der edlen Ausstattung, die Frauen anspricht, und wegen meiner Autosporterfahrungen.

Mich faszinierte der Wagen, aber ich wusste auch, was er kostete: einen Betrag, für den man ein kleines Haus mit Garten bekommen hätte. Wenn ich den gegen einen Baum setze, werde ich meines Lebens nicht mehr froh, dachte ich. Der Händler erklärte, ich sei gegen alle Risiken versichert. »Falls mit dem Wagen etwas passieren sollte, trifft es Sie nicht. Auch Sie selbst sind versichert. Außerdem steht Ihnen ein Operator zur Verfügung, den Sie Tag und Nacht anrufen können, wenn etwas mit dem Wagen nicht in Ordnung ist.« Da ich den Gedanken, ein Auto wie dieses zu fahren, verführerisch fand, waren meine Bedenken recht leicht überwindbar. Ich ergriff die Gelegenheit beim Schopfe.

»Fahren Sie den Wagen aus bis an die Grenzen – bis an seine Grenze und bis an Ihre«, forderte der Händler mich auf. So etwas muss man mir nicht zweimal sagen.

Zuerst fuhr ich eher verhalten durch Berlin und kroch ganz behutsam mit dem großen Wagen in meine enge Tiefgarage. So lernte ich an mir selbst eine neue Seite kennen: die der eher vorsichtigen Fahrerin. Dann sagte ich mir: Ausfahren heißt, du musst Autobahn fahren, eine Strecke ohne Geschwindigkeitsbegrenzung. An einem späten Nachmittag brauste ich los auf der A24, zuerst durch Brandenburg, wo die Höchstgrenze bei 130 Stundenkilometern liegt. In Mecklenburg dann konnte ich so schnell fahren, wie ich wollte. Theoretisch. In der Praxis war zu viel Verkehr. Jedes Mal, wenn ich kräftig aufs Gaspedal trat, musste ich sofort wieder bremsen, weil ein anderes Auto vor mir den Weg versperrte. Das war sinnlos. Ich kehrte um und fuhr spätabends noch einmal los.

Dreihundertfünfzig! Ich glaubte es selbst nicht – und kann es bis heute nicht glauben. Aber der Tacho zeigte tatsächlich 350 Stundenkilometer; ein phantastisches Erlebnis. Es fühlte sich fast an wie Fliegen. Meinen eigenen Wagen, einen Mercedes, fahre ich auch öfter aus, das sind dann 220, maximal 240 Stundenkilometer. Solch eine Geschwindigkeit ist für mich nichts Besonderes. Aber nun waren es noch einmal hundert Stundenkilometer mehr. Ich sah eine Kurve, und in dem Moment, da ich sie realisiert hatte, war ich schon drin. Mit normalem Autofahren hatte das nichts mehr zu tun. Ich brauchte tiefe Konzentration und empfand zugleich Glücksgefühle. Es war wie ein kleiner Rausch.

Da erschien plötzlich auf dem Display eine große rote Ölkanne. Hatte der Motor nicht genug Öl? Dann war es nur noch eine Frage von Minuten, bis der Wagen stehen blieb. Mit klopfendem Herzen fuhr ich auf den nächsten Parkplatz – und fuhr gleich wieder weiter, weil ich vor lauter Aufregung vergessen hatte, dass es nicht ratsam ist, nachts allein auf einem dunklen Autobahnparkplatz zu halten – noch dazu als Frau. So kroch ich an die nächste Tankstelle, immer mit der roten Ölkanne vor Augen. Ich bat den Tankwart, das Öl zu prüfen – alles war in Ordnung. Daraufhin rief ich den Operator an. Es war inzwischen ein Uhr nachts. Ich beschrieb das Problem, er fragte: »Haben Sie den Ölstand gemessen?«

Für wen hielt er mich? »Selbstverständlich habe ich das! Und was raten Sie mir? Soll ich den Wagen hier stehenlassen, soll ich ein Taxi rufen?«

»Fahren Sie mit der Ölkanne weiter – das ist ein Elektronikfehler.«

So rauschte ich mit der leuchtenden Ölkanne nach Hamburg.

Am nächsten Tag kehrte ich bei gemütlichen 180 bis 200 Stundenkilometern zurück nach Berlin. Ich sagte dem Autohändler: »Es ist ein fabelhaftes Auto, so schnell, komfortabel, kraftvoll und so liebevoll gestaltet. Sie dürfen mich gern zitieren gegenüber Ihren Kunden. Nur an der Elektronik müssen Sie noch arbeiten. Aber da ist VW ja nicht der einzige deutsche Hersteller, der Probleme damit hat. Sie befinden sich in guter Gesellschaft.«

Es war das erste und einzige Mal, dass ich eine Art Produktwerbung gemacht habe – in sehr kleinem Rahmen und für ein Produkt, das mich wirklich überzeugt hat. Die Testfahrt war ein grandioses Erlebnis. Selbstverständlich bekam ich kein Geld dafür.

Leider habe ich seither kein ähnliches Angebot mehr erhalten. Und ob ich es heute noch annehmen würde, weiß ich nicht. Aber ich brauche darüber gar nicht nachzudenken: In meinem biblischen Alter trauen mir jüngere Menschen solch ein Abenteuer nicht mehr zu.

Inzwischen sieht man den Phaeton auf den Straßen. Ich habe ihn manchmal vor mir. Dann denke ich: Na, du Racker! Was hatten wir für einen Spaß!

Macht und Menschlichkeit

»Guten Tag, Frau Peschel-Gutzeit, wie geht es Ihnen?« – »Vielen Dank, mir geht es fabelhaft. Und Ihnen?« Bis hierhin bleibt der Dialog immer gleich, ich antworte grundsätzlich: »sehr gut«, »fabelhaft« oder Ähnliches. Ist mein Gegenüber ein Mann, geht es meist formelhaft weiter: »Danke, auch mir geht es sehr gut, bei diesem herrlichen Wetter.« Spreche ich mit einer Frau, setzt sich der Dialog möglicherweise anders fort: »Na ja, es geht so. Seit Tagen habe ich Kopfschmerzen, es wird wohl einen Wetterumschwung geben.« Oder so: »Mein Kind hat sich gestern den Arm gebrochen, es lernt gerade Fahrrad fahren und ist gestürzt. Hoffentlich wächst alles wieder gut zusammen!« Oder auch so: »Wir haben das Wochenende am Meer verbracht, ich bin perfekt erholt.«

Im beruflichen Umfeld ist die Frage nach dem Befinden meistens eine Höflichkeitsformel. Sie hat den Wert einer floskelhaften Grußerweiterung, mehr nicht. Viele Frauen fühlen sich bei solch einem Austausch von Satzbausteinen nicht wohl. Wenn ich sage: »Danke, mir geht es fabelhaft!«, fragen manche Frauen nach: »Ach ja, wirklich? Wie kommt denn das?« Dann bemühe ich mich, das Thema zu beenden, indem ich ins Scherzhafte abschweife: »Schlechten Leuten geht es immer gut!« Die Botschaft dahinter: Ich möchte im Moment nicht über mein oder ihr Befinden sprechen.

Etwas anderes ist es natürlich unter Kolleginnen, die seit langem eng zusammenarbeiten. Innerhalb solcher Beziehungen finde ich es notwendig, persönliche Probleme zu thematisieren und zu überlegen, ob und wie ich helfen kann.

Seit Jahren lädt mich die Bertelsmann Stiftung ein, Vorträge bei ihrer Business Women School zu halten. Die Teilnehmerinnen dieser Sommerkurse sind Mitarbeiterinnen vieler verschiedener Unternehmen, sie gehören keinesfalls nur dem Bertelsmann-Konzern an. Es handelt sich um junge Frauen, die bereits die ersten Stufen der Karriereleiter erklommen haben. Meine Aufgabe ist, ihnen zu berichten, wie mein beruflicher Weg verlief. Es geht darum, den jungen Businessfrauen persönliche Erfahrungen zur Verfügung zu stellen und ihnen Mut zu machen. Vielleicht bin ich dabei eine Art Vorbild, aber ich benutze das Wort ungern. Mich selbst als Vorbild zu bezeichnen, finde ich anmaßend und unpassend.

Mit hundertprozentiger Sicherheit kommt jedes Jahr mehrfach die Frage: »Und wie haben Sie sich dabei gefühlt?« Diese Information ist für Frauen wichtig. Einen Vortrag über einen Karriereweg ohne Erläuterung der Gefühlslage können sie sich kaum vorstellen. Mit genauso großer Sicherheit würden junge Manager diese Frage nicht stellen. Sie finden sie allzu privat. Was zählt, ist der Erfolg.

»Haben Sie auch Misserfolge erlebt?«, fragen mich hingegen die Frauen. »Ja, selbstverständlich. Ich kenne keinen Menschen, der immer nur munter bergan gestiegen ist. Rückschläge gehören dazu.« Und weil ich weiß, dass dann gleich die Frage nach den Empfindungen folgt, füge ich an: »Es war keineswegs immer lustig. Ich habe manches Mal erheblich gelitten – bin aber am Ende gestärkt daraus hervorgegangen.«

Im Großen und Ganzen verlief mein professioneller Weg vor allem in den ersten zwei Jahrzehnten recht gerade. Nachdem ich ein knappes Jahr in Freiburg im Breisgau als Rechtsanwältin gearbeitet hatte, wurde ich 1960 Richterin, weil man mich an das Landgericht Hamburg rief. An meinem ersten Tag als Richterin war ich 27 Jahre alt, ich kam als Vertretungsrichterin an die Zivilkammer acht. Der Vorsitzende begrüßte mich freundlich und fragte: »Haben Sie eine Robe?« Ich verneinte, denn ich war noch nicht dazu gekommen, mir eine Robe schneidern zu lassen, und ahnte auch nicht, dass ich gleich am ersten Tag an einer Sitzung teilnehmen würde. »Das macht nichts«, sagte der Direktor. »Ich habe zwei Roben. Eine alte, die ziehe ich an, und eine neue, die leihe ich Ihnen.« So ging ich in der Robe meines Vorgesetzten in den Saal. Da ich hochgewachsen bin, passte sie mir gar nicht schlecht.

In der ersten Stunde standen Ehescheidungen auf der Terminrolle: zwölf Scheidungen à fünf Minuten. Vor uns standen Paare, die zwanzig Jahre und mehr verheiratet waren. In unseren Akten hatten wir die Namen und Geburtsdaten der Eheleute sowie Informationen über Anzahl und Alter der Kinder. Das fragte der Direktor alles ab, die Paare antworteten: »Ja, ja, richtig, ja.« Dann las er die Begründung für den Scheidungsantrag vor, zum Beispiel »Lieblosigkeit« oder »Alkoholismus«. Er fragte: »Herr X, behandelt Ihre Frau Sie lieblos?« Oder: »Frau Y, trinkt Ihr Mann?« Lautete die Antwort erneut »Ja«, stellte er die letzte Frage: »Ist Ihre Ehe gescheitert?« – »Ja.« – »Dann wird die Ehe nunmehr geschieden.« Er verlas die Urteilsformel. Die Leute sagten wohlerzogen »Auf Wiedersehen«, unser Direktor kommentierte leise: »Bloß nicht«, dann kam das nächste Paar.

»Was ist denn hier los?«, fragte ich den Vorsitzenden in der Pause. »Das ist doch eine Farce!« – »Nein, das ist die Hamburger Konventionalscheidung«, erklärte er mir. Sie war damals üblich in der Hansestadt, aber ich hatte noch nie davon gehört.

Wo wir gerade bei den Gefühlen waren: Am Anfang war es ein merkwürdiges Gefühl für mich, als so junge Frau über Menschenleben zu entscheiden. Doch ich wuchs recht schnell in die Rolle hinein und habe dann dreißig Jahre lang den Richterberuf sehr gern ausgeübt. Bis heute ist es für mich einer der besten Berufe, die es gibt. Denn die Aufgabe eines Zivilgerichts besteht darin, Gerechtigkeit durchzusetzen und für Einigung zu sorgen. Außerdem arbeiten Richterinnen und Richter völlig unabhängig. Niemand ist weisungsbefugt, niemand kann Vorschriften machen, was wann und wie zu erledigen sei.

In den folgenden Jahren wechselte ich ziemlich oft die Kammern. Ich arbeitete in mehreren sogenannten Feld-, Wald- und Wiesenkammern – in Spruchkörpern also, die nicht spezialisiert, sondern für viele verschiedene Angelegenheiten zuständig waren. Damals fielen auch Ehescheidungen darunter. Und Bauprozesse. Fünf Jahre lang bearbeitete ich vorwiegend Baurecht, eine Materie, die zu der Zeit sehr relevant war, denn überall wurde aufgebaut und dabei auch viel gepfuscht. In jener Phase lernte ich, wie wichtig es ist, sich die Dinge, um die es geht, an Ort und Stelle anzuschauen. Gebäude und Handwerkerleistungen konnte ich mir noch so genau beschreiben lassen, wir konnten vor Papier berstende Aktenordner anlegen – etwas völlig anderes war es, das Ganze vor Augen zu haben. So kletterte ich durch Rohbauten, kroch durch Keller, stieg über Dächer, schaute mir Risse im Mauerwerk an und Treppen, die einige Zentimeter vor dem Fußboden, zu dem sie führen sollten, aufhörten. Das Thema faszinierte mich, die Jahre waren interessant und lehrreich, auch für die Zukunft. Noch als Justizsenatorin habe ich oft Ortsbegehungen gemacht, einmal bin ich sogar auf ein Gefängnisdach gestiegen.

Ein anderes spannendes Feld waren die internationalen Ehescheidungen, für die ich viele Jahre an der IPR-Kammer zuständig war, der Kammer für internationales Privatrecht. Wurden gemischtnationale Ehen geschieden, mussten wir deutsches und ausländisches Recht anwenden. Hätten wir die Eheleute nur nach deutschem Recht geschieden, hätte der ausländische Ehepartner in seinem Heimatland unter Umständen

den Familienstand eines Verheirateten behalten. Um solche »hinkenden Ehescheidungen« zu vermeiden, mussten wir auch ausländisches Recht prüfen und anwenden. Relativ einfach war das bei männlichen Angehörigen von Staaten, in denen islamisches Recht galt, bei männlichen Persern zum Beispiel. Sie mussten nur dreimal vor männlichen Zeugen »Talaq« zu ihrer Ehefrau sagen, mussten sie also verstoßen, und waren dann nach ihrem Heimatrecht geschieden. Komplizierter war oft die zusätzliche Scheidung nach deutschem Recht, da manche Männer islamischen Glaubens nicht einsehen wollten, dass ihr »Talaq« gegenüber einer deutschen Frau zur Scheidung für diese nicht ausreichte.

Ich beschäftigte mich damals nicht nur mit ausländischem Recht, sondern auch damit, wie das Recht im jeweiligen Heimatland gehandhabt wurde. So erhielt ich hochinteressante Einblicke in juristische, soziologische und kulturelle Gegebenheiten. Es gab viele Länder, die noch keine Scheidung kannten. Eine Deutsche, die mit einem Italiener verheiratet war, konnte geschieden werden, der Italiener blieb mit ihr verheiratet. Solche Ergebnisse waren für alle Seiten unbefriedigend. In anderen Fällen erreichten wir Erstaunliches. Einmal schieden wir die Ehe eines norwegischen Walfangkapitäns, der in Südafrika seinen offiziellen Wohnsitz hatte und mit einer US-Amerikanerin aus New York verheiratet war. Sie waren sich einig in ihrem Scheidungswillen und hatten es schon bei verschiedenen Gerichten auf zwei Kontinenten versucht, stets vergeblich. Nach der jeweiligen Rechtslage verhinderten formale Gründe die Scheidung. Wir fanden einen Weg.

An die berühmte gläserne Decke, die Frauen – aber auch manchen Männern – so oft im Weg ist, konnte ich während meiner zehnjährigen Tätigkeit am Landgericht nicht stoßen, denn ich arbeitete dort immer auf derselben Stufe. Aber einmal rannte ich gegen eine Art gläserne Wand: Als es so schien, als wolle der Vorsitzende der Pressekammer mich aufgrund meines Geschlechts als Beisitzerin ablehnen. Zum Glück gelang es mir, schnell eine Tür in der gläsernen Wand zu finden und zu öffnen.

Als ich an der Pressekammer arbeitete, meldete mich der für die Personalverwaltung zuständige Präsidialrichter zur Erprobung am Oberlandesgericht an – die Erprobungsphase war der übliche und notwendige Schritt vor der Beförderung. »Ich habe Sie angemeldet«, erklärte mir der Präsidialrichter, »aber es kann dauern, bis Sie genommen werden. Kein Senat zeigt Interesse daran, eine Frau aufzunehmen.« Die Senate am OLG entsprechen den Kammern am Landgericht, es sind Spruchkörper mit einem Vorsitzenden Richter und in der Regel zwei Beisitzern.

Entgegen der Prophezeiung des Präsidialrichters musste ich nicht lange warten. Während meiner Zeit an der Pressekammer wurde ich schwanger, wenige Wochen nach der Geburt meines dritten Kindes kam ich 1970 direkt ans Oberlandesgericht. »Jetzt hat sich doch ein Senat bereit erklärt, Sie zu nehmen«, hatte mir der Präsidialrichter eröffnet. »Aber ich sag es Ihnen gleich«, schränkte er ein, »es ist der Kostensenat.« – »Na und?«, entgegnete ich. Der Kostensenat war unbeliebt, das Kostenrecht ist eine sehr trockene Materie. Aber das störte mich nicht. Der Kostensenat war meine Chance auf Beförderung. Selbstverständlich nahm ich sie wahr.

Nach bestandener Erprobung behielt man mich gleich dort, was nicht den Konventionen entsprach. Vielleicht wollte man am OLG also doch gern Richterinnen haben. Ich konnte aber nicht gleich befördert werden, da es keine entsprechende freie Stelle gab. Knapp zwei Jahre lang arbeitete ich als vom Landgericht abgeordnete Richterin am OLG, dann wurde eine Beisitzerstelle frei.

Schon bald konnte ich an einen anderen Senat wechseln,

der auch für die Landwirtschaft in Hamburg zuständig war. Dort habe ich diverse Entscheidungen zur Höfeordnung getroffen. Die Ordnung schrieb die Hofnachfolge vor: Welcher der Erben kann einen Landwirtschaftsbetrieb übernehmen, ist also hoffähig? Die anderen Erben mussten ausgezahlt werden. Es gab Fälle, in denen der älteste Sohn den Hof erbte, obgleich eine Tochter aufgrund ihrer Ausbildung besser geeignet war. Die Frau erhob Anspruch auf den Hof, ihre Brüder akzeptierten ihren Anspruch nicht, die Sache landete beim Amtsgericht und in zweiter Instanz bei uns. Eine faszinierende Materie. Es ging um Gerechtigkeit, Frauenrechte, Emanzipation, Macht und Geld.

»Guten Tag, mein Name ist Engler, Professor Engler, ich rufe aus Freiburg an. Sie sind mir als *Staudinger*-Autorin empfohlen worden.«

Es war das Jahr 1975, als mich dieser Anruf erreichte. Mir wurde heiß und kalt. Ich erhob mich, atmete tief ein und aus, setzte mich wieder hin.

»Hallo, Frau Peschel-Gutzeit, hören Sie mich?«

»Äh, ja, entschuldigen Sie bitte.« Ich räusperte mich, meine Stimme klang belegt. »Wie kommen Sie auf mich?«

»Frau Dr. Fettweis hat Sie mir empfohlen. Ich bin *Staudinger*-Autor und -Redaktor.«

Professor Helmut Engler lehrte an der Juristischen Fakultät und war Rektor der Universität Freiburg. In der dortigen Kanzlei von Dr. Karola Fettweis und ihren zwei Partnerinnen hatte ich als junge Rechtsanwältin gearbeitet. Und nun also: der *Staudinger*. Dabei handelt es sich um den größten und wichtigsten Kommentar zum Bürgerlichen Gesetzbuch. Zurzeit umfasst er rund neunzig Bände und 55 000 Seiten, damals war der Umfang noch etwas geringer. Jeden Band betreut ein Redaktor, ein erfahrener Jurist, der Autoren sucht, beauftragt und ihre

Texte prüft. *Staudinger*-Autor zu sein bedeutet, unbedingt allererste Qualität liefern zu müssen. Dieser Schuh schien mir etliche Nummern zu groß, ich fürchtete der Aufgabe nicht gewachsen zu sein.

»Ich würde Sie gern kennenlernen. Mögen Sie mich bitte in Freiburg besuchen?«, fragte Herr Engler.

Da Frau Fettweis mich empfohlen hatte, wäre es unhöflich und undankbar gewesen, die Einladung abzulehnen. Professor Engler und ich trafen uns im Restaurant Greiffenegg Schlössle am Freiburger Schlossberg. Nachdem wir uns einander vorgestellt hatten, schaute ich verlegen aus dem Fenster, weit hinaus über die Stadt und den Schwarzwald. Professor Engler war mir auf Anhieb sympathisch, er war ein väterlicher, konservativer Typ – und sah mich an wie einen bunten Hund. »Nun, ich gestehe, ich weiß nicht, ob Sie die Richtige sind«, sagte er. »Bisher hatten wir überhaupt keine Frauen unter den *Staudinger*-Autoren.«

Unbeabsichtigt legte er mit diesen Worten einen Schalter bei mir um. Es ist nicht zu glauben!, dachte ich mir. Wann wird sich die Welt endlich ändern? Er meint, eine Frau sei aufgrund ihres Geschlechts minder geeignet als *Staudinger*-Autorin? Er irrt sich! Das bedeutete, dass ich handeln musste. Ich musste versuchen, ihm klarzumachen: Ich schaffe das vielleicht. So berichtete ich ihm ausführlich von meiner Laufbahn, stellte meine Qualitäten, Erfolge und meine vielseitigen Erfahrungen dar. Damit überzeugte ich ihn.

Einige Autoren der vorigen *Staudinger*-Auflagen hatten ihre Mitarbeit beendet, unter anderem der Autor, der sich dem elterlichen Sorgerecht gewidmet hatte. Herr Engler fand, dieses Thema müsse mir liegen, und bat mich, es zu übernehmen. Ich willigte ein. Kurz darauf kam der Vertrag, womit ich offizielle *Staudinger*-Autorin war. Ich schrieb in den folgenden Jahren aber noch keine Kommentierung, denn das elterliche Sorgerecht war zu dem Zeitpunkt Gegenstand einer Reformdiskussion im Bundestag. Es ergab keinen Sinn, ein Gesetz zu kommentieren, das geändert werden sollte. 1979 wurde das neue Gesetz verabschiedet, 1980 trat es in Kraft. Danach einigten der Verlag und ich uns darauf, erste Entscheidungen auf Grundlage des neuen Gesetzes abzuwarten und danach den Kommentar zu verfassen. Deshalb begann ich erst gegen Mitte der achtziger Jahre mit meiner Arbeit am *Staudinger*.

Das Gesetz über die elterliche Sorge, das mir zur Kommentierung zugeteilt wurde, war beileibe nicht mein Lieblingsthema. Natürlich interessierte ich mich für Fragen des Kindeswohls, ich war damals Vorsitzende der Familienrechtskommission des Deutschen Juristinnenbundes und setzte mich in dieser Funktion unter anderem für die Rechte von Kindern ein. Aber die Aussicht, mich als *Staudinger*-Autorin jahrelang mit Sorgerechtsfragen auseinanderzusetzen, fand ich weniger verlockend. Trotzdem zögerte ich nicht, als Engler mir das Thema antrug. Einer meiner Grundsätze lautet bis heute: Wir Frauen können uns nicht einerseits darüber beklagen, dass wir unbeachtet und ausgegrenzt bleiben, und andererseits ablehnen, wenn uns Anerkennung zuteil- und Beteiligung angeboten wird. Meine Entscheidung für die Mitarbeit an dem Kommentar war teils eine persönliche, zum größeren Teil aber eine emanzipatorische, also sozial begründete Entscheidung.

In meinem Leben ist mir vieles angeboten worden, von der Tätigkeit als Rechtsanwältin in Freiburg über die Richterposition in Hamburg bis hin zum Amt der Justizsenatorin. Auch zur Mitgliedschaft im Deutschen Damen Automobilclub wurde ich eingeladen – ebenso wie zur Mitarbeit am *Staudinger*. Nach meiner Zeit als Politikerin, als ich mit knapp siebzig Jahren die Tätigkeit als Rechtsanwältin neu aufnehmen wollte, bekam ich Angebote von zehn Kanzleien in Berlin. Nie habe ich mich irgendwo auf gut Glück beworben. Wenn ich mich bewarb, dann fast stets auf Aufforderung. Insofern könnte man sagen: Ich hatte Glück. Oder: Es waren lauter Zufälle. Doch das reicht meines Erachtens als Erklärung nicht aus. An pure Zufälle im Leben glaube ich ohnehin nicht.

Wer etwas erreichen möchte, muss bekannt werden. Manche Menschen vertreten die Auffassung, der Bekanntheitsgrad sei wichtiger für die Karriere als die Qualifikation. Daran glaube ich nicht, ich habe immer sehr darauf geachtet, gute Arbeit zu leisten. Selbstverständlich sind mir wie jedem anderen Menschen auch Fehler unterlaufen, aber im Großen und Ganzen gelang und gelingt es mir, gute Qualität zu liefern. Dabei blieb mir immer im Bewusstsein, dass Fleiß allein nicht reicht, um weiterzukommen. Es ist ein vor allem unter Frauen weitverbreiteter Irrtum, dass sie nur brav ihre Arbeit machen, pünktlich und zuverlässig sein müssen. »Wenn ich gut bin, dann werde ich auch etwas.« Ganz falsch. Es wird kein Prinz – kein Förderer, kein Chef – kommen und den Fleiß mit Karriere belohnen. Kein Personalentscheider läuft mit einer Angel durch seine Firma, fischt die Tüchtigen und Emsigen heraus und macht sie zu Abteilungsleitern oder Geschäftsführerinnen. Und um erfolgreiche Unternehmerin zu werden oder Vorstandsmitglied einer großen Aktiengesellschaft oder auch Ministerin, reicht Fleiß noch weniger aus.

Immer wieder rate ich deshalb Frauen: Macht auf euch aufmerksam! Hebt den Kopf, macht den Mund auf und sorgt dafür, dass man mit euch rechnet! Ergreift die Initiative! Vermarktet euch! Heftet euch, wenn es sein muss, eine Rose ans Revers und eine Feder an den Hut! Das Veilchen im Moose ist eine entzückende kleine Kostbarkeit, wird aber fast immer übersehen.

Es hilft, vor allem zu Beginn des Berufslebens, öfter die Firma oder die Abteilung zu wechseln – so wird das Netzwerk größer, die Anzahl der Bekanntschaften steigt und zugleich der eigene Bekanntheitsgrad. Es hilft und kann empfehlenswert sein, sich einen Termin bei einem Vorgesetzten des Vorgesetzten geben zu lassen, um mit ihm über die eigene Entwicklung im Unternehmen zu sprechen, die (selbstverständlich erfolgreiche) bisherige und die zukünftige. Es hilft, besondere Begabungen weiter auszubilden und einzusetzen – das können etwa Fremdsprachenkenntnisse sein, IT-Kenntnisse, aber auch besondere organisatorische, psychologische oder kommunikative Fähigkeiten. Außerdem spricht nichts dagegen, wenn attraktive Frauen ihre Attraktivität hervorheben, um beruflich voranzukommen. Man sollte seine Mittel einsetzen. Es nützt niemandem, wenn unter der gläsernen Decke lauter zusammengekauerte Frauen sitzen und sagen, wir kommen leider nicht weiter.

Zu den verbreiteten Karrierestrategien gehört es leider auch, Intrigen zu spinnen, Konkurrenten zu täuschen oder auf falsche Fährten zu locken, Informationen zurückzuhalten. Diese und ähnliche Tricks lehne ich ab, weil sie den Regeln des Fair Play widersprechen. Mir selbst halfen innerhalb der Justiz sicherlich die häufigen Wechsel. Dabei lernte ich vielfältige Materien kennen, ich traf viele Menschen und lernte, mit verschiedenen Menschen auszukommen. Zugleich wuchs die Zahl meiner Beurteilungen in meiner Personalakte, sodass die Verwaltung einschätzen konnte, wie ich mich entwickelte.

Durch mein Engagement für die »Lex Peschel« stieg mein Bekanntheitsgrad in und außerhalb von Juristenkreisen schlagartig. Nicht bewusst, nicht aus karrieretaktischen Gründen erreichte ich Aufmerksamkeit, sondern aus meinem Gerechtigkeitsbedürfnis heraus; weil ich gesellschaftliche Missstände beheben wollte, war ich aus der grauen Masse hervorgetreten. Die »Lex Peschel« war gewissermaßen die Feder an meinem Hut. Meine Bekanntheit hatte jedoch nichts zu tun mit Popularität, keineswegs war ich Everybody's Darling, sondern galt vielen als unbequeme Person. Wer polarisiert, gewinnt Freund und Feind.

In den folgenden Jahren und Jahrzehnten erlangte ich Aufmerksamkeit – wiederum nicht um der Bekanntheit, sondern um der Sachen willen – im Rahmen meiner ehrenamtlichen Tätigkeiten für den Deutschen Juristinnenbund und den Deutschen Frauenrat. Gemeinsam mit anderen Juristinnen setzte ich mich für Gesetzesänderungen ein, viele Male trat ich vor dem Bundesverfassungsgericht auf.

Nachdem im Jahr 1977 ein neues Familienrecht in Kraft trat, wurden Familiengerichte bei den Amtsgerichten gegründet. Die Oberlandesgerichte, die bis dahin mit Familiensachen kaum etwas zu tun gehabt hatten, wurden zur zweiten Instanz. Deshalb musste am Hanseatischen Oberlandesgericht ein Familiensenat eingerichtet werden. Der Präsidialrichter kam auf mich zu und sagte: »Frau Peschel-Gutzeit, Sie sollten am neuen Familiensenat arbeiten. Ich denke, Sie sind einverstanden?« Nein, ich war gar nicht einverstanden. Mich nur noch mit dem Streit innerhalb von Familien zu befassen, mit Unterhalts- und Sorgerechtskonflikten, darauf hatte ich überhaupt keine Lust. Zumal ich selbst wenige Jahre zuvor eine extrem anstrengende Ehescheidung hinter mich gebracht hatte. Soweit ich wusste, gab es im ganzen Haus keinen Richter, der den Wunsch verspürte, zum Familiensenat zu gehen. Aber ich bezog dem Präsidialrichter gegenüber zunächst keine Stellung, sondern fragte nach: »Warum ›sollte‹ ich am Familiensenat arbeiten? Warum meinen Sie, ich sei einverstanden?« Der Präsidialrichter hatte von meinem *Staudinger*-Vertrag erfahren. »Jeder kann nein sagen, wenn es um den Familiensenat geht«, fand er. »Nur Sie nicht. Sie werden das Familienrecht im *Staudinger* kommentieren, deshalb sind Sie für diesen Senat prädestiniert.« Der Argumentation konnte ich mich nicht widersetzen und willigte notgedrungen ein.

Entgegen meiner Erwartung folgte eine sehr schöne und interessante Zeit. Sicher, die Prozesse nahmen mich oft nicht nur professionell, sondern auch persönlich in Anspruch. Mancher

Sorgerechtsfall ließ mich kaum los, ständig musste ich an die Kinder denken, über deren Zukunft ich zu entscheiden hatte. Aber am meisten zählte für mich, dass es eine wichtige und sinnvolle Arbeit war. Und fachlich war alles neu, es war eine aufregende Zeit. Bis heute hat mich das Familienrecht nicht losgelassen. Noch weit über dreißig Jahre nach meinen ersten Tagen als Familienrichterin am Hanseatischen OLG beschäftige ich mich täglich mit Familienrechtsfragen.

»Frau Peschel-Gutzeit, Sie sollten sich bewerben«, sagte mein Vorsitzender 1984, als der Vorsitz des Nachbarsenats frei wurde. »Sie haben Erfahrung, Sie sind jetzt so lange meine Stellvertreterin und haben mich monatelang vertreten. Es ist keine Frage, Sie können das.«

In der Tat sprachen viele Gründe für eine Bewerbung: Ich arbeitete bereits seit zwölf Jahren am OLG, davon sechs Jahre in einem Familiensenat. Seit 1978 war ich nicht nur Beisitzerin, sondern auch stellvertretende Vorsitzende eines Familiensenats, 1980 hatte ich zusätzlich den stellvertretenden Vorsitz eines weiteren Familiensenats übernommen. Im selben Jahr hatte mein Vorsitzender in einer Beurteilung geschrieben, ich sei »sowohl fachlich als auch persönlich (...) gut geeignet, den Vorsitz in einem Senat des Oberlandesgerichts, insbesondere einem Familiensenat, zu führen«. Ebenfalls im Jahr 1980 hatte der Präsident des Hanseatischen Oberlandesgerichts geschrieben: »Ich halte Frau Peschel-Gutzeit in jeder Hinsicht für geeignet, als Bundesrichterin an den Bundesgerichtshof berufen zu werden.«

Auch erschien mir die freigewordene Position inhaltlich hochinteressant. Der Senat, um den es ging, war für Familiensachen und weitere Rechtsgebiete zuständig, darunter Handelsrecht, Registerrecht und Wohnungseigentumsrecht. Zusätzlich landeten sämtliche streitigen Erbrechtssachen aus Hamburg in zweiter Instanz bei diesem Senat. Außerdem gab es weit und breit keine vorsitzende Frau. Der Präsident und der Vizepräsident des OLG waren Männer, ebenso sämtliche Senatspräsidenten. Wir hatten das Jahr 1984, und ich fand: Jetzt muss diese Männerdominanz ein Ende haben!

Ich bewarb mich und ging davon aus, an einem fairen Wettbewerb teilzunehmen. Das war reichlich blauäugig von mir. Es folgte ein Gewitter von Intrigen. Einige Kollegen verfolgten mit allen Mitteln nur ein Ziel: mich zu verhindern.

An jedem Gericht gibt es einen Präsidialrat, ein Richtergremium, das zu Beförderungen Stellung bezieht. Über mich schrieben die Kollegen aus dem Präsidialrat: »Frau Peschel-Gutzeit ist weder fachlich noch persönlich geeignet, den Senatspräsidentenposten auszufüllen.« Das hieß auf Deutsch: Sie taugt zu nichts. Wer so etwas über sich hört, muss übernatürliche Kräfte haben, um nicht in die Knie zu gehen. Eine Freundin von mir, ebenfalls Juristin und ehemals im diplomatischen Dienst tätig, sagte: »Lore, die Herren haben den Bogen überspannt. Sie hätten dir schaden können, indem sie behaupten, du seist eine nette Person, aber fachlich nicht geeignet. Sie hätten dir auch schaden können mit der Feststellung, du seist fachlich zwar gut, aber persönlich unerträglich. Dadurch, dass sie dir beides absprechen, stellen sie sich selbst als Intriganten bloß.«

Trotzdem verlor ich den Mut, ich war fertig mit der Welt, ich verlor meinen Glauben an die Kollegialität und war drauf und dran, auch meinen Glauben an die Gerechtigkeit zu verlieren. So wandte ich mich an meinen Vorsitzenden, der mich zur Bewerbung animiert hatte, und sagte, ich wolle meine Bewerbung zurückziehen.

»Eine Bewerbung zieht man nicht zurück«, kommentierte der Vorsitzende meinen Plan trocken.

»Sie meinen, ich soll mich weiter demütigen lassen?«

»Nein, das müssen Sie nicht. In der Tat sind Sie ein wehrloses Opfer, Sie können nichts machen. Aber ich trage Verantwortung für Sie, ich schätze Sie und halte Sie für sehr geeignet. Ich werde mich für Sie einsetzen.«

Zu Hause hielten wir Familienrat, meine Kinder unterstützten mich auf rührende Weise. Für den Fall, dass meine Feinde siegen und ich mit meiner Bewerbung scheitern würde, fasste ich den Entschluss, der Justiz den Rücken zu kehren. »Das ist völlig richtig«, sagte mein Sohn Rolf. »Du darfst dich nicht erniedrigen lassen.« Ich wollte mich als Rechtsanwältin in Schleswig-Holstein selbständig machen, denn es war nicht zulässig, im Anschluss an ein Richteramt im selben Bundesland als Anwalt zu praktizieren. Da man zu Beginn einer Selbständigkeit kaum Geld verdient, boten meine Kinder mir finanzielle Unterstützung an. Sie hatten gerade ihren Vater verloren und etwas Geld geerbt.

Für die Wahl der Vorsitzenden Richter am OLG, damals Senatspräsidenten genannt, ist in Hamburg der Richterwahlausschuss zuständig. Dem Ausschuss gehören an:

- drei Senatoren (die den Ministern in anderen Bundesländern entsprechen) oder Staatsräte (entsprechen den Staatssekretären),
- drei Richter,
- zwei Rechtsanwälte,
- sechs »bürgerliche Mitglieder« (vom Hamburger Parlament, der Bürgerschaft, gewählt).

Die Sitzungsleitung obliegt dem Justizsenator oder der Justizsenatorin, der oder die zudem Stimmrecht hat.

Bei der mich betreffenden Sitzung im Richterwahlausschuss spielten sich Szenen ab, die mir bis heute unbegreiflich sind. Ich durfte, wie alle Bewerber, nicht teilnehmen, aber mir wurde Erschütterndes berichtet. Besonders ein Richter machte Front gegen mich, er tat alles, um mich beruflich ein für alle Mal zu vernichten. Während der Sitzung des Richterwahlausschusses soll er genüsslich Entscheidungen von mir vorgetragen haben, die in der nächsten Instanz aufgehoben worden waren. Seit einem Vierteljahrhundert übte ich den Richterberuf aus, selbstverständlich war auch mir das passiert, was jedem Erst- und Zweitinstanzrichter hin und wieder passiert: dass die Kollegen der nächsten Instanz zu einem anderen Schluss kommen. Genau dafür gibt es Instanzen – wenn alles immer bestätigt würde, bräuchte man sie nicht. Ich hatte bereits zwölf Jahre in der zweiten Instanz gearbeitet und Urteile der ersten Instanz aufgehoben, das waren gewöhnliche Vorgänge. Trotzdem gelang es meinem Widersacher im Richterwahlausschuss, mit seinem bösartigen Vortrag Stimmung gegen mich zu machen. Später erfuhr ich, dass er zwei Verbündete hatte. Mir schien, die drei Richter mussten mich jahrelang beobachtet, Argumente gegen mich gesammelt und ihre Missgunst gepflegt haben. Und ich hatte es nicht gemerkt.

Aber ich hatte auch zahlreiche Fürsprecher. Sie erhoben sich im Richterwahlausschuss und signalisierten: Diese Diskriminierung machen wir nicht mehr mit. Hier soll ein Mensch vernichtet werden? Ohne uns! Mein Vorsitzender Richter, der nicht dem Richterwahlausschuss angehörte, hatte ein Schreiben verfasst, in dem er die Kampagne gegen mich offenlegte und anprangerte. Zahlreiche Kollegen hatten das Schreiben unterzeichnet. Sie legten es dem Richterwahlausschuss vor.

Mit großem Stimmenvorsprung wurde ich schließlich zur Senatspräsidentin gewählt. Meine Kinder durften ihr Erbe behalten.

Im Nachhinein erfuhr ich den Grund für die Kriegserklärung gegen mich: Meine Feinde hatten Personalketten gebildet. Schon lange vor Ablauf der Bewerbungsfrist hatten sie sich auf einen Kandidaten für das vakante Amt des Senatspräsidenten geeinigt und die Besetzung weiterer Positionen ausgekungelt.

Nach dem Prinzip: Wenn du mich in diesen Posten wählst, gebe ich dir jenen Posten, dann kann Kollege X nachrücken und Kollege Y wird der Vize … Damit, dass plötzlich eine Frau daherkommt und sagt, ich möchte bitte mitspielen, hatten sie nicht gerechnet. Ohne es zu wissen, hatte ich ihre Seilschaft zerstört.

Sieben Jahre später wurde ich zur Justizsenatorin in Hamburg gewählt. Ein guter Freund sagte zu mir: »Allein wegen der Panik, die deine einstigen Feinde jetzt haben, lohnt es sich schon für dich, Senatorin zu werden.« Und tatsächlich: Am Tag nach der Wahl stattete einer der Intriganten – zwischenzeitlich war er zum Gerichtspräsidenten aufgestiegen – mir einen Besuch ab. »Ich gratuliere recht herzlich«, sagte er mit einem falschen Lächeln. Er bekam keine Antwort zu hören, ich reichte ihm nicht die Hand und bot ihm keinen Platz an.

»Äh, nun, wie Sie wissen, haben wir etwas miteinander zu besprechen«, meinte der Gerichtspräsident.

»Nein, davon weiß ich nichts.«

»Es gab ja Spannungen damals bei der Frage, ob Sie Senatspräsidentin werden sollten. Sie erinnern sich?«

Ich warf ihm einen kalten Blick zu.

Unsicher trat er von einem Fuß auf den anderen und fuhr zögernd fort: »Wir müssen ja künftig miteinander arbeiten. Ich würde gern ein klärendes Gespräch mit Ihnen führen und unser Problem endlich lösen.«

»Herr Soundso, Sie haben ein Problem? Dann versuchen Sie es zu lösen. Das ist Ihre Sache, nicht meine.«

Hätte er zugegeben, dass er einst einen Fehler gemacht hatte, und mich um Entschuldigung gebeten, so hätte ich ihm selbstverständlich die Hand gereicht. Aber er hoffte anscheinend, auf billige Art das Geschehene ungeschehen machen zu können. Hielt er mich wirklich für so dumm oder vergesslich, darauf einzugehen? Das wäre eine zusätzliche Beleidigung gewesen. Jedenfalls blieb ich unerbittlich. Meine Macht als Justizsenatorin nutzte ich nicht, um mich zu rächen – das war und ist nicht mein Niveau. Aber ich bemühte mich erfolgreich darum, mit jenem Herrn und seinen einstigen Kumpanen so wenig wie möglich zu tun zu haben.

Die Intrige hatte mich tief in meinem Innern getroffen, die Verletzungen konnte ich körperlich spüren, ich habe wirklich gelitten. Und die Menschen in meiner Umgebung – meine Kinder, meine Freunde, meine engsten Kollegen – litten mit. So eine Erfahrung wünsche ich niemandem. Mit offener Konfrontation konnte ich schon immer gut umgehen. Aber die Intriganten hatten versucht, mir von einem sicheren Versteck aus in den Rücken zu schießen. Obwohl ich siegte, empfand ich die Erfahrung zugleich als Niederlage. Meinen Feinden war es gelungen, mir Leid zuzufügen. Eine lange Zeit schmerzten die Wunden noch. Als sie verheilt waren, verwuchsen die Narben zu einem Panzer, zu einer Rüstung. Überstandene Niederlagen stärken den Menschen, machen ihn weniger verwundbar, und das gilt – das lernte ich jetzt – auch dann, wenn man nach schlimmen Erfahrungen schließlich siegt.

Zeitgleich mit mir wurde eine zweite Frau befördert, eine hochintelligente, von mir sehr geschätzte Kollegin, die menschlich ein ganz anderer Typ war als ich. Zurückhaltend, vorsichtig, von zarter Statur, sie sprach immer leise. Sie hatte es weniger schwer mit der Beförderung und wurde etwa ein halbes Jahr nach mir Senatspräsidentin.

Erste weibliche Senatspräsidentin am Hanseatischen Oberlandesgericht zu sein war für mich eine schöne Herausforderung und eine schwere Bürde. Hätte ich Fehler gemacht, hätten nachfolgende Frauen es umso schwerer gehabt. Wie ein starker, perfekt arbeitender Schneepflug musste ich vorangehen und den Weg frei halten. Nicht nur aufgrund meines Geschlechts, auch wegen der Intrigen rund um meine Wahl war ich umzingelt von Menschen, die darauf warteten, dass mir ein Fehler unterlief. Deshalb verlangte ich mir selbst stets höchste Qualität ab. Meine Freunde und Feinde durften erleben, dass mir Gott sei Dank in meiner gesamten Zeit als Senatspräsidentin kein erwähnenswertes Missgeschick unterlief.

Die Frage, warum ich mir das alles zumutete, habe ich mir nur selten gestellt, und wenn, dann konnte ich sie sofort beantworten: Ich wollte Einfluss nehmen, ich wollte gestalten können, ich wollte, dass Frauen an der Macht beteiligt werden. Das Wort »Macht« bereitet nicht wenigen Frauen Unbehagen. Macht fühlt sich für sie beängstigend an oder sehr männlich. Das muss sich ändern. Wer etwas bewirken möchte, braucht Macht. Deshalb ist Macht etwas Gutes, Positives. Vorausgesetzt, man macht davon fairen Gebrauch. Wer behauptet, Macht und Menschlichkeit schlössen einander aus, hat nicht zu Ende gedacht. Ein Mächtiger oder eine Mächtige muss nicht automatisch ein Unterdrücker, eine Unterdrückerin sein, im Gegenteil: Nur wer Macht hat, kann Gerechtigkeit und Menschlichkeit auch gegen Widerstände durchsetzen.

Mit Macht geht oft Konfliktbereitschaft einher – auch sie erscheint manchen Frauen nicht erstrebenswert. Ihr Harmoniebedürfnis ist groß, sie verzichten lieber auf Einfluss, als einen Streit auszufechten. Sie fürchten Ablehnung, sie möchten geliebt werden. Bei meinen Vorträgen in der Bertelsmann Business Women School entdecke ich tiefe Sorgenfalten auf der Stirn junger Managerinnen, wenn ich über offene Konfrontationen spreche. Manche haben Angst davor, sie möchten keine Kämpferinnen sein, sie wollen anerkannt und geliebt werden. Ich kann das sehr gut verstehen. Aber wenn ich Ziele im Leben habe, muss ich dafür kämpfen, muss ich Missgunst und Widerstände riskieren. Habe ich mit meinem Anliegen Erfolg, werde ich am Ende sehr wahrscheinlich auch Anerkennung ernten – neben der Ablehnung derer, denen durch mein Einwirken Privilegien abhandengekommen sind.

Will ich, oder will ich nicht? Ich lief den Strand hinauf, ich lief den Strand hinunter, es war ein sonniges Wochenende auf Sylt, das Licht glitzerte auf dem Wasser. Aber davon nahm ich kaum Notiz. Björn Engholm, Ministerpräsident von Schleswig-Holstein, hatte mich angerufen. In dem Bundesland sollte ein neuer Präsident des Oberlandesgerichts eingesetzt werden, Engholm wünschte sich eine Präsidentin. Die schleswig-holsteinische SPD hatte beschlossen, qualifizierte Frauen besonders zu fördern. Auch in der Stellenausschreibung wandte man sich ausdrücklich an »qualifizierte Frauen«. Engholm bat mich darum, mich zu bewerben. Es war das Jahr 1988, ich war gerade der SPD beigetreten, deshalb duzten wir uns. »Ich weiß nicht, Björn. Ich bin gern hier am OLG in Hamburg. Ich mag meine Arbeit«, erklärte ich ihm. Andererseits wusste ich, dass es bis dahin keine einzige Frau an die Spitze eines deutschen Oberlandesgerichtes geschafft hatte. Durfte ich ablehnen, wenn mir ein solcher Posten in Aussicht gestellt wurde?

Ich bat den Ministerpräsidenten um drei Tage Bedenkzeit, fuhr nach Sylt, ging spazieren und ließ mir den schleswig-holsteinischen Wind um die Nase wehen. Meine Gefühle sagten mir: Du bist Hamburgerin, du bist zufrieden mit deiner Arbeit, geh nicht in den Norden! Der Verstand hielt dagegen: Die Justiz ist nach wie vor so konservativ, und Frauen haben es so schwer, dort aufzusteigen. Jetzt wird dir ein Aufstieg auf einem silbernen Tablett angeboten, da kannst du nicht nein sagen!

Der Verstand siegte. Zurück in Hamburg, informierte ich Björn Engholm und reichte meine schriftliche Bewerbung ein.

Anders als in Hamburg wurde der OLG-Präsident in Schleswig-Holstein nicht vom Richterwahlausschuss gewählt, sondern es handelte sich um eine Entscheidung der Landesregierung. Ich bekam Nachricht aus Kiel: »Kein Zweifel, Sie werden OLG-Präsidentin. Das Kabinett tagt am 29. November und wird sich für Sie entscheiden. Es ist nur noch eine reine Formsache.«

Am 29. November rief mich mein ältester Beisitzer an und gratulierte mir. »Wozu?«, fragte ich.

»Ich habe es eben im Rundfunk gehört, Sie werden OLG-Präsidentin.«

Am 30. November kam ich morgens in die Universität Hamburg, wo ich einen Lehrauftrag hatte. Ein Meer von Blumen zierte das Pult im Vorlesungssaal. Meine Studenten reichten mir die Hände, sie waren ganz aufgekratzt, alle beglückwünschten mich. Sie hatten in der Zeitung gelesen, dass ich zur OLG-Präsidentin in Schleswig-Holstein bestimmt worden war. Mittags kam ich ins Gericht – auch dort ein Blumenmeer und viele Gratulanten. Um 15 Uhr erhielt ich einen Anruf vom Staatssekretär aus Kiel. »Haben Sie es schon erfahren?«

»Ja«, sagte ich, »es steht ja in allen Zeitungen.«

»Nein, nein, das meine ich nicht. Sie werden es nicht.«

»Was? Wie bitte?«

»Sie werden nicht OLG-Präsidentin.«

»Machen Sie Scherze?«

»Es tut mir leid, ich habe den Auftrag, Ihnen mitzuteilen, dass die Entscheidung zunächst für Sie ausging, nachträglich aber geändert wurde.«

Bereits zweieinhalb Stunden zuvor hatte Björn Engholm die Presse informiert: Gerold Köhler, zuvor Vizepräsident am OLG in Schleswig, erhielt den Posten des OLG-Präsidenten.

Wieder hatte ein männlicher Intrigant – übrigens nicht Köhler – alles darangesetzt, mich zu verhindern. Diesmal mit Erfolg. Aufgrund meiner Erfahrung am Hanseatischen OLG ging ich nun nicht mehr in die Knie. Vor dem Schlag in die Magengrube schützte mich die Rüstung, die ich erworben hatte. Außerdem war ich gar nicht mal so unglücklich, in Hamburg bleiben zu können.

Wenn ich heute an den 30. November 1988 zurückdenke, sehe ich vor meinem inneren Auge eine Szene wie in einer

Tragikomödie. Das Blumenmeer der Freude, das mich eben noch umgeben hatte, wirkte plötzlich wie das Werk eines übermütigen Trauerfloristen. Und ich mittendrin – wie auf einem Begräbnis erster Klasse, meinem eigenen Begräbnis. Die Szene hatte durchaus etwas Absurd-Komisches.

Wenige Jahre später blieb ich erneut »zweite Siegerin«. Man hatte mich aufgefordert, mich als Hamburger Datenschutzbeauftragte zu bewerben. Ich hätte mir durchaus Aufgaben vorstellen können, die für mich interessanter gewesen wären. Aber ich bewarb mich brav, denn im Bereich Datenschutz war nicht nur in Hamburg das weibliche Geschlecht absolut unterrepräsentiert. Dennoch wurde es wieder ein Mann. Diese Niederlage prallte vollends an mir ab.

In dem OLG-Senat, dem ich vorsaß, hatte ich zeitweilig bis zu fünf Beisitzer, vier Männer und eine Frau. Üblicherweise besteht ein Senat aus drei Richtern: dem Vorsitzenden und zwei Beisitzern. Da wir doppelt so viele waren, wurde ein sogenannter A-Senat gebildet, sodass ich praktisch den Vorsitz zweier Senate innehatte: Senat 2 und Senat 2A. Das bedeutete auch: doppelt so viel Arbeit wie in einem regulären Senat.

In unserem berühmtesten Fall spielten Hartbrandwichtel die Hauptrolle, besser bekannt als Gartenzwerge. Sie waren bereits durch zwei Instanzen marschiert, Amtsgericht und Landgericht. Die Frage lautete: Durften Gartenzwerge sich auf Wunsch eines einzelnen Wohnungseigentümers dauerhaft im gemeinschaftlichen Vorgarten einer Wohnanlage aufhalten? Eine Miteigentümerin einer Wohnanlage forderte die Umsiedlung der Wichtel, der Zwergaufsteller weigerte sich, sie aus dem Vorgarten zu entfernen. Es war ein juristisch komplizierter sowie emotional schwer befrachteter Fall. Mein ältester Beisitzer bearbeitete die Hartbrandwichtelsache mit größter Akribie. Er stieg in die Historie der Figuren ein, erforschte ihren Ursprung, erarbeitete eine Kulturgeschichte des deutschen Gartenzwergs vom Mittelalter bis zur Gegenwart.

Am Ende kamen wir zu dem Ergebnis: Niemand darf etwas auf eine Gemeinschaftsfläche stellen ohne Einverständnis der anderen Grundstücksinhaber. Das gilt auch für Gartenzwerge, trotz ihrer großen kulturellen Bedeutung. In der Presse brach ein Sturm der Entrüstung aus. Die *Bild*-Zeitung zeigte ein Foto von mir auf der Titelseite und schrieb: »Diese Frau verbietet Gartenzwerge!« Ich erhielt Briefe mit Morddrohungen, der OLG-Präsident erstattete Strafanzeige gegen die Absender. Die Sache beschäftigte uns noch lange. Und der zuständige Beisitzer sagte ganz geknickt: »Ich hab's doch so gut begründet!« Das hatte er tatsächlich, aber es interessierte die *Bild*-Zeitung und ihre Leser nicht. »Nehmen Sie's bloß nicht persönlich, hier spricht die deutsche Volksseele«, versuchte ich den Kollegen zu beruhigen.

Parallel zum OLG-Vorsitz verfasste ich meinen *Staudinger*-Kommentar, was dazu führte, dass ich fünf Jahre lang keinen Urlaub machte und jedes Wochenende in meinem Arbeitszimmer im Gericht saß. Ich hatte dort eine Mikrowelle, brachte mir eine Mahlzeit mit und arbeitete von morgens bis abends. Die Bürde, als erste Frau besonders gut sein zu müssen, lastete bei meiner *Staudinger*-Mitarbeit besonders schwer auf mir. Es war eine dermaßen anspruchsvolle, bedeutende Aufgabe, dass sie mir auch als hundertste Frau zu schaffen gemacht hätte. Aber so? Ich war voller Versagensängste, ich war tief unglücklich, wollte immer wieder aufgeben und durfte es nicht. Die erste Frau, die zur Mitarbeit am *Staudinger* eingeladen wurde, hat hingeworfen! Diese Nachricht hätte sich wie ein Lauffeuer verbreitet und dafür gesorgt, dass Juristinnen es auf allen möglichen Betätigungsfeldern – nicht nur beim *Staudinger* – noch schwerer gehabt hätten, als sie es ohnehin schon hatten. Zum ersten Mal seit meinem Studium gab es Tage, an denen ich mich beruflich überfordert fühlte.

Meine Aufgabe war, das neue elterliche Sorgerecht zu kommentieren, was in erster Linie bedeutete: Ich musste Zitate aus der Rechtsprechung und Literatur zusammenstellen. Akribisch, wie ich war, legte ich zwei Register an mit jeweils 10 000 Zitaten. Jedes Zitat überprüfte ich, denn bei allem, was ich nicht aus erster Hand hatte, konnten sich bereits Fehler eingeschlichen haben. Das war oft der Fall, sodass ich, um gefeit zu sein, auch noch ein Fehlzitatregister anlegte. So etwas hat außer mir vermutlich noch kein Mensch gemacht. Welcher Leser findet kleinste Zitatfehler? Und welche Konsequenz hat es, wenn tatsächlich einmal ein Fehlerchen gefunden wird? Rückblickend halte ich meine Arbeitsweise für pedantisch, aber dennoch für richtig.

Bei Autoren, die sich der herrschenden Meinung anschließen, ist die Stoffsammlung die Hauptarbeit. Bei anderen Autoren, die wie ich bisweilen eine abweichende Meinung haben, geht die Arbeit nach der Zitatensammlung erst wirklich los, man muss seine abweichende Haltung ausführlich begründen. Dies alles tat ich ohne Betreuung, denn Herr Professor Engler, der zuständige Bandredaktor, war zwischenzeitlich Minister in Baden-Württemberg geworden und telefonisch für mich praktisch nicht zu erreichen.

Den ersten Teil meiner *Staudinger*-Arbeit, etwa 400 bis 500 Seiten, schickte ich 1988 an Engler und erhielt daraufhin einen Brief, in dem sinngemäß stand: So geht das alles nicht.

Fünf Jahre Arbeit – umsonst? Das kam nicht in Frage. Aber ich war selbstverständlich auch nicht bereit, von meiner Meinung abzurücken. Ich schrieb Herrn Engler zurück, wir stritten uns, wir argumentierten hin und her. Er vertrat damals manch altmodische Vorstellungen von Familie und Kindererziehung. Warum hatte er mich, eine Kinderrechtlerin und Verfechterin moderner Familienstrukturen, aufgefordert, als Autorin zum Thema elterliches Sorgerecht tätig zu sein? Er musste gewusst haben, dass ich nicht nur konservative Werte feiern würde. Ich war nicht bereit, mich für angebliche Gewohnheitsrechte zu Lasten von Kindern auszusprechen. Ich bestand darauf, Kinder anzuhören, bevor über sie entschieden wurde. Ich war überzeugt davon, dass es Männer gibt, die in der Lage sind, Kinder allein zu erziehen. Und so weiter. Am Ende einigten Engler und ich uns nicht nur – der Professor änderte in vielen Punkten seine Meinung, auch ich gab hier und da nach. Schließlich schlug er mir vor, den ersten Teil meiner *Staudinger*-Arbeit als Dissertation einzureichen. Sie erschien unter dem Titel *Das Recht zum Umgang mit dem eigenen Kinde*. Im Jahr 1990 legte ich meine mündliche Prüfung, das sogenannte Rigorosum, an der Universität Freiburg ab und wurde zur Doktorin der Rechtswissenschaft promoviert. Und Prof. Engler und ich wurden gute Freunde und sind es bis heute.

Energie sparen? Nicht mit mir!

Es war ein Sonntagnachmittag im Winter, die Kinderfrau war da, meine Tasche war bereits im Auto verstaut, der Kühlschrank war voll, ich hatte alles gut vorbereitet. Ich war auf dem Sprung nach Karlsruhe. Am nächsten Morgen sollte eine zweitägige Verhandlung am Bundesverfassungsgericht beginnen, der Deutsche Juristinnenbund war aufgefordert worden, Stellung zu nehmen, diese Aufgabe fiel mir als Erste Vorsitzende zu. Bevor ich losfuhr, ging ich noch einmal durchs Haus, schaute routinemäßig auch in den Heizungsraum und stellte fest: Wasser musste nachgefüllt werden. Schnell holte ich den Schlauch und war wohl etwas gedankenverloren, als ich ihn anschließen wollte. Kochend heißes Wasser schoss mir entgegen und verbrühte meine Beine. Die Haut wurde rot, Blasen bildeten sich, zuerst wollte ich es nicht wahrhaben, aber dann sah ich ein: Ein Notarzt musste kommen. Er legte mir großflächige Brandverbände an. Ich hatte furchtbare Schmerzen.

Schnell packte ich eine weitere Tasche mit mehreren Kostümen und dazu passenden Blusen. Dann fuhr ich los. An den zwei Tagen der mündlichen Verhandlung in Karlsruhe zog ich mich jeweils zweimal um, in der Mittagspause und am Nachmittag. Denn wie erwartet sickerte das Wundwasser durch die Verbände, meine Röcke wurden feucht. Am zweiten Morgen nahm mich eine Verfassungsrichterin, mit der mich eine nette Bekanntschaft verband, zur Seite. »Wir haben Wetten abgeschlossen, in welcher Kleidung Sie heute Nachmittag auftreten«, erzählte sie mir. »Wir freuen uns schon immer auf Ihr nächstes Gewand.« Als ich ihr den Grund für meine Kostümschau erklärte, erschrak sie. »Um Gottes willen! Warum sind Sie nicht zu Hause geblieben?« – »Das geht nicht. So schnell kann kein Ersatz beschafft werden, und außerdem: Es sind doch nur die Beine«, entgegnete ich. »Solange mein Kopf funktioniert, kann und werde ich meine Aufgaben wahrnehmen.«

Ich gebe zu, dass ich das Gefühl hatte, beinahe an meine Belastungsgrenze zu stoßen. Aber ich stehe zu dem, was ich tat und sagte. Schwäche zu zeigen und Einschränkungen hinzunehmen, aus Krankheitsgründen eine Aufgabe nicht zu erfüllen: Dafür bin ich nicht gemacht.

In meinem ganzen Berufsleben habe ich nicht einen Tag krankheitsbedingt gefehlt – ausgenommen die wenigen »Unfälle«, die mich außer Gefecht setzten; wie der dreifache Beckenbruch bei der Geburt meines Sohnes; oder die Eingriffe an den Augen, bei denen ich künstliche Linsen implantiert bekam. Ich ließ sie im Urlaub vornehmen. Aber Grippe, Magenprobleme, Rückenschmerzen? Kenne ich zwar, sie hindern mich aber letzten Endes nicht. Ich stehe jeden Morgen um sechs Uhr auf, auch am Wochenende, und fühle mich fit. Jeden Tag habe ich volles Programm, ich langweile mich nie, bin voller Energie und nutze sie. Woher ich sie nehme, diese Energie, kann ich nicht erklären. Sie steckt in mir. Vielleicht kommt sie daher, dass ich immer Ziele habe, mich immer für etwas einsetze, wovon ich überzeugt bin.

Kürzlich ging es meiner Sekretärin nicht gut, sie fragte, ob sie früher nach Hause gehen dürfe.

»Natürlich gehen Sie früher, ich bitte Sie!«, antwortete ich. »Sie können auch morgen zu Hause bleiben, wenn Ihre Verfassung sich nicht bessert. Das ist doch selbstverständlich.«

»Danke! Aber es ist mir ein bisschen unangenehm, wenn

ich bedenke, dass wir uns jetzt zehn Jahre kennen, und Sie haben sich nicht einen Tag krankgemeldet.«

»Das sollte Sie nicht kümmern. Die Menschen sind nun einmal unterschiedlich. Manche haben mehr, manche haben weniger Kraft, Gesundheit und Ausdauer. Das ist doch in Ordnung.«

Weniger akzeptabel erscheinen mir dagegen die mangelnde Ausdauer, die vorschnelle Resignation oder auch die unkritische Zufriedenheit mit sich und der beruflichen Situation, die ich bei manchen Menschen beobachte, die meinen, ihre Kraft reiche nicht für mehr. Dahinter kann Bequemlichkeit stecken, Mutlosigkeit, ein ausgeprägtes Harmoniebedürfnis oder eine Mischung aus allem. Wenn ich feststelle: Mein Kollege hat eine Gehaltserhöhung bekommen und ich wieder nicht. Oder: Mein einstiger Auszubildender ist an mir vorbeigezogen. Dann kann ich denken: Ach, schade, Pech gehabt – und resignieren und mich selbst bemitleiden oder mich damit trösten, dass es Schlimmeres gibt. Ich kann aber auch die Ärmel hochkrempeln und mir vornehmen: Das passiert dir nicht noch einmal! Dafür braucht man vor allem Konfliktbereitschaft, Ehrgeiz, Willen und Mut. Die nötige Energie kommt dann oft von allein, sie generiert sich aus dem persönlichen Engagement.

Die meisten Menschen wünschen sich einen liebevollen Partner, ein schönes Zuhause, ein oder zwei nette Kinder, ein Auto, ein Hobby und die Möglichkeit, Urlaubsreisen zu unternehmen. Wenn es um solche Ziele geht, ist fast nie die Rede von mangelnder Energie. Auch wenn es darum geht, den Partner bei dessen Karriere zu unterstützen, können vor allem Frauen eine Menge Kraft entwickeln. Das alles finde ich gut und nachvollziehbar – und Grund genug, sich selbst zu erforschen: Warum fehlt mir die Kraft nur, wenn es um meinen Beruf, mein Vorankommen geht? Vielleicht, weil ich in Frieden mit meinen Kollegen leben möchte? Weil ich nicht auffallen möchte? Weil ich Angst vor Verantwortung habe?

Dass ich in relativ hohem Alter relativ viel Kraft habe für meine Arbeit, meine Kinder und Enkel und viele verschiedene Aktivitäten, Ziele und Verantwortlichkeiten, verdanke ich wohl auch dem jahrzehntelangen Konditionstraining, das ich in früheren Jahrzehnten absolvierte. Alleinerziehend, voll berufstätig, in verschiedenen Bereichen ehrenamtlich engagiert, zu Hause für alles allein zuständig, vom tropfenden Wasserhahn über Autoreparaturen bis hin zur Gartenpflege: Wer das alles schafft, mal besser, mal schlechter, vom 1. Januar bis zum 31. Dezember und von null bis 24 Uhr, dem geht auch in späteren Jahren nicht so schnell die Puste aus.

Natürlich erlebte ich – wie jeder andere Mensch auch – Momente der Schwäche, der Müdigkeit und des Grübelns. Wofür reibe ich mich so auf? Hat das alles einen Sinn? Solche Fragen stellte ich mir ernsthaft und kam doch nie zu dem Schluss, aufzugeben. Das Recht darauf, abgespannt zu sein, gestand ich mir zu, denn vieles in meinem Leben war wirklich anstrengend, kräftezehrend, manches auch enttäuschend. Infolgedessen durfte ich bisweilen müde sein, ich bin keine Superwoman. Aber recht schnell musste dann auch wieder Schluss sein mit der Müdigkeit. Nun mal weiter!, sagte ich zu mir selbst. Nie habe ich an meinen hauptsächlichen Zielen gezweifelt, Zielen wie der sozialen Gerechtigkeit, der Emanzipation, der Stärkung der Rechte von Kindern. Meine unverrückbaren Überzeugungen, gepaart mit der großen Freude an meinem Beruf, an meinen Kindern und Enkeln befeuern bis heute mein inneres Kraftwerk. Zudem besitze ich die Gabe, mich relativ schnell entspannen zu können. Wenn ich nach Hause komme, trinke ich gern ein Glas guten Wein. Ich setze mich hin, atme tief durch, nehme einen Schluck, und schon fällt die Last des Tages von mir ab. Andere gehen spazieren, meditieren oder treiben Sport. Das Ergebnis ist das gleiche: herunterkommen, auf andere Gedanken kommen. Die Probleme, die ich tagsüber nicht lösen konnte, werde ich auch am Abend nicht bewältigen. Also lasse ich sie ruhen bis zum nächsten Tag.

Ein weiterer Weg, Entspannung zu finden, ist für mich das Autofahren. Als Senatorin hatte ich einen Dienstwagen mit Fahrer, war aber auch immer wieder froh, wenn ich in der Freizeit selbst fahren konnte. Am Steuer fühle ich mich unbeschwert und glücklich. Bei wenig Verkehr und hoher Geschwindigkeit breitet sich in mir die Empfindung großer Freiheit aus. Als könnte ich nach Lust und Laune immer weiterfahren, von hier bis ans Ende der Welt, und keiner hält mich auf.

Diese Klarheit, diese Schönheit. Kein Ton zu viel oder zu wenig, kein Ton zu lang oder zu kurz, kein Schnörkel, kein Pathos, kein Bombast. Und doch so unendlich viel Gefühl – in der Musik von Johann Sebastian Bach. Ich kann mich darin verlieren, ich gehe darin auf. Die Kompositionen ähneln für mich der lateinischen Sprache, auch sie fasziniert mich dank ihrer klaren Strukturen. Seit meiner Jugend begleiten mich Bachs Klänge durch die schönsten und schwersten Zeiten.

Generell ist Musik für mich eine große Leidenschaft, sie spendet mir Trost, Freude, Mut und Kraft. Mozarts Sinfonien und Klavierkonzerte wecken Glücksgefühle in mir, wenn ich traurig oder abgespannt bin. Vivaldis *Vier Jahreszeiten* machen das Leben leichter, vergnüglicher, schöner. Solch eine Leidenschaft ist ein Geschenk. Wer sie gefunden hat, sollte sie pflegen.

Schon als kleines Kind liebte ich Musik. Ab dem Kindergartenalter sang ich im Kinderchor des Rundfunks. Kam ich von der Grundschule nach Hause, kurbelte ich immer gleich das Grammophon an und hörte Rossinis Ouvertüren: *Die diebische Elster*, *Der Barbier von Sevilla*, *Wilhelm Tell* … Noch immer kann ich sie alle mitsingen. Die restliche Familie konnte damit nicht viel anfangen, ließ mich aber gewähren. Meine ganze Kindheit und Jugend über sang ich in Chören, auf dem

Gymnasium gründete ich zusammen mit meiner Freundin Corry einen Klassenchor. Wie gesagt, fiel es mir trotz größter Bemühungen schwer, Noten zu lesen, da ich an einer Störung namens Notenlegasthenie leide. Zum Glück hatte ich sehr musikalische und geduldige Freundinnen: Eine von ihnen war Luise, die Musik studierte und Pianistin wurde. Sie übte mit mir die Melodien, bis ich sie auswendig konnte. Im Chor sang ich die *Matthäuspassion* auswendig, und zu Hause, einfach nur zum Spaß, sang ich Schuberts *Schöne Müllerin*, den ganzen Liederzyklus, mit Text, aber ohne Noten.

Als nach dem Krieg in Hamburg wieder Opern aufgeführt wurden, besuchte ich jede Woche zwei Opernaufführungen, gemeinsam mit Freundinnen. Das Opernhaus in der Dammtorstraße war im Krieg stark beschädigt worden, der gesamte Zuschauerraum war zerstört. Nur die Bühne, hinter dem eisernen Vorhang, blieb erhalten. Bevor eine neue Staatsoper gebaut wurde, fand der gesamte Betrieb dort statt. Auf der eigentlichen Bühne saßen in dreizehn Reihen die Zuschauer, auf der dahinterliegenden ehemaligen Probebühne spielten und sangen die Künstler. Die Eintrittskarten waren preiswert und hart umkämpft. Deshalb packten wir Freundinnen jeden Samstag gefüllte Thermoskannen und Brote ein, klemmten uns Klapphocker unter den Arm und zogen um 18 Uhr los zur Opernkasse. Dort verbrachten wir die Nacht, in der sich allmählich eine lange Schlange bildete. Am Sonntagmorgen um 10 Uhr öffnete die Kasse, und wir bekamen die ersehnten zwei Karten pro Person. Wir Mädchen waren eine richtige Clique, wir sangen gemeinsam im Chor, waren musikbegeistert und so gut befreundet, dass uns die nächtliche Warterei nichts ausmachte. Viele Opern hörte ich drei, vier Mal oder öfter, sodass ich sie bis heute mitsingen kann. Händels *Xerxes* und *Orpheus und Eurydike* von Christoph Willibald Gluck hörte ich in jener Zeit zum ersten Mal. Noch heute gehören sie zu meinen Lieblingsopern. Die

Arie des Orpheus habe ich bei verschiedenen Veranstaltungen selbst gesungen.

Zweimal stellte sich mir die Frage, den Gesang zum Beruf zu machen. Das erste Mal zum Ende der Schulzeit, als die Berufsberaterin mir drei Studiengänge zur Auswahl vorschlug, darunter Musik. Das zweite Mal während meiner zwei Semester als Jurastudentin in Freiburg. Meine Freundin Luise lebte und studierte zur selben Zeit dort. Eines Tages nahm sie mich mit in die Musikhochschule, setzte sich an den Flügel und sagte: »Komm, lass uns Schubert singen wie früher zu Hause!« Ich sang, sie begleitete mich, für uns war das gemeinsame Musizieren ein Ausdruck unserer Freundschaft, ein schöner Spaß, mehr nicht. Da hörte ich plötzlich ein Rascheln, ich drehte mich um, ein fremder Mann stand hinten an der Wand. Er hatte unbemerkt den Raum betreten. Er stellte sich als Gesangsprofessor vor und fragte mich, wo ich Gesang studierte. »Gar nicht«, antwortete ich verwirrt. »Ich singe doch nur zum Vergnügen!« Der Professor meinte, für eine Laiin hätte ich eine erstaunlich gute Stimme. Ob ich mir wohl vorstellen könnte, Gesang zu studieren? Die Frage kam für mich völlig überraschend. Ich war mir nicht sicher, ob so ein Wechsel das Richtige für mich war, aber vorstellen konnte ich mir vieles – zumal ich mich im Jurastudium nicht wohlfühlte. Der Professor lud mich zur Aufnahmeprüfung ein.

»Da brauche ich gar nicht erst hinzugehen«, sagte ich zu Luise. »Sie werden mich auffordern, vom Blatt zu singen, und dann ist es vorbei.« – »Gib nicht auf, bevor es losgeht!«, forderte Luise mich auf. »Ich weiß, welche Lieder sie meistens in den Prüfungen hören wollen. Die lernst du jetzt auswendig.« Mit Hilfe meiner Freundin studierte ich etwa zwanzig Lieder ein, und tatsächlich ließen mich die Prüfer kein mir unbekanntes Lied anstimmen. Am Ende der Prüfung sagten sie: »Vielen Dank, Sie haben eine sehr schöne Stimme, wir würden Sie gern weiter ausbilden.«

Ich studierte im dritten Semester Jura, das Studium gefiel mir nicht. Die Stadt Freiburg mochte ich sehr, und die Aussicht auf viele Jahre voller Musik erschien mir äußerst verführerisch. Wochenlang beriet ich mich mit Luise und rang mit mir selbst, lieferte mir einen inneren Schlagabtausch mit überzeugenden Argumenten pro und kontra Jura, pro und kontra Gesang. Am Ende gewann die Rechtswissenschaft, aus folgenden vier Gründen: Erstens konnte ich keine Noten lesen, das wäre irgendwann aufgeflogen. Zweitens bin ich eine geborene Perfektionistin. Ich bezweifelte, dass ich das Zeug zur absoluten Spitzenklasse hatte, und darunter wollte ich es nicht machen. Schon gar nicht in der Kunst. Mittelklassige Künstler gab und gibt es genug. Drittens grauste mich die Vorstellung, ein Dasein als zweite Soubrette in Wuppertal zu fristen. Viertens stand mir meine Körpergröße im Wege, mit 1,78 Metern überragte ich viele männliche Sänger.

Ob man an einer Weggabelung den richtigen oder den falschen Weg eingeschlagen hat, kann man im Nachhinein meist nicht sagen – man weiß ja nicht, was am Ende des anderen Wegs gekommen wäre. Auch ist es nicht meine Art, über das »Was wäre gewesen, wenn …« zu grübeln oder »Ach, hättest du bloß« zu denken. Wer es übertreibt, vergiftet sich damit das Leben. Vielleicht wäre der Gesang meine große Erfüllung gewesen – doch große Erfüllung fand ich auch als Richterin und als Anwältin. Ich habe viele berühmte Sängerinnen kennengelernt, mit manchen war oder bin ich befreundet, darunter Martha Mödl. Daher weiß ich, dass der Weg durch die Opernwelt ein schwerer ist, selbst für die begnadetsten Sängerinnen.

So blieb Musik meine private Leidenschaft. Das Singen im Chor und mit Klavierbegleitung gab ich auf, mir fehlte die Zeit dafür, aber mit meinen Kindern habe ich immer viel gesungen. Als sie klein waren, hatten wir noch kein Autoradio, und wenn wir große Fahrten machten, sangen wir die ganze Zeit. Noch heute können meine Kinder zig Volkslieder auswendig singen. Manchmal singen Andrea und ich meinem Enkel Simon etwas vor. Dann schaut er immer ganz beeindruckt von einer zur anderen, voller Erstaunen darüber, wie viele Strophen wir kennen.

Meine Musikbegeisterung ist mir zum Glück ein Leben lang erhalten geblieben, zum Musikhören fand ich immer noch Zeit, und wenn es nur für zehn Minuten vor dem Schlafengehen war. Ob Kammer- oder Orchestermusik, ob Lied oder Oper: Musik ist mein alltäglicher Luxus – und einer der Stoffe, mit denen ich mein inneres Kraftwerk betanke.

Ein einziges Mal in meinem Leben war plötzlich Stillstand. Bei den praktischen Familienaufgaben und im Beruf funktionierte ich noch so eben und eben, aber in meinem Innern war eine große Leere, Hoffnungslosigkeit, die totale emotionale Erschöpfung. Da half auch keine Musik mehr. Erst jetzt, während ich dieses Buch schreibe, fällt mir die Episode wieder ein. Seit einer kleinen Ewigkeit habe ich nicht mehr daran gedacht. Darüber gesprochen habe ich nur mit sehr wenigen, sehr engen Freunden.

Eines Abends saß ich zusammen mit einem Ehepaar, mit dem mich eine langjährige Freundschaft verband. Wir tranken Wein, die beiden erzählten fröhlich, ich starrte gedankenverloren vor mich hin. »Lore, was ist los mit dir? Geht es dir nicht gut?« Ich starrte weiter, schweigend, minutenlang. Dann liefen Tränen über mein Gesicht, aber ich gab keinen Ton von mir. »Lore, meine Liebe, was machst du für Sachen?« Meine Freundin nahm mich fest in den Arm, ich weinte noch mehr, fing laut an zu schluchzen und schämte mich furchtbar. Ganz zaghaft, mit leiser, brüchiger Stimme begann ich, die einfühlsamen Fragen meiner Freunde zu beantworten. Irgendwann spät in der Nacht strömte es dann aus mir heraus: dass ich mich einsam und hilflos fühlte; dass ich Versagensangst hatte; dass meine

Arbeit im Gericht sich stapelte und ich nicht mehr wusste, wie ich sie bewältigen sollte; dass meine Kollegen mich deshalb beim Gerichtspräsidenten angeschwärzt hatten; dass ich voller Enttäuschung und Traurigkeit war; dass ich mir schwere Vorwürfe machte … Als wir uns am frühen Morgen voneinander verabschiedeten, nahmen meine Freunde mir das Versprechen ab, zum Arzt zu gehen.

Meine Hausärztin überwies mich an eine Psychiaterin, die eine reaktive Depression diagnostizierte. Einige Monate zuvor hatte ich mich scheiden lassen, hinter mir lagen kräftezehrende Monate – sowie mehrere Jahre, in denen meine Ehe mehr Belastung als Bereicherung gewesen war. Zum Ausbruch kam die Depression, kurz nachdem mein Vorsitzender Richter und meine Beisitzerkollegen beim Präsidenten des OLG aufgetaucht waren, um sich über meine mangelhaften Leistungen zu beschweren. Sie hatten mich völlig übergangen, nicht ein Wort der Kritik hatte ich von ihnen gehört, sie waren direkt zum Präsidenten gegangen. Der wiederum beauftragte seinen Vize, mit mir zu sprechen.

Man hört heute so oft vom Burnout-Syndrom – ich denke, mein Problem war ein ähnliches. Mit einem Medikament und einigen psychotherapeutischen Sitzungen konnte ich Gott sei Dank bald stabilisiert werden. Ich hatte das Glück, medizinisch und psychologisch gut betreut zu sein. Keinen einzigen Tag musste ich aufgrund der Krise bei der Arbeit fehlen. Eine Krankschreibung hätte mir psychisch zusätzlich geschadet und mein ohnehin angekratztes Ansehen im Senat noch weiter verschlechtert.

Der Vizepräsident des OLG half mir sehr, er führte ein langes, verständnisvolles Gespräch mit mir. Er sagte: »Frau Peschel-Gutzeit, wir alle kennen und schätzen Sie. Sie sind eine gute Richterin in einer schwierigen Situation. Lassen Sie uns gemeinsam schauen, wie Sie da wieder herauskommen.« Da er älter war und mehr Berufserfahrung hatte als ich, konnte er mir wertvolle Ratschläge geben, wie ich die Arbeit, die sich angesammelt hatte, schaffen würde. In den folgenden Monaten arbeitete ich noch mehr Stunden als sonst und nach einem neuen System. Mit der Folge, dass ich bald wieder Land sah. Die Aktenberge schwanden, und als ich meine psychische Krise bewältigt hatte, war ich auch mit der Arbeit auf dem Laufenden.

Es fällt mir schwer, an diese Zeit zu denken und davon zu berichten. Ich tue es dennoch, weil ich zeigen möchte, dass auch starke, zielstrebige und fleißige Menschen plötzlich dermaßen schwach werden können, dass sie sich selbst nicht mehr zu helfen wissen. Das, was mir geholfen hat, wünsche ich auch anderen Menschen in solch schweren Zeiten: gute Freunde, verständnisvolle Kollegen, professionelle Betreuung durch Ärzte, Psychologen oder andere Berater. Außerdem unverzichtbar: die Einsicht, dass man ohne fremde Hilfe nicht mehr weiterkommt.

Manche Menschen ziehen aus einer derartigen Krise die Konsequenz, in Zukunft weniger zu arbeiten, weniger aktiv zu sein. Für mich wäre diese Maßnahme kontraproduktiv, sie würde mich eher schwermütig machen als erleichtern, denn ich bin sehr gern aktiv. Ob als Richterin, als Politikerin oder Rechtsanwältin: Meine Arbeit habe ich immer als etwas Kreatives angesehen. Bis auf vereinzelte Ausnahmen bin ich an jedem Arbeitstag meines Lebens morgens gern an meinen Arbeitsplatz gefahren. Ich hatte und habe Lust auf meine Arbeit. Mein Pensum zu reduzieren hieße, meinem inneren Kraftwerk den Kraftstoff zu entziehen.

Meine Arbeitstage sind montags bis freitags etwa elf Stunden lang, das bekomme ich gut hin, weil ich keine Mittagspausen mache. Hinzu kommt ein weiterer Arbeitstag an den meisten Wochenenden. Dann nutze ich die Ruhe, kein Telefon klingelt, ich bin ganz allein im Büro, schaffe ordentlich was weg, das macht mir Freude. Am Ende der Woche sind es insgesamt etwa fünfzig bis sechzig Stunden, die ich gearbeitet habe. Hinzu kommen ehrenamtliche Tätigkeiten, Besprechungen, Veröffentlichungen, Kongresse, Vorträge, Empfänge, Feiern und mehr. All das mache ich gern, nur bedaure ich immer wieder, dass ich nicht öfter in die Oper und in Konzerte gehe. Die Kultur bleibt manchmal auf der Strecke. Aber ich kann es nicht ändern, auch mein Tag ist begrenzt, ich brauche jedenfalls fünf bis sechs Stunden Schlaf.

Mir mein Leben gemütlich zu gestalten kam für mich noch nie in Frage. Und ich wüsste nicht, warum ich jetzt damit anfangen sollte. Es gibt noch so vieles zu sehen, zu erleben, zu lernen, zu erreichen und zu verbessern. Selbst drei Leben würden dafür nicht ausreichen. Ich aber habe nur dieses eine Leben. Da packe ich hinein, was hineinpasst.

Faszination Politik

Jahrzehntelang war ich davon überzeugt, es sei für mich als Richterin geboten, auf die Mitgliedschaft in einer politischen Partei zu verzichten. Diese Überzeugung vertrug sich allerdings nicht gut mit meinem gesellschaftspolitischen Bewusstsein und Engagement. Seit den sechziger Jahren war ich aktiv in der Rechtspolitik tätig, brachte viele Gesetzesreformen mit auf den Weg, sei es im Familienrecht, sei es im Staatsangehörigkeits-, Renten-, Jugendhilfe- oder Steuerrecht. Dabei machte ich immer wieder die Erfahrung, dass die Verbände, mit denen ich rechtspolitisch zusammenarbeitete, an Grenzen stießen. Ein Verband wie zum Beispiel der Deutsche Juristinnenbund hat bekanntlich kein Antragsrecht im Bundestag. Will er sein Anliegen in den Bundestag einbringen, braucht er Fürsprecher: eine Abgeordnete oder einen Abgeordneten, der die Idee übernimmt. Diesen Umweg gehen zu müssen, habe ich immer als unbefriedigend empfunden, aber es ergibt sich aus dem politischen System.

Im Grundgesetz heißt es: »Die Parteien wirken bei der politischen Willensbildung des Volkes mit.« (Artikel 21, Absatz 1) In der Wirklichkeit liegt der Prozess der Willensbildung vor allem, um nicht zu sagen ausschließlich, bei den Parteien.

Immer wieder stellte ich mir die Frage: Soll ich einer Partei beitreten, und wenn, welcher? Aus zwei Gründen entschied ich mich dagegen: Zum einen wollte ich nicht den Eindruck erwecken, dank meines Parteibuchs in der Hamburger Justiz aufzusteigen. Zum anderen sollte niemand meine richterliche Neutralität in Frage stellen können. Kein Verlierer eines Streits, den ich als Richterin beurteilte, sollte denken können: Sie hat gegen mich entschieden, weil ich in der falschen Partei bin.

Ich war gut bekannt mit der SPD-Politikerin Eva Leithäuser, die als erste Frau in Hamburg das Amt der Justizsenatorin innehatte. Bei mehreren Gelegenheiten sprach sie mich auf eine Mitgliedschaft in der SPD an, ich nannte ihr meine Gründe dagegen, sie akzeptierte sie. Bis zum Jahr 1988, in dem Frau Leithäuser meinte: »In der Justiz haben Sie alles erreicht, und wenn Sie überhaupt für sich erwägen, einer Partei beizutreten, dann sollten Sie jetzt den Schritt tun und zur SPD kommen. Denn das ist Ihre Partei!«

Wo sie recht hatte, hatte sie recht. Ich war 55 Jahre alt. Als Senatspräsidentin am Hanseatischen Oberlandesgericht befand ich mich seit einigen Jahren auf der obersten Stufe der Karriereleiter. Es blieb das Gegenargument, dass jemand denken konnte, er verliere aus politischen Gründen bei mir. Aber das musste ich abwägen gegen die Nachteile, die sich aus der Parteilosigkeit ergaben. Wie so oft im Leben folgte ich einer Aufforderung. Unmittelbar auf Eva Leithäusers Werben hin wurde ich endlich SPD-Mitglied. Aber ich blieb auch dann noch jahrelang eine Karteileiche.

Ein sonniger Frühjahrsmorgen im Jahr 1991. Ich lebte allein in der einstigen Familienwohnung in unserem Haus nahe der Elbe. Die Kinder waren erwachsen, meine Mutter war kurz zuvor gestorben.

Um halb acht klingelte das Telefon. Ein Freund meldete sich aufgeregt: »Herzliche Glückwünsche, du wirst Senatorin!«

»Mach keine Scherze!«

»Nein, nein, im Ernst! Weißt du es denn nicht? Es steht in der Zeitung.«

»Ich rufe dich gleich zurück.«

Unfrisiert und im Morgenmantel rannte ich die Treppe hinunter und holte die Zeitung. Tatsächlich: *Hamburger Abendblatt,* Seite eins, oben: »Die neue Justizsenatorin: Lore Maria Peschel-Gutzeit«. Kein Mensch hatte mit mir darüber gesprochen.

Ich rief den Freund zurück, bedankte mich für seine Benachrichtigung. Danach hätte ich mich gern in Ruhe hingesetzt, einen Tee getrunken, nachgedacht; vielleicht mit meinen Kindern telefoniert. Aber das ging jetzt nicht. Ich lief ins Bad, machte mich zurecht, für den Fall der Fälle – ich hatte keine Ahnung, was als Nächstes passieren würde; auch nicht, was ich zu tun hatte. Vielleicht stünde jeden Augenblick Besuch in der Tür? Vielleicht die Presse?

Noch einmal ging ich nach unten, warf einen Blick in den Briefkasten. Siehe da: ein roter Umschlag.

Sehr geehrte Frau Dr. Peschel-Gutzeit,

bitte kommen Sie heute um 13 Uhr ins Rathaus.

Mit freundlichen Grüßen

Dr. Henning Voscherau, Erster Bürgermeister

PS: *Ein anderer Termin steht nicht zur Verfügung.*

Zuvor hatte in Hamburg eine SPD/FDP-Koalition regiert. Bei der kürzlich vorangegangenen Wahl hatte die SPD die absolute Mehrheit erzielt. Vom ersten Moment an war mir bewusst, dass die SPD mich als Quotenfrau ausgewählt hatte – als Senatorin, zu deren Funktionen es gehören sollte, die von der Partei beschlossene Frauenquote zu erfüllen. Mir blieben viereinhalb Stunden, um zu entscheiden, ob ich mein geliebtes Richteramt aufgeben und Politikerin werden wollte; ein Gedanke, der mir noch nie im Leben gekommen war. Ich war davon ausgegangen, Vorsitzende Richterin zu bleiben bis zu meiner Pensionierung.

Als ich um 13 Uhr Dr. Voscherau traf, sprach er ausführlich darüber, wie schwierig es sei, einen Senatorenposten auszufül-

len. Vom angesehenen Amt einer Senatspräsidentin am Hanseatischen Oberlandesgericht auf die stets von vielen Seiten ange-
griffene Position der Justizsenatorin zu wechseln – das sei ein
Schritt, den man sich gründlich überlegen solle. Sein Vortrag
verstörte mich. Welchen Sinn hatte es, mich erst ungefragt als
Senatorin zu benennen, dann die Information an die Presse zu
geben und mir schließlich zu erklären, warum das Amt möglicherweise nicht das Richtige für mich sei? »Entschuldigen Sie
bitte, aber natürlich kenne ich die Bedenken«, merkte ich an.
»Ich bin lange genug in der Justiz und habe viele Senatoren
kommen und gehen gesehen. Ich denke, ich kann die Situation
daher ganz gut einschätzen. Die Frage, ob ich Senatorin werden
möchte, habe ich mir vor meinem Besuch bei Ihnen gestellt.
Ich habe sie bejaht, und deshalb sitze ich hier.«

Ob ich für den Posten die Richtige war, konnte ich nicht
wissen. Mit Sicherheit mangelte es mir an Kenntnissen und Erfahrung, ich kannte den Verwaltungsbetrieb der Justizbehörde
nicht. Doch ich fand, wieder einmal: Wir Frauen können uns
nicht beklagen, dass uns nichts angeboten wird, und dann ablehnen, wenn ein Angebot kommt. Also: Ja! So einfach war das –
und so kompliziert.

Kurz darauf musste ich mich dem Landesvorstand der SPD
vorstellen. Mir war bekannt, dass nicht wenige Politiker gegenüber Quereinsteigern wie mir Vorbehalte hatten. Für die Partei
hatte ich noch nichts geleistet, während andere über Jahre Par-
teiarbeit erbracht hatten. Ein erfahrener Kollege riet mir, mich
so vorzustellen, dass die anderen mich gleich einordnen konnten. Aha, kein Problem! Ich trat also vor, nannte meinen Namen
und wenige biographische Daten. »Und damit ihr gleich Be-
scheid wisst: Ich bin die Wichtelrichterin.«

Ein Stöhnen ging durch die Reihen. »Wichtelrichterin« – so
hatte mich die Presse getauft, als mein OLG-Senat entschieden
hatte, dass Nutzer von Gemeinschaftsgärten dort gegen den

Willen der anderen Nutzer keine Gartenzwerge aufstellen durften. Die Medien hatten das Ganze so verdreht, dass alle Welt meinte, ich verböte Gartenzwerge generell. Es lag lange zurück, haftete mir aber weiterhin an. Ein Mitglied des SPD-Landesvorstands war Ingo Kleist, man nannte ihn Hamburgs obersten Kleingärtner, denn seit vielen Jahren war er Vorsitzender des »Landesbundes der Gartenfreunde in Hamburg«, das ist der Dachverband Hamburger Kleingartenvereine. Und ein Großteil aller deutschen Gartenzwerge bevölkerte Schrebergärten. Angriff ist die beste Verteidigung, dachte ich mir. Während ich mich als Wichtelrichterin vorstellte, blickte ich Herrn Kleist direkt in die Augen. Er fand das bestimmt nicht witzig, blieb aber gelassen. Später lernten Ingo Kleist und ich uns besser kennen und schlossen Freundschaft.

Am Tag nach meiner Amtseinführung ließ ich mich bei Herrn Voscherau melden und sagte: »Herr Bürgermeister, ich gehe davon aus, dass Sie mit diesem Senat Erfolg haben wollen.«

»Ja, selbstverständlich.«

»Erfolg kann der Senat nur haben, wenn alle Senatoren und Senatorinnen erfolgreich arbeiten. Stimmen Sie mir zu?«

»Ja, sicher.«

»Das wird leider nicht gelingen, weil ich, wie Sie wissen, keinerlei Verwaltungserfahrung habe. Deshalb brauche ich einen Staatsrat.« Ein Staatsrat ist in Hamburg das, was in anderen Ländern der Staatssekretär ist. Es handelt sich dabei um ausgewiesene Verwaltungsfachleute.

»Ihr Vorgänger brauchte keinen Staatsrat«, wandte der Bürgermeister ein.

»Das ist mir bekannt, aber ich brauche einen, sonst haben wir keinen Erfolg.«

Daraufhin wurde mir Dr. Barbara Bludau zugeordnet, eine FDP-Frau – sie war zu Beginn der vorangegangenen SPD/FDP-Regierung in die Innenbehörde gekommen. Als Politikanfängerin versprach ich mir von einer Staatsrätin auch Beratung in Bezug auf innerparteiliche Fragen. Eine Staatsrätin, die der FDP und damit der Opposition angehörte, schien mir deshalb nicht geeignet. Dr. Voscherau meinte jedoch, wir würden schon zurechtkommen. So war es dann auch. Die Staatsrätin erwies sich als sehr gute Verwaltungsfrau und Ratgeberin, und wir sind bis heute eng befreundet.

Als Richterin hatte ich gelernt, dass ich nur meinem Gewissen und dem Gesetz unterworfen bin. Ich war und bin es gewohnt, unabhängig zu denken und auszusprechen, was ich meine. Wenn ich als Richterin etwas nicht weiß, nicht kann oder nicht verstehe, muss ich mein Defizit offenlegen und beheben. Dabei brauche ich meistens Hilfe. Manche Menschen denken in entscheidenden Situationen: Ich habe keine Ahnung – hoffentlich merkt es niemand. Aufgrund meiner Erfahrungen als Richterin ist mir diese Denkweise fremd. Und mit meiner Denk- und Handlungsweise bin ich auch in der Politik immer ganz gut zurechtgekommen.

In den ersten Monaten als Justizsenatorin nahm ich private Nachhilfestunden; dreimal wöchentlich ließ ich morgens um sieben Uhr einen Wirtschaftsprüfer zu mir nach Hause kommen, der mich im öffentlichen Haushaltsrecht unterrichtete. Ich kannte das Vokabular nicht und hätte in den Haushaltsverhandlungen womöglich nicht gewusst, wovon die Rede war. Schon da hätte ich scheitern können. Mit dem Privatunterricht beugte ich vor, natürlich auf eigene Kosten.

Der Strafvollzug war in Hamburg seit langem ein Krisengebiet. In den Gefängnissen des Stadtstaates gab es Krawalle, Geiselnahmen, Ausbrüche. Im Jahr vor meinem Amtsantritt hatte es in der Justizvollzugsanstalt Fuhlsbüttel, in der 530 Gefangene einsaßen, eine tagelange Revolte gegeben, bei der Häftlinge zeitweise die Kontrolle über Teile der Anlage übernommen hatten. Jeder, der in Hamburg Justizsenator wird, weiß:

Am Strafvollzug kannst du scheitern. Selbst ich Unerfahrene war mir dessen bewusst. Trotzdem bereitete mir der Auftritt eines hohen Beamten wenige Tage nach meiner Amtseinführung keine Freude. Auf dem Flur der Behörde begegnete ich dem finster blickenden Herrn; wir sahen uns zum ersten Mal, er grüßte nicht. Ich stellte mich vor mit Namen und Amtsbezeichnung, er nannte nur seinen Namen. »Freut mich, Sie kennenzulernen«, sagte ich. »Darf ich fragen, wofür Sie zuständig sind?« – »Für die Sicherheit im Strafvollzug.« Kleine Pause. Dann fuhr er fort: »Bisher ist noch jeder Justizsenator über den Strafvollzug gefallen.« Aha, dachte ich bei mir, so was nennt man vertrauensbildende Maßnahmen. Doch nach außen hin blieb ich freundlich, wünschte lächelnd einen guten Tag.

Eine meiner ersten Amtshandlungen war die Anweisung, mich sofort zu informieren, wenn im Strafvollzug etwas passierte. Meistens war das am Wochenende der Fall, wenn weniger Bedienstete in den Gefängnissen waren und die Gefangenen weniger zu tun hatten als in der Woche. Dann gab es Schlägereien und noch schlimmere Vorkommnisse. Mehr als einmal nahm sich ein Untersuchungshäftling infolge des sogenannten Haftschocks das Leben. Wenn die Gefängnisleitung wusste, dass jemand suizidgefährdet war, wurde er besonders intensiv beaufsichtigt. Diejenigen, deren Suizid gelang, waren fast immer Menschen, bei denen die Bediensteten keinen solchen Hinweis hatten.

Wenn etwas passierte, riefen die Gefangenen üblicherweise erst einmal die Presse an. Die Hamburger Häftlinge hatten die Erlaubnis, auf eigene Kosten Kartentelefone zu nutzen. Waren die Medien informiert, erschwerte dies die Ermittlungen der Polizei, und wir hatten kaum eine Chance, die Vorkommnisse objektiv darzustellen. Aus diesen Gründen, aber vor allem auch, weil ich immer auf dem aktuellen Stand sein wollte, bestand ich darauf, zu jeder Tages- und Nachtzeit über Vorkommnisse unterrichtet zu werden. Dann fuhr ich sofort an den Ort des Geschehens, um mir ein Bild zu machen und auskunftsfähig zu sein. In schweren Fällen rief ich meine Beamten zusammen, wir fuhren gemeinsam hin, berieten uns und veranstalteten – wenn am Wochenende etwas passiert war, gleich am Montag Früh um acht – ein Pressefrühstück mit ausgewählten Journalisten. Wir informierten sie und versprachen ihnen, sie auf dem Laufenden zu halten, baten jedoch im Gegenzug, noch nicht zu berichten, bis die Polizei in Erfahrung gebracht hatte, was wirklich passiert war. Diese vertrauliche Zusammenarbeit mit der Presse hat immer funktioniert.

Sehr früh in meiner ersten Hamburger Amtszeit reiste ich mit einer Delegation für vierzehn Tage nach Japan. Das passte mir nicht sehr gut, denn zu Hause gab es genug zu tun. Aber mein Amtsvorgänger hatte die Einladung der Japaner angenommen, und nun konnten wir nicht wieder absagen. Inhaltlich war das Projekt sehr interessant, es ging darum, sich über das deutsche und das japanische Rechtssystem und den Alltag in der Justiz auszutauschen. Japan hatte einst einen großen Teil des deutschen Rechts übernommen. Offizieller Gastgeber war Hamburgs Partnerstadt Osaka. Hamburg ist auch der Sitz der Deutsch-Japanischen Juristenvereinigung, der ich schon als Richterin beigetreten war.

Natürlich hatten die Japaner den Justizsenator nebst Gattin eingeladen. Nun kam ich und hatte keinen Gatten, dafür aber eine Tochter, die sehr gern reiste: Andrea. Als ich ihr vorschlug, mich zu begleiten, war sie sofort einverstanden. Sie war damals 22 Jahre alt. Da ich selbstverständlich alle Kosten, die nicht die Gastgeber übernahmen, selbst trug, bekam Andrea ein Flugticket für die »Holzklasse«. Mein Generalstaatsanwalt und ich hatten Tickets für die Business-Class gestellt bekommen, Andrea und die Beamten saßen hinten in der Touristenklasse. Nach einigen Stunden kam Andrea nach vorn und sagte:

»Mama, jetzt möchte ich auch mal auf Leder sitzen und meine Beine ausstrecken können.« So tauschten wir für eine Weile die Plätze.

In Japan hatte ich volles Programm, wir unternahmen zahlreiche Besichtigungen – unter anderem besuchten wir das größte Gefängnis des Landes – und hatten lange, intensive Besprechungen. Viel Zeit verbrachten wir mit dem japanischen Justizminister und anderen sehr hohen Amtsinhabern, was eine große Ehre für uns war. In Japan ist es üblich, dass die Obersten unter sich bleiben, das heißt, der Minister und andere sprachen nur mit mir, vielleicht noch einige Sätze mit dem Generalstaatsanwalt. Unsere Beamten und andere Mitglieder unserer Delegation nahmen sie nicht zur Kenntnis. Dadurch war ich ununterbrochen gefordert.

Wenn wir abends freibekamen, um uns im Hotelzimmer fürs Essen zurechtzumachen, war ich ziemlich geschafft und ließ mich erst einmal aufs Bett fallen. Andrea, mit der ich ein Doppelzimmer teilte, berichtete mir dann ihre Erlebnisse des Tages. Eine Person ohne Rang wie sie durfte nach japanischem Verständnis bei keinem offiziellen Programmpunkt dabei sein. Aber auch für Andrea war jede Minute durchgeplant, die Gastgeber hatten ihr ein individuelles Touristenprogramm erstellt, mit einer jungen Juristin als Reiseleiterin. Vom Land sah meine Tochter viel mehr als ich. Einmal durfte sie mitkommen zu einem »inoffiziellen« Abendessen, einmal lud die japanische Regierung uns in ein Badehaus im Gebirge ein. Da badeten wir in heißen Quellen, wurden massiert und gesalbt – wunderbar. Die ganze Reise war ein schönes, beeindruckendes und bereicherndes Erlebnis.

Ebenfalls sehr eindrucksvoll fand ich die folgende Episode in Japan: Eines späten Abends klopfte einer meiner leitenden Beamten an meine Tür. Wie immer auf der Reise hatten die Gastgeber das beste Hotel am Platz für uns ausgewählt, und ich hatte das beste Zimmer. Andrea hatte ausnahmsweise ein Zimmer für sich.

»Frau Senatorin, wir würden gern noch einen Schluck Wein mit Ihnen trinken hier in Ihrer Märchensuite«, schlug der Beamte vor. »Außerdem wollen wir Pornos gucken.«

»Wie bitte?«

»Ja, Sie haben hier sechs Fernseher rundherum, und auf jedem können Sie Pornos gucken. Wissen Sie das nicht?«

»Nein, das wusste ich, ehrlich gesagt, noch nicht«, sagte ich und lachte – aber nicht sehr überzeugt. Bis heute weiß ich nicht recht, ob ich den Scherz wirklich lustig fand. Aber in der folgenden Zeit hieß es bei uns in der Behörde, wenn wir Termine planten, immer wieder: »Ja, und dann wollen wir Pornos gucken!« Es wurde zum Running Gag, und bald hatte auch ich meinen Spaß daran.

Als Hamburger Justizsenatorin wurde ich 1992 in die gemeinsame Verfassungskommission von Bundestag und Bundesrat berufen, deren Aufgabe es war, das Grundgesetz der Bundesrepublik Deutschland infolge der Wiedervereinigung zu überarbeiten und, wo nötig, zu reformieren. Aus fast allen Ländern gehörten die Justizminister der Kommission an, darunter vier SPD-Ministerinnen: Jutta Limbach (damals Justizsenatorin in Berlin), Christine Hohmann-Dennhardt (damals hessische Justizsenatorin), Heidi Merk (damals niedersächsische Justizministerin) und ich. Mein bewundernswerter Freund Hans-Jochen Vogel, ehemaliger SPD-Bundesvorsitzender und Bundesjustizminister, leitete die SPD-Gruppe der Verfassungskommission und verteilte die Aufgaben. Mir und meinen drei Ministerkolleginnen dachte er die Aufgabe zu, Artikel 3 und 6 des Grundgesetzes zu überarbeiten. In der damals gültigen Fassung des bundesdeutschen Grundgesetzes lautete Artikel 3, Absatz 2: *Männer und Frauen sind gleichberechtigt.*

Im Entwurf der neuen Verfassung der DDR, die eine Arbeitsgruppe im Auftrag des Zentralen Runden Tisches erarbeitet und im April 1990 vorgelegt hatte, war derselbe Satz enthalten – und ergänzt um folgende Bestimmung: *Der Staat ist verpflichtet, auf die Gleichstellung der Frau in Beruf und öffentlichem Leben, in Bildung und Ausbildung, in der Familie sowie im Bereich der sozialen Sicherung hinzuwirken.*

In Artikel 20, Absatz 2 der DDR-Verfassung hatte es geheißen: *Mann und Frau sind gleichberechtigt und haben gleiche Rechtsstellung in allen Bereichen des gesellschaftlichen, staatlichen und persönlichen Lebens. Die Förderung der Frau, besonders in der beruflichen Qualifizierung, ist eine gesellschaftliche und staatliche Aufgabe.*

In der DDR war die Gleichberechtigung der Geschlechter stärker ausgeprägt als in der Bundesrepublik, was sich sowohl in der alten DDR-Verfassung widerspiegelte als auch im Entwurf der neuen. Beide Texte erteilten dem Staat die Aufgabe, die Gleichstellung zu fördern.

Bekanntlich hatte der Gleichberechtigungsartikel im Grundgesetz der Bundesrepublik auch nach über vierzig Jahren nicht die erforderliche Wirkung erzielt: In der Realität blieb die westdeutsche Gesellschaft von der Gleichstellung jedenfalls weit entfernt. Wir vier Ministerinnen vertraten deshalb die Auffassung, Artikel 3, Absatz 2 des Grundgesetzes müsse um ein Gebot der Frauenförderung – ähnlich wie in der DDR – ergänzt werden. Wir schlugen verschiedene Formulierungen vor, allesamt scheiterten sie am Widerstand der CDU, der CSU und der Liberalen. Für die Annahme der Verfassungsergänzung brauchten wir aber eine Zweidrittelmehrheit. Mehr als ein Jahr formulierten und diskutierten wir, bis eines Tages ein erstaunlicher Gesinnungswechsel bei unseren christlichen Politikern und Politikerinnen eintrat. Plötzlich signalisierten sie, einem Gleichstellungsgebot nicht mehr vollends abgeneigt zu sein. Ein weiterer Vorschlag sei genehm. Noch einmal wurde um jedes Wort gefeilscht. Schließlich konnten wir erreichen, dass Artikel 3, Absatz 2 des Grundgesetzes seit 1994 folgendermaßen lautet: *Männer und Frauen sind gleichberechtigt. Der Staat fördert die tatsächliche Durchsetzung der Gleichberechtigung von Frauen und Männern und wirkt auf die Beseitigung bestehender Nachteile hin.*

Bundeskanzler Helmut Kohl persönlich hatte ein Machtwort gesprochen: Vor dem Hintergrund, dass im Jahr 1994 Bundestagswahlen anstanden und über fünfzig Prozent der Wahlberechtigten Frauen sind, hatte er seine Partei aufgefordert, ein Gebot aktiver Gleichstellung zu akzeptieren.

Wir vier Ministerinnen hatten noch weitere Grundgesetzergänzungen vorgeschlagen, zum Beispiel bei Artikel 6, Absatz 1: *Ehe und Familie stehen unter dem besonderen Schutze der staatlichen Ordnung.*

Wir beabsichtigten, auch andere Lebensgemeinschaften zu erfassen, den Artikel also an die tatsächlichen Lebensverhältnisse anzupassen. Diese und weitere Vorschläge wiesen die konservativen Parteien erfolgreich ab.

Die Ergänzung des Artikels 3 führte zur Schaffung zahlreicher Gleichstellungsgesetze auf Bundes- und Länderebene. Nach meiner Überzeugung muss das nächste große Ziel die Verabschiedung eines Gesetzes sein, das eine Frauenquote in Vorständen, Aufsichtsräten und anderen Führungspositionen in Wirtschaftsunternehmen verbindlich vorgibt. Die Einführung der gesetzlich vorgeschriebenen Quote würde nicht mehr und nicht weniger bedeuten, als dass unser Staat endlich, fast zwanzig Jahre nach seiner Einführung, dem Gleichstellungsgebot in Artikel 3, Absatz 2, Satz 2 unseres Grundgesetzes folgt.

Gleich zu Beginn meiner Senatorinnenzeit in Hamburg hatte ich mich vor die versammelte Belegschaft gestellt und erklärt: »Falls Sie das Gerücht gehört haben, ich sei eine Frau, die Frauen fördert, darf ich Sie beruhigen: Es stimmt. Ich habe mein Leben lang etwas für Frauen getan – Sie können zu Recht von mir erwarten, dass ich es weiterhin tue. Das weibliche Geschlecht ist dabei allerdings noch keine Qualifikation. Wenn Frauen aber die erforderlichen Voraussetzungen erfüllen, müssen sie eine Chance erhalten.«

Kurz darauf kam mir zu Ohren, dass unter männlichen Kollegen der Spruch kursierte: »Ich glaube, ich mache eine Geschlechtsumwandlung; sonst komme ich hier ja nicht mehr weiter.« Als ich das einmal hinter meinem Rücken hörte, drehte ich mich um und sagte freundlich lächelnd: »Wenn Sie das Bedürfnis haben und sich der Tortur unterziehen wollen – bitte schön. Aber ob Sie dann befördert werden, ist eine ganz andere Frage.« Man muss einstecken und austeilen können in solch einer Position. Zumal, wenn man Neuerungen wie die verstärkte Förderung von Frauen in einer Behörde durchsetzen möchte. Auch grobe Frechheiten und Geschmacklosigkeiten kann ich zum Glück sportlich nehmen. Alles, was unsachlich ist, erreicht mich nicht in meinem Innern.

Ich förderte die Gleichstellung in meiner Behörde unter anderem dadurch, dass ich Frauen gezielt zur Bewerbung auffordern ließ, wenn es darum ging, Führungsposten zu besetzen. Meine Beamten lernten schnell, dass sie mir einen Stapel mit Unterlagen ausschließlich männlicher Bewerber gar nicht erst vorzulegen brauchten. Sie wussten: Ich würde sie wieder wegschicken und die Bewerbungen erst prüfen, wenn zumindest eine bis zwei Bewerberinnen darunter waren. Ein von mir sehr geschätzter leitender Beamter betrat mein Zimmer manches Mal ganz geknickt und begann das Gespräch mit einer Entschuldigung: »Ich weiß, Sie wünschen sich Bewerberinnen. Aber glauben Sie mir bitte: Ich habe mit mehreren Frauen gesprochen – sie wollen einfach nicht!«

Dann bat ich darum, die in Frage kommenden Frauen selbst sprechen zu dürfen. Ich erklärte diesen Frauen die sozialen Folgen ihrer Bewerbungsverweigerung: »Kein Mann wird je einen Anlass sehen, von seiner bisherigen Besetzungspraxis Abstand zu nehmen, wenn keine Frauen auf den Plan treten. Ständig hören wir von Männern: ›Wir würden ja gern Frauen nehmen, aber wir finden keine.‹ Ich wünsche mir, dass Frauen antreten, dieses Argument zu entkräften.« Manch eine bewarb sich dann doch noch. Es ging mir nicht darum, alle Stellen mit Frauen zu besetzen, sondern ich wollte einen gleichberechtigten Wettbewerb. Selbstverständlich sollten die am besten geeigneten Personen befördert werden – Männer und Frauen. In meiner zweiten Hamburger Amtszeit konnte ich 1999 Angela Uhlig-van Buren als Generalstaatsanwältin gewinnen. Sie kam damals aus Bremen und erarbeitete sich schnell einen hervorragenden Ruf in Hamburg. Leider musste sie 2009 ihr Amt aus Krankheitsgründen aufgeben.

An die Macht, die ich als Senatorin hatte, musste ich mich erst einmal gewöhnen. Drei Jahrzehnte lang hatte ich als Richterin unabhängig gearbeitet, hatte weder Weisungen empfangen noch erteilt. Nun stand ich plötzlich an der Spitze einer hierarchisch organisierten Institution, die aus Tausenden Menschen bestand. Eine solche Organisationsform ist effizient, entspricht aber eher dem männlichen Denken und Handeln als dem weiblichen. Seit Menschengedenken organisieren sich Männer hierarchisch und befolgen die Anweisungen des Anführers. Uns Frauen fällt das schwerer.

Stand eine wichtige Entscheidung an und ich schlug meinem Mitarbeiterstab nach Abschluss gemeinsamer Diskussion vor: »Nun, ich denke, wir machen es jetzt mal so und so«, dann konnte ich erleben, wie Männer sich prompt erhoben, zu ihren Mitarbeitern gingen und erklärten: »Die Senatorin hat die Weisung gegeben, dass …« Als ich diesem Vorgang zum ersten Mal beiwohnte, war ich verdutzt. Was bitte sollte ich gegeben haben? Eine Weisung? Ich bin ein von der Demokratie überzeugter Mensch, ich denke demokratisch und handle auch danach – wo immer möglich. So fühlte ich mich nicht ganz wohl bei dem Gedanken, Weisungen zu erteilen, denen meine Mitarbeiter, deren Mitarbeiter und dann die Mitarbeiter jener Mitarbeiter bedingungslos zu folgen hatten. Es dauerte, bis ich mit dieser Macht gelassen umgehen konnte und verstand, dass ich mir nichts anmaßte, wenn ich sie gebrauchte, sondern dass genau dies an der Spitze der Hierarchie von mir erwartet wurde – und auch sinnvoll war.

Marion Knaths, Coach und Seminarleiterin für weibliche Führungskräfte, beschrieb einmal die folgende Situation: Der Vorstandsvorsitzende eines großen Unternehmens ruft die leitenden Angestellten zusammen, um etwas bekanntzugeben. Kurz vor Beginn des Meetings versammeln sich dreißig bis vierzig Angestellte, darunter ein paar Frauen, vielleicht aus der Personal- und der Presseabteilung, wo leitende Frauen nicht unwahrscheinlich sind. Die Mitarbeiter unterhalten sich angeregt – da, plötzlich, verstummt das Stimmengewirr. Bis auf eine Stimme, die redet weiter. Es ist die Stimme einer jungen Frau, sie weiß nicht, warum außer ihr niemand mehr spricht. – Was ist geschehen? Der Boss hat den Saal betreten. Alle Männer schauen aufrecht sitzend nach vorn, geben keinen Laut von sich, denn jetzt redet die Nummer eins. Nur die junge Frau kennt diesen Ritus noch nicht, deshalb verstummt sie als Einzige nicht.

Ähnliche Situationen habe ich einige Male selbst erlebt. Für die jungen Frauen, die in die Stille hineinsprachen, waren sie peinlich, aber verzeihlich. Wie viele andere Frauen auch hatten sie wenig Gefühl für Hierarchien. Selbstverständlich ist ihnen der Fauxpas nicht wieder unterlaufen, sie konnten das angemessene Verhalten erlernen.

»Ich danke Ihnen. Auf Wiedersehen.« Der Vorstandschef hat seinen Vortrag beendet, die Angestellten sind dabei, sich schweigend zu erheben, da winkt eine Hand, da erklingt eine Stimme: »Darf ich einen Vorschlag machen? Man könnte es doch auch so und so sehen …« Die Angestellten erstarren. Der Vorstandsvorsitzende verlässt den Raum, als hörte er nichts. Daraus folgt:

1. Mit dem Häuptling spricht man nur, wenn er dazu auffordert.
2. Laute Kritik am Häuptling ist vollends inakzeptabel.
3. Wer einen Vorschlag machen möchte, wendet sich an seinen direkten Vorgesetzten oder, je nach Unternehmensstruktur, an den zuständigen Sachbearbeiter oder Abteilungsleiter.

Was auch vorkommt – und leider keinen Erfolg zeitigt –, sind Vorschläge unter dem Motto »Ich habe noch einmal nachgedacht«. Zum Beispiel die folgende Situation: Am Ende einer Besprechung mit seinem Team gibt der Abteilungsleiter die nächsten Schritte eines Projekts vor. Alle Mitarbeiter kehren an ihre Plätze zurück, zwei Stunden später wendet sich eine Mitarbeiterin erneut an den Chef: »Ich habe noch einmal nachgedacht. Wäre es nicht besser, wenn …?« Diese Mitarbeiterin wird wohl keine Karriere in dem Unternehmen machen. Ist eine Entscheidung gefallen, kommen Gegenvorschläge zu spät. Regeln wie diese erscheinen uns Frauen manchmal absurd. Aber wer am Ende zu den Gewinnern gehören will, muss sich daran halten. Die Regeln ändern kann nur, wer die Macht dazu erlangt hat.

Kein Stress, keine Termine – kein gutes Gefühl: 1993 wurde ich zum ersten Mal im Leben arbeitslos. Ein Vierteljahr lang saß ich zu Hause, räumte die Wohnung auf, brachte den Garten auf Vorderfrau, traf mich mit Freunden, widmete mich meinen ehrenamtlichen Tätigkeiten. Vor allem aber grübelte ich: Was soll ich jetzt machen?

Wegen eines Fehlers, den die Hamburger CDU bei ihrer Kandidatenaufstellung für die Bürgerschaftswahlen 1991 gemacht hatte, erklärte das hamburgische Verfassungsgericht jene Wahlen für ungültig. Es gab Neuwahlen, die SPD verlor die absolute Mehrheit und koalierte mit der neugebildeten Statt-Partei, welche das Justizressort für sich beanspruchte. Henning Voscherau, der Erster Bürgermeister blieb, meinte zu mir, es sei doch selbstverständlich, dass ich in den Richterberuf zurückkehrte. Aber mit mir war etwas passiert, das ich nie für möglich gehalten hätte: Innerhalb von zwei Jahren hatte sich mein Bewusstsein so verändert, dass ich wie eine Politikerin dachte, nicht mehr wie eine Richterin. Ich wusste, in den Beruf würde ich nicht mehr zurückfinden. Salopp formuliert: Von einer Denkerin war ich zur Macherin geworden. Eine Zivilrichterin wendet das bestehende Gesetz an, versucht Menschen, die sich streiten, zu verstehen und für Gerechtigkeit zu sorgen. Eine Rechtspolitikerin beteiligt sich an der Gesetzgebung und greift mit Rat und vor allem mit Tat in die Gestaltung des gesellschaftlichen Lebens ein.

Während ich noch grübelte, was aus mir werden sollte, kam eine Anfrage aus Berlin: Ob ich mir vorstellen könne, die Nachfolgerin von Jutta Limbach zu werden? Meine Freundin Jutta Limbach war bis 1994 Berliner Justizsenatorin, danach wurde sie Richterin und schließlich Präsidentin des Bundesverfassungsgerichts. In Berlin regierte eine große Koalition aus CDU und SPD, Eberhard Diepgen (CDU) war Regierender Bürgermeister. Die Nachfolge von Jutta Limbach sollte eine SPD-Frau übernehmen, die sich in Berlin nicht fand. Deshalb fragten Berliner Genossen Hans-Jochen Vogel, und er schlug mich vor. Ein Komitee aus Berlin reiste nach Hamburg – um sich kurioserweise nicht zuerst mit mir zu treffen, sondern Erkundigungen über mich beim Ersten Bürgermeister einzuholen. Erst nachdem Dr. Voscherau mich als akzeptabel beschrieben hatte, luden die Berliner mich zum Gespräch ein.

Viele Gründe sprachen dagegen, dass ich nach Berlin ging. Die Legislaturperiode dauerte dort nur noch eineinhalb Jahre. Im letzten Jahr vor einer Wahl kann man als Politiker kaum etwas in Gang bringen, sodass mir nur ein halbes Jahr blieb, um aktiv politisch zu wirken. Zweitens kannte ich außer einer befreundeten Anwältin und deren Familie keinen Menschen in Berlin. Drittens kannte ich die Berliner SPD nicht. Viertens war ich nicht mit den politischen Problemen der Stadt vertraut. Fünftens lebte ich sehr gern in meiner Heimatstadt, ich fühlte mich durch und durch als Hamburgerin. Andererseits hatte ich in Hamburg nichts zu tun, und ich wusste natürlich, dass Berlin eine großartige Stadt ist. Gerade damals, keine vier Jahre nach der Wiedervereinigung und lange, bevor Berlin Regierungssitz wurde, herrschte dort eine faszinierende Dynamik. So bat ich meine Berliner Freundin um Rat und erwartete, dass sie mir abraten würde. Sie schrieb mir einen langen Brief mit vielen Argumenten für und wider meinen Einstieg in die Berliner Politik. Ihr Fazit lautete: »Wenn ich bedenke, was du in Berlin bewirken könntest, dann rate ich dir: Komm zu uns.« Das war das Signal. Nun denn, auf ins kalte Wasser!, dachte ich mir.

In Hamburg ist eine Justizsenatorin bereits dann relativ erfolgreich, wenn sie nicht ununterbrochen Ärger mit dem Strafvollzug hat. In Berlin ist das anders. Auch dort ist der Strafvollzug kein einfaches Thema, aber er ist kein Dauerproblem. In meiner Erinnerung überwiegen deshalb die rechtspolitischen Themen, denen ich mich in Berlin widmete. Und da ich nach den Berliner Wahlen im Herbst 1995 erneut zur Senatorin für Justiz gewählt wurde, konnte ich eine ganze Menge bewirken.

Eine politisch brisante Aufgabe in Berlin bestand darin, die sogenannte Regierungskriminalität der ehemaligen DDR strafrechtlich aufzuarbeiten. Meine Vorgängerin, Frau Professor Limbach, hatte dieses Problem bereits angepackt und dafür gesorgt, dass eine eigene Institution dafür geschaffen wurde, die spätere Staatsanwaltschaft II beim Landgericht Berlin. Diese Staatsanwaltschaft hatte die Aufgabe, sogenanntes Systemunrecht wie Todesschüsse an der Mauer, Rechtsbeugung oder die Bestrafung von DDR-Bürgern, die einen Ausreiseantrag gestellt hatten, zu verfolgen. Darüber hinaus war diese Staatsanwaltschaft zuständig für die Verfolgung der Regierungskriminalität, also des rechtswidrigen Handelns von Regierungsmitgliedern wie zum Beispiel Erich Honecker, Erich Mielke und Egon Krenz. Berlin fielen diese Aufgaben zu, weil die DDR-Regierung ihren Sitz in Ost-Berlin gehabt hatte. Von ihr waren die entsprechenden Gesetze, Befehle und Anordnungen erlassen worden. Berlin war also Tatort.

Diese überragend wichtige politische Aufgabe konnte das Bundesland Berlin schon personell allein nicht bewältigen. Die Landesjustizminister beschlossen daher die Abordnung von Staatsanwälten und Richtern aus der ganzen Bundesrepublik an die Staatsanwaltschaft II in Berlin, damit diese dort die große Zahl von Ermittlungsverfahren führen und, wenn nötig, zur Anklage bringen konnten oder aber einstellen mussten.

Meine Aufgabe bestand nicht nur darin, durch unermüdliches Werben für ausreichend Personal zu sorgen, sondern auch die Staatsanwaltschaft II in ihrem Bemühen um zutreffende rechtliche Einordnung der strafrechtlichen Sachverhalte nach Kräften zu unterstützen und sie gegen vielfältige Anfeindungen zu schützen und zu verteidigen. Diese Aufgaben waren für mich neu, sie waren überaus brisant, medienrelevant und heikel, aber zeitpolitisch auch ungemein interessant, faszinierend und verantwortungsreich.

Der 20. Juli, der Tag des Widerstands: An jenem Datum im Jahr 1944 hatte Claus Schenk Graf von Stauffenberg zusammen mit einer großen Gruppe von Widerstandskämpfern ein Attentat auf Adolf Hitler verübt. Zum Gedenken legte ich im Namen des Berliner Senats zwei Kränze nieder. Zuerst einen Kranz am Bendlerblock, wo Stauffenberg und andere Attentäter am Abend des 20. Juli erschossen worden waren. Dann in der Gedenkstätte Plötzensee, dem Ort der Hinrichtungen weiterer beteiligter Widerstandskämpfer. Nach der Kranzniederlegung trat Klaus von Dohnanyi auf mich zu, Hamburgs ehemaliger, langjähriger Erster Bürgermeister. Er berichtete mir, dass das Urteil gegen seinen Vater noch immer in der Welt war. Der bekannte Widerstandskämpfer Hans von Dohnanyi war im KZ Sachsenhausen gehängt worden. »Warum beantragst du nicht die Aufhebung des Urteils?«, fragte ich Klaus von Dohnanyi. Seine Erklärung leuchtete mir ein: Der Staat habe die Pflicht, das Unrechtsurteil aufzuheben, ohne dass der Sohn tätig werde.

Ich recherchierte und fand heraus, dass zwischen 200 000 und 400 000 Urteile des Volksgerichtshofs und des Reichskriegsgerichts noch in Kraft waren. Die Urkunden lagerten auf Dachböden der Berliner Justiz. In der Folge wandte ich mich an den Bundeskanzler, den Bundespräsidenten und die Vorsitzenden aller Bundestagsfraktionen. Ich schrieb ihnen Briefe mit der Bitte, endlich ein Gesetz zu schaffen, das Unrechtsurteile gegen Widerstandskämpfer aufhebe. Die Antworten? Ich erhielt keine einzige. Daraufhin besprach ich mich mit Mitarbeitern meiner Behörde, erklärte ihnen mein Anliegen und sagte: »Die Bundesrepublik Deutschland ist Rechtsnachfolgerin des Deutschen Reiches – insofern liegt die Zuständigkeit für die Urteilsaufhebung beim Bundestag. Da er sich nicht regt, muss das Land Berlin aktiv werden. Lassen Sie uns die Sache anpacken und in den Bundesrat einbringen. Ich bitte um Vorschläge: Wie können wir verfahren?«

Die Reaktionen meiner Beamten waren negativ: Mit solch einer kleinen Behörde – gemessen zum Beispiel an den Justizministerien in Bayern oder Nordrhein-Westfalen – könne man diese Aufgabe unmöglich lösen.

»Gut«, sagte ich, »ich habe Sie verstanden. Dann mache ich es selbst.« Umgehend begab ich mich an die Arbeit, schrieb den Gesetzentwurf und besprach ihn mit den zuständigen Beamten, die mich dann selbstverständlich unterstützten. Wir waren erfolgreich. Im Jahr 1998 trat das Gesetz zur Aufhebung nationalsozialistischer Unrechtsurteile in der Strafrechtspflege in Kraft.

Ein gutes Beispiel für die positive Seite der Macht: Ohne Macht hätte ich das dringend notwendige Gesetz nicht initiieren können. Und der positive Nebeneffekt war: Nie wieder musste ich mir anhören, ein Vorhaben sei zu groß für unsere kleine Behörde.

Als Berliner Senatorin habe ich auch dafür gesorgt, dass die Strafvorschriften zur Bekämpfung von Korruption in der öffentlichen Verwaltung verschärft wurden. Natürlich war das Anliegen unter Politikern sehr umstritten, sodass das Land Berlin mindestens einen Verbündeten brauchte, um im Bundesrat Erfolg zu haben. Als Verbündeten fanden wir den mächtigen Freistaat Bayern – gemeinsam setzten wir die Verschärfung des Strafgesetzes durch. Im Zusammenhang mit dieser Initiative lernte ich den Juristen Prof. Dr. Peter Eigen kennen, der zuvor Direktor bei der Weltbank gewesen war. Er hatte gerade Transparency International ins Leben gerufen, eine unabhängige, national und international tätige Organisation zur Aufdeckung und Verhinderung von Korruption. Ich beteiligte mich am Aufbau der Organisation, die seither wichtige und beachtete Arbeit leistet.

Ein weiteres Gesetz, das ich von Berlin aus über den Bundesrat auf den Weg bringen konnte, ermöglichte enteigneten Grundstücksbesitzern, ihr Eigentum zurückzubekommen. Zu DDR-Zeiten hatte der Staat viele Privatgrundstücke an sich gerissen, um dort die Mauer und weitere Grenzanlagen zu errichten. Nach der Wiedervereinigung übernahm die Bundesrepublik als Rechtsnachfolgerin die verstaatlichten Grundstücke, ein Großteil davon in sehr guter, teurer Lage. Der Regierende Bürgermeister beauftragte mich, über den Bundesrat eine Initiative zur Rückgabe der Grundstücke zu starten. Dazu veranlasst sah Diepgen sich insbesondere durch eine enteignete Familie, die sich ausdauernd und vehement bei ihm beklagte. Er meinte, ich solle mein Bestes versuchen, viel Hoffnung gebe es jedoch nicht. Ich sollte mich nicht wundern, wenn ich auf Desinteresse und Widerstand träfe, nicht aber auf große Unterstützung. Ich stürzte mich in die Aufgabe. Immerhin ging es um Eigentumsverhältnisse, die auf Unrecht entstanden waren. Die DDR hat Enteignungen vorgenommen, um den Todesstreifen einzurichten. Nun profitierte davon wieder ein Staat, unser Staat, die Bundesrepublik Deutschland. Und weiterhin litten Privatleute darunter.

Diepgens Prognose bewahrheitete sich nicht. Es gelang mir, den Bundesrat zu einem Entschließungsantrag an die Bundesregierung zu bewegen. Diese sollte ein Gesetz vorschlagen, das den Bund zur Rückübertragung der Grundstücke verpflichtete. Aufgrund starken Widerstands im Bundestag kam das Gesetz am Ende leider nicht genau so zustande, wie ich es vorgeschlagen hatte. Den Enteigneten wurden ihre Grundstücke nicht ohne Wenn und Aber zurückgegeben, sondern zum Rückkauf angeboten, jedoch zu einem sehr geringen Preis. Viele machten davon Gebrauch.

»Frau Senatorin! Bitte, Frau Senatorin, vielleicht sollten Sie doch besser darauf verzichten ...« Die Bediensteten der Jugendstrafanstalt hätten mich beinahe handgreiflich zurückgehalten. Aber nein, ich ließ mich nicht davon abbringen, aufs Gefängnisdach zu klettern.

Aus der Jugendstrafanstalt Berlin-Plötzensee waren zwei Gefangene über das Dach entwichen – als ich davon erfuhr, war ich gerade unterwegs auf einer Dienstfahrt. Sofort sagte ich meinen bevorstehenden Termin ab und bat meinen Chauffeur, zur Jugendstrafanstalt zu fahren. Die Bediensteten dort empfingen mich mit den Worten: »Es war nicht zu verhindern.« Auch der Leiter der Strafanstalt war überzeugt: »Frau Senatorin, da kann man nichts machen.« Wie konnte das sein? Ein Gefängnis, aus dem Häftlinge ausbrechen, weil »man nichts dagegen machen« kann? Wer mich kennt, der weiß: Solche Behauptungen kann ich nicht akzeptieren. »Na, dann wollen wir doch mal schauen«, sagte ich und begann sogleich zu klettern und zu springen. Die Strafanstalt bestand aus mehreren Gebäuden, und um einen Überblick über alle Dächer zu bekommen, musste ich einige Abgründe und Höhenunterschiede überwinden. Aufgeregt folgte mir eine ganze Delegation von Gefängnismitarbeitern einschließlich des Leiters. Es zeigte sich schnell, dass mehrere Stellen nicht ausreichend gesichert waren, da konnte und musste nachgebessert werden.

Meine Aktion war kein PR-Gag, weder Journalisten noch Fotografen waren anwesend. Darum ging es mir überhaupt nicht, sondern ich wollte mir ein Bild machen. Als Richterin in Bauprozessen war ich ja jahrelang immer wieder durch Baustellen geturnt, ich hatte gelernt, dass es um ein Vielfaches effektiver ist, sich einen Ort des Geschehens selbst anzusehen, als sich davon berichten zu lassen. Aus demselben Grund stieg ich später auf einen Turm in der Haftanstalt Tegel. Auch dort waren Gefangene geflüchtet, und es hieß, dies sei nicht zu vermeiden gewesen.

Wenngleich nicht so intensiv wie in Hamburg, war ich doch auch in Berlin viel mit dem Strafvollzug beschäftigt – und machte mir dabei nicht nur Freunde. Kurz nacheinander hatten wir zwei furchtbare Zwischenfälle. Gefangene, die wegen Kindesmissbrauchs einsaßen, hatten während eines Ausgangs versucht, sich an Kindern zu vergehen. Einer davon mit Erfolg. Nur sehr leise drang die Information an mein Ohr, denn jeder wusste: Jetzt gibt es Ärger. Die Grenze, bis zu der ich mich stets um Verständnis und Freundlichkeit bemühe, war weit überschritten. »Was werden Sie ändern?«, fragte ich die zuständigen Beamten. Sie reagierten mit Schulterzucken. »Übermorgen legen Sie mir Ihre Vorschläge vor.« Nach zwei Tagen kamen die Herren mit betrübten Gesichtern in mein Büro und erklärten, sie wüssten nicht, was sie ändern könnten, das Strafvollzugsgesetz lasse keine Verschärfungen zu.

»Ist das Ihr Ernst? Was für ein Armutszeugnis!«, stellte ich sie zur Rede. »Sie sind die höchsten Beamten hier im Hause und werden entsprechend gut bezahlt. Dann nehmen Sie endlich auch Ihre Pflichten wahr und lösen Sie drängende Probleme!«

»Ja, nun, aber Sexualstraftäter haben wie alle anderen ein Recht auf Lockerungen …«

»Ich habe verstanden, Sie wollen oder können keine Lösung bieten«, fiel ich dem Beamten ins Wort. »Dann erkläre ich Ihnen jetzt meine Lösung: Ab sofort geht kein Insasse, der ein Kind missbraucht hat, ohne Begleitung in Vollzugslockerung.«

Es hagelte Protest: »Wir können nicht gegen das Strafvollzugsgesetz verstoßen!« – »Aber wir können zulassen, dass Häftlinge auf den nächsten Spielplatz gehen und sich an Kinder heranmachen?«

In Ausübung meines Amtes führte ich gegen den massiven Widerstand meines Hauses Beschattungen ein. Die Gefangenen wurden informiert: »Wegen einiger Vorfälle während des Ausgangs gibt es folgende Änderung: Während Sie draußen sind, folgt Ihnen jemand mit einigem Abstand. Vielleicht nicht jedes Mal, vielleicht nicht ununterbrochen. Aber seien Sie sich immer bewusst: Sie könnten einen Schatten haben, den Sie nicht bemerken.« Bei den Beschattungen kooperierte ich mit dem Strafvollzug in Brandenburg. Der dortige Justizminister »lieh« mir Personal, damit die Gefangenen ihre Beschatter auf keinen Fall kannten oder kennenlernten. Im Gegenzug taten Berliner Justizbedienstete in Brandenburg Dienst. Mein Ziel, Kinder zuverlässig zu schützen, wurde erreicht: Es gab keinen weiteren solchen Zwischenfall.

Im Herbst 1997 übernahm Ortwin Runde das Amt des Ersten Bürgermeisters in Hamburg und trug mir erneut das Justizressort an. Die SPD war dabei, zusammen mit den Grünen einen neuen Senat zu bilden, Ortwin Runde suchte Frauen, und er suchte Politikerinnen mit Hamburg-Erfahrung. So kam er auf mich. Ich war in Berlin sehr freundlich aufgenommen worden, hatte mich gut eingelebt, ich liebte die Stadt und meine Arbeit. Ich hatte vieles bewirken können und war mit bestmöglichem Ergebnis wiedergewählt worden. Der Berliner Politik mir nichts, dir nichts den Rücken zu kehren, fand ich undankbar. Andererseits fühlte ich mich meiner Heimatstadt verpflichtet. Ortwin Runde argumentierte, die neue rot-grüne Koalition verunsichere viele Hamburger, deshalb sei es besonders wichtig, bekannte Senatorinnen und Senatoren einzusetzen, die das Vertrauen der Bevölkerung genossen. Ich überlegte hin, ich überlegte her – und entschied mich für Hamburg, wo ich endlich eine vollständige Legislaturperiode im Amt blieb.

Im Namen Hamburgs setzte ich mich vor dem Bundesverfassungsgericht für die Beibehaltung des Länderfinanzausgleichs ein. Hamburg war und ist das einzige Land, das immer gezahlt, nie genommen hat. Einige Bundesländer, die ebenfalls zahlen mussten, hatten den Länderfinanzausgleich angegriffen mit der Begründung, Leistung müsse sich lohnen. Ich vertrat die Ansicht, der Ausgleich trage zur Wahrung des sozialen Friedens bei und müsse deshalb bleiben. Er blieb.

Ebenfalls vor dem Bundesverfassungsgericht verteidigte ich als Vertreterin Hamburgs die Einführung des Lebenspartnerschaftsgesetzes. Heute können die Hamburger sich ihre Stadtgesellschaft ohne homosexuelle »Ehepaare« kaum noch vorstellen.

Gegen vehemente Widerstände erreichte ich die Abschaffung der alljährlichen bundesweiten Gerichtsferien von zweimonatiger Dauer im Sommer. Und es gab noch eine ganze Reihe weiterer bundespolitischer Anliegen, die ich als Hamburger Senatorin durchsetzen konnte. Mindestens genauso intensiv widmete ich mich selbstverständlich der Stadtpolitik, auch mit dem Strafvollzug war ich wieder ausgiebig beschäftigt. Wie zuvor schon in Berlin führte ich auch in Hamburg »Tage der offenen Tür« in Gefängnissen ein, zu denen wir die Medien einluden. Der Erfolg war, dass es in der Presse nicht mehr hieß, der Strafvollzug sei so vergnüglich wie ein Ferienlager oder es handele sich um einen »Hotelvollzug«.

Ich sorgte auch dafür, dass in Hamburger Haftanstalten Spürhunde eingesetzt wurden. »Haha, das Gefängnis als Tierheim!«, lästerten Kritiker. Dabei war es eine Tatsache, dass die seltenen Drogenrazzien, die es bis dahin gegeben hatte, kaum mehr bewirkten als ein Konzert der rauschenden Toilettenspülungen auf allen Etagen.

Einmal rief mich der Leiter des Untersuchungsgefängnisses an einem Sonntagabend an: »Auf der Krankenstation soll eine Patientin sexuell missbraucht worden sein.« Im Untersuchungsgefängnis befand und befindet sich die zentrale Krankenstation aller Hamburger Haftanstalten. Laut Auskunft des Anstaltsleiters war das Opfer eine Gefangene, der mutmaßliche Täter ein Bediensteter. Ohne zu zögern, fuhr ich hin, bat die zuständigen Beamten, ebenfalls dorthin zu kommen, und wir ordneten an: Keiner telefoniert nach draußen. Vor allem der mutmaßliche Täter, der nun Feierabend hatte und auf dem Weg nach Hause war, durfte in diesem Stadium auf keinen Fall informiert werden. Meine Beamten und ich ließen uns alles berichten, ich forderte die Kriminalpolizei an, gemeinsam befragten wir das Opfer und die Zeugen. Dabei erfuhren wir auch, dass ein Gefängnisbediensteter sich nicht an meine Order gehalten, sondern den Beschuldigten darüber informiert hatte, was nun im Untersuchungsgefängnis vor sich ging. Wir riefen beim Beschuldigten zu Hause an und erfuhren von seiner Frau, dass er nicht angekommen war. Am nächsten Morgen fand man ihn in einem Wald, er hatte sich mit seiner Dienstwaffe erschossen.

Ich setzte eine Untersuchungskommission ein, bat meinen ehemaligen Generalstaatsanwalt, der früher den Strafvollzug geleitet hatte, den Vorsitz zu übernehmen. Er willigte ein. Am Ende wurde alles aufgeklärt: Der mutmaßliche war der tatsächliche Täter, er hatte die Gefangene sexuell missbraucht, ein anderer Bediensteter hatte Wache geschoben, und mehrere weitere Kollegen müssen gewusst haben, was passierte. Es war, alles in allem, ein Super-GAU – vom Missbrauch über die Komplizenschaft unter den Bediensteten bis hin zum Suizid des Täters. Der Fall hat nicht nur mich lange beschäftigt.

Katastrophen wie diese lassen sich nicht vollständig vermeiden. Man muss alles Erdenkliche tun, um vorzubeugen. Dennoch bleibt ein Risiko, was für mich sehr schwer zu akzeptieren war, weil ich es gewohnt bin, Missstände aufzudecken und abzustellen.

Insgesamt war die mehr als zehnjährige Amtszeit als Senatorin in vier Kabinetten und zwei Bundesländern mit die interessanteste Phase meines Lebens. Ich möchte sie auf keinen Fall missen. Deshalb kann und möchte ich auch andere Frauen guten Gewissens ermutigen, sich in der Politik zu engagieren, vielleicht zunächst in der Kommunal-, dann in der Landes- und schließlich in der Bundespolitik. Es gibt nichts Spannenderes, nichts, womit man (und frau) mehr bewirken und verändern kann! Und was einem an Kenntnissen und Fähigkeiten fehlt, lässt sich lernen!

Mit Netz, ohne Seilschaft

Als 1993 meine erste Amtszeit als Hamburger Justizsenatorin endete, fuhr ich in meinem Dienstwagen zum Rathaus, mein Chauffeur brachte mich. Er war ein freundlicher, zuverlässiger und professioneller Fahrer. Zu den Voraussetzungen, die ein Politikerchauffeur erfüllen muss, gehören natürlich nicht nur gute Fahrkenntnisse, sondern zum Beispiel auch Diskretion, Flexibilität und Organisationsgeschick. Zu Beginn meiner Amtszeit hatte mich die Vorstellung, nicht selbst zu fahren, verunsichert. Aber dann hatte ich schnell begriffen, dass die Arbeit als Senatorin nicht zu schaffen war, wenn ich während des Dienstes selbst am Steuer saß. Ich musste die Fahrtzeiten nutzen, um mit meinen Mitarbeitern zu telefonieren, Dokumente zu lesen, mich auf Vorträge vorzubereiten – oder auch, um mich für ein paar Minuten auszuruhen. Bis dahin hatte ich einen Golf GTI gefahren, mein Dienstwagen als Senatorin war ein Mercedes mit Automatik. Ein komfortables Auto, das sich für einen sportlichen Fahrstil wie den meinen eignete. Also schaffte ich den Golf ab und nutzte den Dienstwagen auch privat, was ausdrücklich erlaubt war, man musste die Privatfahrten nur dokumentieren und die Kosten tragen.

Nach der Verabschiedung der Senatorinnen und Senatoren verließ ich den Sitzungssaal der Bürgerschaft, draußen stand mein Fahrer, gab mir die Hand und sagte: »Auf Wiedersehen, Frau Peschel-Gutzeit. Ich danke Ihnen und wünsche Ihnen alles Gute.« Er wirkte sehr förmlich und ein bisschen verlegen.

Ich dankte ihm ebenfalls, verabschiedete mich aber nicht, denn ich musste nun in meine Behörde fahren, um mein Büro zu räumen. »Es tut mir sehr leid«, sagte der Fahrer, »Sie haben jetzt keinen Dienstwagen mehr, und ich darf Sie nicht mehr fahren. Ich fahre jetzt den neuen Senator.« Die Situation war ihm sichtlich unangenehm.

Plötzlich war ich unmotorisiert und überhaupt nicht darauf vorbereitet. Mit einem Taxi fuhr ich nach Hause und überlegte, wie ich meinen Büro-Auszug organisieren sollte. Aber ich grübelte nicht lange, sondern rief Ursula an, meine Freundin und ehemalige Rallye-Teampartnerin. Ich schilderte ihr meine Situation, und sie sagte: »Das passt perfekt, ich fahre morgen in den Urlaub, du kannst währenddessen meinen Wagen haben.« Am nächsten Tag trafen wir uns am Flughafen und machten Auto-Übergabe. Natürlich bestellte ich mir sofort einen eigenen Wagen. In der Folge blieb ich nie wieder ohne eigenes Auto. Als Senatorin in Berlin und zurück in Hamburg, immer behielt ich meinen Privatwagen neben dem Dienstwagen. Mehrfach fragten mich andere Politiker, warum ich so vorging. Manche dachten, ich wüsste nicht, dass die private Nutzung des Dienstwagens genehmigt war. Dann erklärte ich ihnen meine Beweggründe: »Aus eigener Erfahrung weiß ich, dass ich von heute auf morgen ohne Dienstwagen dastehen könnte. Ich fahre auch sehr gern Bahn und Taxi, aber auf die Möglichkeit, mich jederzeit in mein eigenes Auto zu setzen, möchte ich nicht verzichten.«

Sicherlich hätte es damals, im Jahr 1993, verschiedene Möglichkeiten gegeben, meine missliche Lage zu meistern. Natürlich hätte ich ein Auto mieten können. Aber wie in vielen Lebenssituationen war auch in dieser die freundschaftliche Lösung die schnellste, unkomplizierteste und beste. Ich habe damals nicht damit gerechnet, dass meine Freundin mir ihr Auto leiht, ich hätte es überhaupt nicht von ihr erwartet. Andererseits hätte ich mich bei einer umgekehrten Konstellation wie sie verhalten, ihr meinen Wagen angeboten. Das macht meiner Meinung nach eine Freundschaft aus: dass man jederzeit füreinander da ist, sich gegenseitig mit Rat und Tat zur Seite steht. Und wenn ich »jederzeit« sage, dann meine ich es auch. Braucht ein guter Freund, eine gute Freundin dringend meine Hilfe, tue ich alles, um jetzt und sofort für ihn oder sie da zu sein.

Da ich ein aktiver und kommunikativer Mensch bin, mache ich bis heute viele neue Bekanntschaften und schließe neue Freundschaften. Da ich zudem ein sehr beständiger Mensch bin, ist mein Freundeskreis über die Jahrzehnte immer weiter gewachsen. Daraus folgt, dass immer häufiger das Telefon klingelte und mein Rat gefragt war, was bis heute manchmal viel Zeit kostet. Aber das stört mich gar nicht, denn ich bin gern für Freunde da, und natürlich fühlt es sich gut an, zu wissen, dass es umgekehrt genauso wäre: dass mir im Bedarfsfall zahlreiche gute Freunde und Freundinnen zur Seite stünden, bedingungslos, hier und jetzt.

In den letzten Jahren sind leider viele meiner Freunde gestorben; es waren tieftraurige Abschiede und schmerzhafte Verluste. Mir ist selbstverständlich bewusst, dass dies dem natürlichen Lebenslauf entspricht, schon gar wenn man ein so hohes Alter erreicht hat wie ich. Aber logische Erklärungen sind ein schwacher Trost für eine Trauernde, auch wenn sie eigentlich ein rational denkender Mensch ist. So muss ich mir selbst immer wieder bewusst machen, dass die Trauer um einen Freund oder eine Freundin einen positiven Hintergrund hat: Ich durfte einen Menschen kennenlernen, mit dem mich vieles verband, und ich durfte mit ihm oder ihr eine Freundschaft schließen, die mein Leben bereicherte – und durch die Erinnerung für immer bereichern wird.

Freundschaften sanft ausklingen zu lassen oder mich im Streit von Freunden zu trennen entspricht nicht meinem Charakter. Es kann vorkommen, dass man länger nichts voneinander hört, die meisten meiner Freundinnen und Freunde sind wie ich vielbeschäftigt. Aber dem Motto »Aus den Augen, aus dem Sinn« bin ich nie gefolgt. Auch mit den Männern, mit denen ich einmal zusammen war, blieb ich nach der Trennung immer in freundschaftlicher Verbindung – mit nur einer Ausnahme, meinem geschiedenen Ehemann. Wen und was ich einmal schätzen gelernt habe, gebe ich, wenn möglich, nicht auf. Das gilt auch für Handwerker, die ich immer wieder mit Arbeiten in und an meinem Haus betraue – zum Teil seit dreißig oder vierzig Jahren; oder meine Friseurin in Schleswig-Holstein: Zu ihr gehe ich seit Anfang der siebziger Jahre. Jetzt wohne ich schon so lange hauptsächlich in Berlin, und es kommt immer wieder vor, dass ich von Berlin nach Schleswig-Holstein fahre, nur um mir die Haare machen zu lassen.

Mein Augenarzt praktizierte früher in Hamburg, dann erhielt er einen Ruf an die Uniklinik in Dresden – also fahre ich regelmäßig dorthin. Das alles hat sicher mit der mir quasi angeborenen Beständigkeit zu tun, auch mit meinem vielseitigen, ausgefüllten Leben: Je weniger Regelmäßigkeit man im Alltag hat, desto wichtiger werden Konstanten wie das Zuhause und der Arzt, dem ich vertraue. Außerdem will ich unnötige Experimente vermeiden. Was sich bewährt hat, bewahre ich.

Durch die Vielzahl der Freunde, Kollegen und anderer Menschen, denen ich mich in irgendeiner Weise verbunden fühle, entstehen beinahe automatisch immer wieder Querverbindungen. Bittet mich meine Freundin X um einen Rat, denke ich vielleicht: Mein Freund Y wäre jetzt der bessere Ratgeber. Also frage ich Y, ob X ihn anrufen darf. Schon ist ein neuer Kontakt entstanden – und es bildet sich etwas, das in den letzten Jahren angeblich modern geworden ist und um das sich einige Mythen ranken: das Netzwerk. Tatsächlich gibt es seit Jahrtausenden

Netzwerke. Sie sind in der Regel überhaupt nicht geheimnisvoll, sondern funktionieren nach dem einfachen Prinzip des Schaffens und Pflegens von Bekanntschaften, der gegenseitigen Unterstützung, des gegenseitigen Bekanntmachens und des Verfolgens gemeinsamer Ziele. Ohne ein enges, gutfunktionierendes Netzwerk hätte ich niemals all das machen und erreichen können, was ich bisher gemacht und erreicht habe. Ob im Beruf, ob beim Verfolgen gesellschaftspolitischer Anliegen, ob im Privatleben: Ohne Netzwerke geht es nicht – oder zumindest geht es nicht gut.

Wenn Menschen zwischen ihrem beruflichem Netzwerk und ihrem privaten Freundeskreis eine Trennlinie ziehen – wie ich höre, tun das nicht wenige –, verzichten sie auf den Ausbau ihres persönlichen Netzwerkes. Je mehr Verbindungen es innerhalb eines Netzes gibt, desto besser hält es und desto zahlreicher sind die Anknüpfungspunkte nach innen und außen. Sicher haben die Menschen, die lieber auf mehrere getrennte als auf ein großes, weitverzweigtes Netz zurückgreifen, ihre guten Gründe. Für mich selbst sehe ich weder die Notwendigkeit, noch habe ich das Bedürfnis, solch eine Trennung zu machen. Ich wüsste auch gar nicht, wo ich sie vornehmen sollte und auf wie viele Einzelnetze ich meine Freunde und Freundinnen, meine geschätzten Kollegen und Kolleginnen, politischen Mitstreiter und Mitstreiterinnen sowie die guten Bekannten verteilen sollte. Viele, wahrscheinlich die meisten Freundschaften, die ich geschlossen habe, sind aus beruflichen Zusammenhängen hervorgegangen – schon allein deshalb, weil der Beruf eine zentrale Rolle in meinem Leben spielt. Ich hatte das Glück, fast nie eine Arbeit nur deshalb machen zu müssen, weil ich das Geld brauchte. Alle haupt- und nebenberuflichen Tätigkeiten haben meiner Persönlichkeit entsprochen und mich auch als Privatmensch erfüllt.

Mein Leben bildet eine Einheit, und deshalb tun es die Menschen, mit denen ich dieses Leben teile, in gewisser Weise auch – wobei die Familie selbstverständlich eine Sonderstellung einnimmt. Jeder, der mich kennt, hat mit genau derselben Lore Maria Peschel-Gutzeit zu tun, die fast alles, was sie im Leben unternimmt, gern unternimmt. Und überall traf und treffe ich gleichermaßen interessante Menschen, die auch füreinander interessant sein können; sei es am Gericht, sei es im Zusammenhang mit politischen, gesellschaftlichen oder kulturellen Anliegen, die ich verfolge, sei es in meiner Kanzlei, sei es in meiner Hamburger oder Berliner Nachbarschaft, sei es bei obersten Bundesgerichten, im Bundesrat, im Rathaus, bei einer kleinen Geburtstagsfeier oder einem glanzvollen Ball.

Bis heute erhalte ich sehr viele Einladungen zu Vorträgen, Festen, Mittagessen, Empfängen und anderen Veranstaltungen. Die Einladungen kommen zum Beispiel von Unternehmen, von wissenschaftlichen Einrichtungen, von staatlichen Institutionen oder von Vereinen, von ehemaligen oder aktuellen Kollegen, von politischen Parteien oder kulturellen Einrichtungen. Obwohl ich schon lange kein öffentliches Amt mehr bekleide, hat die Anzahl der interessanten Einladungen, die ich erhalte, nicht nachgelassen. Darüber freue ich mich, denn von vielen Freundinnen und Kollegen höre ich, dass man quasi automatisch von der Gästeliste gestrichen wird, wenn die Position oder das politische Amt endet. Oft sind es so viele Einladungen, dass ich sie leider nicht alle wahrnehmen kann. Wohin gehe ich, wem sage ich ab? Die Wahl fällt mir immer wieder schwer. Oder ich besuche an einem Tag mehrere Veranstaltungen nacheinander. Das kommt manchmal – selten – vor. Bisweilen fällt es den anderen Gästen gar nicht auf, denn viele wissen schon: Ich bleibe nur kurz.

Fast immer bin ich ein »Lifo« oder »Fifo«: *Last in, first out* oder *First in, first out*. Schon als Senatorin verhielt ich mich so.

Ich komme an, setze mich freundlich dazu und führe ein nettes Gespräch. Je nachdem, um was für eine Veranstaltung es sich handelt, drehe ich dann vielleicht noch eine Runde mit meinem Glas in der Hand, grüße alle, die ich kenne, und tausche ein paar Neuigkeiten aus. Und alsbald entferne ich mich – möglichst unbemerkt. Außer, selbstverständlich, es handelt sich um einen längeren Vortrag oder ein großes Essen. Meine Freundin Ingeborg sagte einmal: »Wer etwas mit dir besprechen möchte, muss auf dich zugehen, sobald er dich sieht. Wenn man nicht aufpasst, bist du plötzlich verschwunden.« Aber Ingeborg nimmt mir das nicht übel, und ich hoffe, dass auch andere Menschen sich durch mein Verhalten nicht brüskiert fühlen. Falls doch und falls ich einmal davon erfahren sollte, würde ich ihnen erklären, dass mein spätes Kommen und frühes Gehen nicht mit ihnen zu tun hat, sondern allein mit mir.

Es sind vor allem zwei Gründe, die mich zu frühem Gehen veranlassen: Als Chefin, die ich lange war und auch jetzt noch in meiner Kanzlei bin, habe ich erfahren, dass es zwar gern gesehen wird, wenn Chef oder Chefin Einladungen annimmt und teilnimmt – aber bitte nicht zu lange. Deshalb habe ich es vor allem als Senatorin so gehalten, dass ich nach relativ kurzer Zeit ging mit der Bemerkung: »Ich weiß doch, dass es erst gemütlich wird, wenn die Schwiegermutter gegangen ist!« Und noch aus einem anderen Grund habe ich meine Anwesenheit bei solchen Veranstaltungen zeitlich begrenzt: Nur so konnte ich sicherstellen, dass ich am nächsten Tag frisch genug war, um die dann anstehenden Aufgaben vernünftig zu erfüllen. Der Mensch muss seine Kräfte kennen und einteilen – daher »Lifo« oder »Fifo«!

Wie viel Kommunikation ist für den einzelnen Menschen gut und wichtig? Dieses Thema beschäftigt die heutige Gesellschaft und wird die von morgen wohl noch mehr beschäftigen.

Ich habe die Erfahrung gemacht, dass es mir weder Freude bereitet noch einen sonstigen Nutzen bringt, auf jeder Hochzeit zu tanzen, schon gar nicht vom Anfang bis zum Ende. Wer mich kennt, weiß, dass ich mich gern austausche, gern Freunde treffe, gern feiere und fröhlich bin. Dennoch muss ich meine Ressourcen einteilen und mich gelegentlich zurückziehen. Ja, ich bin gern auch mal allein zu Hause, schenke mir ein Glas Wein ein und sehe eine Stunde fern oder lese ein schönes Buch. Früher habe ich das fast nie getan, weil ich nicht die Möglichkeit hatte. Dann hatte ich die Möglichkeit, nutzte sie aber aus Gewohnheit nicht. Mittlerweile habe ich es gelernt. In meinem heutigen Beruf als Rechtsanwältin mit den Schwerpunkten Familien- und Erbrecht habe ich täglich von der ersten bis zur letzten Minute mit Menschen zu tun, die in Schwierigkeiten sind. Sie tragen schwere Lasten und laden einen Teil ihrer Last bei mir ab. Mein Arbeitsalltag besteht großteils aus Kommunikation, und nach der Arbeit muss ich mich manchmal auf mich selbst zurückziehen.

Aus ähnlichen Gründen verhalte ich mich ganz unzeitgemäß im Umgang mit dem Handy und mit E-Mails. Mein Mobiltelefon habe ich nur im Auto immer eingeschaltet, dort möchte ich für meine Mitarbeiterinnen erreichbar sein. Außerhalb des Autos schalte ich das Handy unterwegs nur ein, wenn ich selbst jemanden anrufen möchte. Auf manchen Fahrten zwischen Hamburg und Berlin erhalte ich zehn SMS oder mehr – es tut mir sehr leid, wirklich, aber ich schaffe es nicht, sie alle zu beantworten. E-Mails gehen grundsätzlich zuerst in meinem Sekretariat ein, es sind bis zu neunzig am Tag. Meine Sekretärin sortiert alles vor und leitet nur die Mails an mich weiter, die wirklich wichtig sind und die sie nicht allein bearbeiten kann oder möchte.

Der ständige Informationsfluss, der heute üblich ist, würde mich belasten, meine Konzentration schwächen und mir wertvolle Zeit nehmen. Für jüngere Leute ist es sicher eine große Herausforderung, mit der Dauerkommunikation und der ständigen Reizüberflutung umzugehen und sich ihr, wenn nötig, auch hin und wieder zu entziehen. Mir fällt das aufgrund meiner Erfahrung relativ leicht. Eine Freundin von mir sagte einmal: »Nur Domestiken müssen dauernd erreichbar sein – wir nicht.« Das stimmt, auch wenn es sehr arrogant klingt.

Mein enger Freundeskreis und auch mein weiteres persönliches Netzwerk bestehen ungefähr je zur Hälfte aus Männern und Frauen. Kürzlich sagte mir jemand, das sei ungewöhnlich, meist hätten Frauen mehr Freundinnen als Freunde. Darüber hatte ich noch nie nachgedacht. Mich faszinieren Menschen mit einem wachen, ausgeprägten Geist, Menschen, die vielseitig interessiert sind, offen für andere Meinungen, für einen fruchtbaren Dialog. Und humorvolle Menschen – vor allem solche, die einen intelligenten, hintersinnigen Humor pflegen. Wenn ich Menschen mit diesen Eigenschaften treffe, spielt das Geschlecht für mich keine Rolle. Und in einem Beruf wie meinem trifft man immer noch mehr Männer als Frauen.

Zwei Juristen, mit denen mich eine herzliche Freundschaft verband beziehungsweise verbindet, habe ich in diesem Buch bereits erwähnt: Manfred Engelschall, der leider nicht mehr lebt, und Helmut Engler. Mit beiden geriet ich zunächst aneinander. Engelschall war, Engler ist ein politisch konservativ denkender Mensch und CDU-Mitglied. »Du rote Zecke!«, mokierte sich Engelschall bei manchen Diskussionen über mich. Dann konnte ich nur antworten: »Du Ewiggestriger.« Zu Engler sagte ich manchmal: »Du bist ein richtiger Altfranke.« Er reagierte gelassen. »Stimmt, kein Zweifel.« Dabei ist er eigentlich Badener – das Wort »Altfranke« steht in unserer Generation für »altmodisch«.

Meine beiden »Engelfreunde« wurden einige Jahre vor mir

geboren. Vielleicht war es für sie anfangs sogar eine Freude, sich mit einer jüngeren Juristin zu streiten und zu messen. Jedenfalls konnten wir es gut aushalten, dass wir nicht in allem übereinstimmten. Wenn mich ein Mensch fasziniert, kommt es nicht darauf an, ob er einer politischen Partei angehört und wenn, welcher. Mit den meisten Freunden stellte ich irgendwann fest: Es gibt Themen, bei denen wir nicht zusammenkommen. Solange es dennoch genügend andere Anknüpfungspunkte gibt, wird die Freundschaft nicht leiden.

Eine meiner langjährigsten Freundinnen ist die Hamburger Juristin Renate Damm, die ich schon an der Universität während des Examens kennenlernte. Danach trafen wir uns am Landgericht wieder, ich war Richterin in der Pressekammer, sie arbeitete als Justiziarin beim Axel Springer Verlag. Sie war eine blitzgescheite, dabei aber recht angriffslustige Anwältin; alsbald gerieten wir aneinander. Bekanntlich hat mich das nie daran gehindert, später mit einem Menschen Freundschaft zu schließen.

Eine andere bekannte Hamburger Juristin, mit der ich gut befreundet bin und die ebenfalls unserer Generation angehört, ist Dr. Gisela Wild. Wir lernten uns im Zusammenhang mit einem Steuerstreit vor dem Bundesverfassungsgericht kennen. Gisela Wild hatte Verfassungsbeschwerde eingelegt, der Deutsche Juristinnenbund war aufgefordert, ein Gutachten zu erstellen, ich übernahm diese Aufgabe. »Wenn wir beim Bundesverfassungsgericht reüssieren, trete ich dem Juristinnenbund bei«, sagte Frau Wild, und so kam es tatsächlich. Sie ist eine sehr charmante und erfolgreiche Frau, die es versteht, zu kämpfen. Schnell wurde sie Zweite Vorsitzende des Juristinnenbundes, während der Zeit, als ich Erste Vorsitzende war. Auch beim sogenannten *Stern*-Prozess 1978, bei dem es um Pornographie und Frauendiskriminierung auf einem Titelfoto der Zeitschrift ging, taten wir uns zusammen. Gisela Wild vertrat als Anwältin die Kläger, ich beriet sie im Hintergrund. Manfred Engelschall entschied den Prozess – so schließt sich der Kreis.

Wie ich arbeiten auch Renate Damm und Gisela Wild bis heute als Anwältinnen. Beide sind Pionierinnen, beide sehr ausgeprägte Persönlichkeiten – bewundernswerte, starke Frauen. Im Laufe der Jahrzehnte hatten wir immer wieder gemeinsame Anliegen, haben gemeinsame Ziele verfolgt. Dann schauten wir: Welche von uns kann was beitragen? Wer kennt wen und kann ihn oder sie mit ins Boot holen? Die Aufgaben wurden verteilt, die Kontakte hergestellt, das Netz wurde geknüpft – und hielt.

Engelschall, Engler, Damm und Wild: vier Menschen von vielen, mit denen mich sehr schöne, vertrauensvolle Freundschaften verbinden.

Die eine Herzensfreundin, die sogenannte beste Freundin, hatte ich hingegen nie. Vielleicht, weil ich eine klassische Netzwerkerin bin – ich telefonierte lieber mit zwei, drei, vier Freunden und Freundinnen, als mit einer Freundin lange auf der Couch zu sitzen und unsere Herzen auszuschütten; vielleicht auch, weil ich mich, trotz allem, im Ernstfall auf mich selbst zurückziehe. Die großen Entscheidungen in meinem Leben habe ich allein getroffen. Auch die großen Lebensrückblicke unternahm ich im Stillen, im bewusst gewählten Alleinsein: Was habe ich wann richtig gemacht? Was war falsch? Was würde ich heute anders machen? Und welchen Weg schlage ich als nächsten ein? Das alles habe ich immer wieder mit mir selbst ausgemacht.

Die »beste Freundin« habe ich nie vermisst, einen Lebensgefährten schon eher. Nach meiner Scheidung hatte ich Beziehungen, auch langjährige und erfüllende. Doch so lange, wie ich es mir gewünscht hätte, haben sie nicht gehalten, und so intensiv, wie ich es mir vorstellte, waren die meisten Partnerschaften nicht. Je weiter ich in der beruflichen Hierarchie aufstieg, desto respektvoller, aber auch distanzierter begegneten mir die Männer. Das bemerkte ich als Vorsitzende Richterin am Hanseatischen Oberlandesgericht – und noch stärker als Hamburger Justizsenatorin. Mein Eindruck war: An eine Frau eines solchen Ranges trauen sich viele Männer nicht unbefangen heran. Vielleicht verunsichert sie die Machtposition der Frau. Das habe ich registriert und schließlich akzeptiert und dabei festgestellt: Ich kann auch sehr gut ohne Mann leben. So ist es bis heute. Trotzdem hoffe ich, dass die Befangenheit und Verunsicherung der Männer gegenüber Frauen, die in der Hierarchie weiter oben stehen, irgendwann enden. Bekanntlich können viele Frauen problemlos Beziehungen mit mächtigeren Männern eingehen. Für alle Seiten wäre es schön, wenn dies auch umgekehrt funktionierte.

Neben den mehr oder weniger auf eigene Faust geknüpften Netzwerken im privaten wie beruflichen Umfeld gehöre ich verschiedenen von offizieller Seite organisierten Netzwerken an, sogenannten Service- und Gesellschaftsclubs. Jeder und jede hat schon einmal vom Lions oder Rotary Club gehört, die ursprünglich nur Männer aufnahmen, seit einiger Zeit aber auch Frauen offenstehen. Weniger bekannt sind Soroptimist und Zonta International, die Service-Organisationen berufstätiger Frauen. Seit den achtziger Jahren gehöre ich dem Hamburger Zonta Club an, bin somit eine »Zontian«. Einmal im Monat treffen die Hamburger Zontians sich in einem Privathaus und tauschen sich aus.

Für mich ist dabei besonders interessant, dass Frauen sehr unterschiedlicher Berufe zusammenkommen. Vor meiner Zonta-Zeit kannte ich bereits Hunderte von Juristinnen, aber zum Beispiel keine Bühnenbildnerin. Dann änderte es sich. Auch die wunderbare Hamburger Bildhauerin Uta Falter-Baumgarten lernte ich bei den Zontians kennen. Sie schuf eine Büste von mir, die nun in meiner Wohnung steht. Neben den Treffen und dem dort stattfindenden Austausch unter Frauen, die in leitender Position arbeiten oder beruflich selbständig sind, steht der Wohltätigkeitsgedanke im Vordergrund. Die Zontians spenden für soziale Zwecke und organisieren Veranstaltungen mit dem Ziel, Spendengelder zu sammeln. Ein weiterer wichtiger Faktor ist die Internationalität; ohne Aufwand können Zonta-Mitglieder aus verschiedenen Städten oder Ländern einander um Informationen oder Rat bitten. Auch haben Zonta-Frauen, die viel und weit reisen – was ich nie getan habe –, überall Anlaufstellen und Ansprechpartnerinnen.

Zonta-Mitglied kann man nur auf Aufforderung werden, genauso ist es mit den Mitgliedschaften in Gesellschaftsclubs wie dem Verein Berliner Kaufleute und Industrieller (VBKI), dem Berlin Capital Club oder dem Übersee Club in Hamburg. Nach und nach wurde ich bei diesen Vereinen zur Mitgliedschaft aufgefordert und bin diesen Aufforderungen selbstverständlich gefolgt. Die Räumlichkeiten der Clubs nutze ich gelegentlich für Treffen mit Kollegen, Mandanten oder Mandantinnen. Der Berlin Capital Club und der Übersee Club haben beide eine ausgezeichnete Küche, ich esse gern dort. Auch gibt es interessante Veranstaltungen, zum Beispiel die Politiker- oder Wirtschaftskapitänsfrühstücke montagmorgens um acht Uhr im Berlin Capital Club. So treffe ich ständig neue Menschen und höre manches Mal Vorträge über Themen, von denen ich zuvor nur weniges wusste. Ich finde das alles sehr inspirierend und würde mich immer wieder dafür entscheiden, einem solchen Netzwerk beizutreten.

Die einzigen Netzwerke, die ich grundsätzlich ablehne, sind Seilschaften, bei denen es nur darum geht, einander die höchsten und am besten dotierten Posten zu verschaffen und Dritte auszugrenzen. Solche Seilschaften gibt es nach meiner Erfahrung seltener bei Frauen, öfter bei Männern. Im Vergleich zu engmaschigen Netzwerken sind sie nicht sehr haltbar und verlässlich. Trotzdem funktionieren manche derartige Seilschaften über viele Jahrzehnte. Auch das könnte sich ändern, je mehr Frauen in verantwortungsvolle Positionen vorrücken.

Und weiter geht's

Bei den Hamburger Bürgerschaftswahlen im September 2001 bekam die SPD 36,5 Prozent der Wählerstimmen und konnte so das Vorwahlergebnis noch etwas steigern. Aber die Grünen verloren so stark, dass beide Parteien zusammen nicht mehr die Mehrheit in der Bürgerschaft hatten. Die CDU, die nur 26 Prozent der Wählerstimmen erhalten hatte, bildete eine Koalition mit der FDP und der neuen Partei Rechtsstaatlicher Offensive, vulgo: Schill-Partei. Gründer und Vorsitzender war der Hamburger Amtsrichter Ronald Schill, seine rechtspopulistische Partei hatte aus dem Stand knapp 20 Prozent der Wählerstimmen erhalten. Ihre Popularität verdankte sie allein dem Vorsitzenden, der sich schon als Richter sehr um Medienpräsenz bemüht hatte und wegen mehrerer Urteile mit sehr überzogenem Strafmaß von der Presse »Richter Gnadenlos« getauft worden war. Sein Auftreten wirkte oft unkonzentriert, seine Argumentationsweise unschlüssig. Inhaltlich waren viele seiner Aussagen inakzeptabel. So erklärte er in einem Interview mit der Zeitschrift *Focus*: »Ich bin ein Gegner der Todesstrafe, aber ein ziemlich leidenschaftsloser. In Deutschland besteht zurzeit keine Notwendigkeit, sie einzuführen.«

Auch behauptete er, das Prinzip der Resozialisation von Straftätern habe versagt – »Ich setze lieber auf Abschreckung durch harte Strafen«. Vielen in der Stadt galt er als nicht akzeptable Person. Dennoch mobilisierte er mit seinen Stammtischparolen viele »Wutbürger«, wie sie später genannt wurden, und er erzielte einen – wenngleich nur kurzfristigen – Erfolg. Er wurde Innensenator und Zweiter Bürgermeister. Ein knappes Jahr später sorgte er für einen Eklat im Bundestag, als er in einer Rede behauptete, Deutschland könne seine Probleme unter anderem deshalb nicht mehr lösen, weil zu viel Geld für Auslandshilfen, Zuwanderung und Gefängniskomfort ausgegeben werde. Er redete sich so in Rage, dass ihm nach weit überschrittener Redezeit das Mikrofon abgeschaltet wurde.

Am Montag nach dem Wahlsonntag im September 2001 erhielt ich einen Anruf von einer Berliner Anwaltskanzlei. Der Kanzleigründer erklärte, ich möge doch darüber nachdenken, als Rechtsanwältin zu arbeiten – er würde sich freuen, mich in seine Kanzlei aufzunehmen. In den folgenden Wochen und Monaten erreichten mich neun weitere Angebote von Berliner Kanzleien. Die Angebote freuten und interessierten mich, ihre Vielzahl überraschte mich. Nie hatte ich öffentlich bekundet, nach meiner Zeit als Justizsenatorin den Anwaltsberuf ergreifen zu wollen. Die Altersobergrenze im öffentlichen Dienst hatte ich jedoch bereits um einige Jahre überschritten, als Richterin konnte ich schon deshalb, aber auch aus Überzeugungsgründen nicht mehr arbeiten. Und wer mich auch nur ein bisschen kannte, konnte sich wohl denken, dass ich meine Hände künftig nicht in den Schoß legen würde. Sobald feststand, dass Ronald Schill Senator und Zweiter Bürgermeister meiner Heimatstadt werden sollte, fasste ich den Entschluss, Hamburg zu verlassen.

Im Oktober 2001 wählten die Berliner Bürger ihr Abgeordnetenhaus, der neue und alte Regierende Bürgermeister Klaus Wowereit fragte, ob ich Lust hätte, erneut in den Berliner Senat zu kommen. Ich freute mich über die Anerkennung, die in diesem Angebot lag, lehnte aber dennoch ab, weil ich meinte und meine, mehr als zehn Jahre in dem aufregenden, aber anstrengenden Amt als Justizsenatorin seien genug. »Es gibt ein Leben nach der Politik«, erwiderte ich deshalb lächelnd und handelte dementsprechend.

Im Laufe mehrerer vergangener und folgender Jahre schlugen SPD-Politiker mir vor, als Bundestagsabgeordnete zu kandidieren – zum ersten Mal war es 1993 geschehen, als die SPD in Hamburg die absolute Mehrheit verlor und meine erste Amtszeit als Senatorin endete. Auch diesen Angeboten bin ich nicht gefolgt, denn im Bundestag hätte ich in gewisser Weise noch einmal von vorn anfangen müssen. Um in wichtigen Ausschüssen mitarbeiten und etwas bewirken zu können, muss man sich als Bundestagsneuling in der Regel erst einmal profilieren, vielleicht zwei bis drei Legislaturperioden lang, also acht bis zwölf Jahre. Diesen Plan zu verfolgen wäre angesichts meines Alters realitätsfremd gewesen.

Wie sollte es beruflich für mich weitergehen? Ich war unschlüssig. Nur eines wusste ich mit Sicherheit: Ein Rückzug in den Ruhestand kam nicht in Frage. Ich habe immer gern gearbeitet, ich war und bin geistig und körperlich in der Lage, etwas zu leisten, meine Arbeitsfähigkeit und Energie waren 2001 die gleichen wie 1990 oder 1970 – und sind es heute immer noch.

Während ich gerade dabei war, meine beruflichen Möglichkeiten und Wünsche zu ergründen, ergab es sich, dass Frau Professor Barbara Schaeffer-Hegel mich anrief und nach meinem Befinden fragte. Schaeffer-Hegel hatte die EAF gegründet, die Europäische Akademie für Frauen in Politik und Wirtschaft Berlin. Diese Institution widmet sich der Förderung und Fortbildung des weiblichen Führungskräftenachwuchses. Beim Aufbau der Strukturen hatte ich ihr zur Seite gestanden, heute bin ich Ehrenmitglied im Vorstand des Fördervereins der EAF. Ich erzählte Frau Schaeffer-Hegel von meiner Situation, die sie sofort verstand. Sie ist nur wenige Jahre jünger als ich und hatte ebenfalls noch lange nicht vor, ein gemütliches Leben als Pensionärin zu führen.

Kurz darauf rief sie mich erneut an. »Ich denke, du solltest ein Coaching machen, um deinen weiteren beruflichen Weg zu finden«, riet sie mir. Die Idee fand ich ungewöhnlich, aber das Ungewöhnliche hat mich bekanntlich häufig gereizt, sodass ich mich für die Anregung bedankte und sagte, ich wolle darüber nachdenken. »Gut. Und da du uns beim Aufbau der Akademie so geholfen hast, werden wir dir das Coaching schenken«, fuhr Barbara Schaeffer-Hegel fort. Das Geschenk bestand aus einer mehrtägigen Beratung bei einem sehr guten weiblichen Coach in Freiburg, auch den Aufenthalt in der Stadt, die ich schon immer so sehr gemocht hatte, schenkte mir die EAF. Ich war sehr gerührt.

Am Ende des Coachings stand der Entschluss, Rechtsanwältin zu werden, es zumindest zu versuchen. Gedacht, getan: Im Jahr 2002 machte ich mich zum ersten Mal im Leben selbständig, im zarten Alter von 69 Jahren – »in dem andere Leute die Prospekte für Seniorenheime wälzen«, wie eine Freundin von mir sagte. Es war kein finanzielles Wagnis, denn ich hatte ja eine über Jahrzehnte erarbeitete Versorgung aus meinem Richterinnen- und Senatorinnendasein. Trotzdem wäre es eine bittere Erfahrung gewesen, zu scheitern.

Ich schloss mich einer renommierten Kanzlei im Berliner Westen an und spezialisierte mich auf das Familien- und das Erbrecht. Auf beiden Gebieten hatte ich als Richterin einen reichen Erfahrungsschatz sammeln können, in familienrechtlichen Fragen hatte ich mich auch als Politikerin engagiert. Meine Freundin Karin Schubert kam im Jahr 2007 als weitere Rechtsanwältin in die Kanzlei. Kennengelernt hatten wir uns in der Politik: Ab 1994 war sie Justizministerin von Sachsen-Anhalt gewesen, 2002 als Justizsenatorin und Bürgermeisterin nach Berlin gekommen. Im Jahr 2009 wechselten wir gemeinsam in eine andere Kanzlei. Dort arbeiten wir beide bis heute mit viel Erfolg.

So trat ich, die Lehrerinnen- und Soldatentochter, zu guter Letzt doch noch in die Fußstapfen meiner Großmutter Helene, die ich nie kennengelernt habe, von der meine Mutter mir aber viel erzählte. Ich sei ihr so ähnlich, hatte meine Mutter immer gemeint. Großmutter Helene hatte stellvertretend die Peddigrohrfabrik ihres Mannes geleitet – in einer Zeit, in der Frauen dem Mann unterstellt waren und nur wenige eigene Rechte besaßen. Sie war Prokuristin und führte die große Fabrik selbständig und allein über lange Zeiträume. Ich habe dreißig Jahre lang sehr gern als Richterin gearbeitet, aber von meiner Persönlichkeitsstruktur her brauchte ich die Sicherheit einer Position im öffentlichen Dienst nicht. Das weiß ich heute – und die Lust und den Mut zur Selbständigkeit habe ich vielleicht von meiner Großmutter geerbt.

Grübelei unter dem Motto »Was wäre gewesen, wenn …?« halte ich grundsätzlich für Zeitverschwendung, dennoch erwische ich mich bisweilen bei solchen Gedankenspielen. Dann fällt mir ein: Hätte die schleswig-holsteinische Landesregierung mich zur Präsidentin am Oberlandesgericht in Schleswig bestimmt oder wäre meine Bewerbung als Hamburger Datenschutzbeauftragte erfolgreich gewesen, dann wäre ich wahrscheinlich nicht Justizsenatorin geworden, wäre auch nicht nach Berlin gekommen und würde heute nicht als Rechtsanwältin arbeiten. Vielleicht würde ich stattdessen einer anderen interessanten, erfüllenden Tätigkeit nachgehen. Aber im Rückblick sehe ich: Ich hatte beruflich viel Glück in meinem Leben. Und wenn ich mal Pech hatte, ergab sich daraus letztlich wieder eine positive Entwicklung.

»Sind Sie nicht die Frau Senatorin?« So werde ich bis heute manchmal auf der Straße angesprochen. »Frau Peschel-Gutzeit? Ja? Wissen Sie was: Sie waren eine richtig gute Senatorin, zu der ich Vertrauen hatte. Ich bin Ihnen sehr dankbar.« Wenn so etwas passiert, bin ich immer ganz verdutzt – und natürlich freue ich mich. Es sind wildfremde Menschen, die sich bei mir bedanken, nachdem ich vor weit mehr als einem Jahrzehnt mein Senatorenamt in Berlin aufgegeben habe. Diese Menschen haben keine Veranlassung, mir zu schmeicheln. Berlin und ich, das scheint einfach zu passen. Auch nach meiner zweiten Ankunft in der Stadt wurde ich dort herzlich aufgenommen.

Unsere Kanzlei befindet sich in West-Berlin am Kurfürstendamm, meine Berliner Wohnung liegt im Osten. Jeden Tag durchquere ich die Stadt morgens von Ost nach West und abends in umgekehrte Richtung. Die meisten Berliner bleiben ja am liebsten stets in »ihrem Kiez«. Mir ist es wichtig, die Stadt in ihrer Gesamtheit zu erfassen, ihre verschiedenen Seiten zu erleben. Parallel habe ich eine Wohnung in meinem Hamburger Haus behalten. Ein- bis zweimal im Monat verbringe ich dort einige Tage, besuche Veranstaltungen, treffe mich mit meiner Schwester und mit Hamburger Freunden. Außerdem übernehme ich gelegentlich Mandate in Hamburg. So praktiziere ich mein Ost-West-Erkundungsspiel auch im größeren Maßstab und genieße es sehr. Solange meine Gesundheit es zulässt, möchte ich nicht darauf verzichten.

Mein Berufsleben beschränkt sich nicht auf die Arbeit als Anwältin – wie seit jeher gehe ich Nebentätigkeiten nach, weil sie mir Freude bereiten und mich interessieren. Seit 1976 arbeite ich in der Anwaltsfortbildung, zum Beispiel an der Deutschen Anwalt Akademie und anderen Instituten. Dort erkläre ich entweder Anfängern die Grundzüge des Familienrechts oder bilde bereits erfahrene Juristen fort. Diese Arbeit macht mir Spaß, weil ich gern mit jüngeren Juristen zusammen bin und gern unterrichte. Wie meine Mutter, meine Großmutter und meine Schwester habe ich wohl eine pädagogische Ader. Außerdem zwingt mich die Lehrtätigkeit, selbst immer auf dem neuesten Stand zu sein und die jüngsten Entscheidungen zu kennen, es ist eine Maßnahme der Selbstdisziplinierung und Selbstfortbildung. Auch für den BGB-Kommentar *Staudinger* arbeite ich weiterhin, und zwar nicht nur als Autorin, sondern seit den neunziger Jahren auch als Bandredaktorin wie mein Freund Helmut Engler aus Freiburg. Das heißt, ich betreue andere Autoren und prüfe deren Texte auf Übereinstimmung oder Abweichung voneinander.

Wann und wie ich meinen wohlverdienten Unruhestand in einen Ruhestand verwandle, weiß ich nicht genau. Ich habe verschiedene Ideen, habe Szenarien entwickelt sowohl für einen allmählichen Ausklang als auch für einen klaren Schlussstrich. Eine Entscheidung getroffen habe ich noch nicht. Wieder einmal gibt es keine Vorbilder, an denen ich mich orientieren könnte. Welche Frau hat vor mir in meinem Alter noch in Vollzeit gearbeitet? Es sind nur sehr wenige. Aber vielleicht muss ich mir über den Ausstieg ja auch gar nicht weiter den Kopf zerbrechen. Vielleicht nimmt mir das Schicksal die Entscheidung ab.

Manchmal höre ich in Kollegenkreisen den Vorwurf, ich nähme jungen Anwälten oder Anwältinnen die Arbeit weg. Das ist ein sehr schwerwiegender Vorwurf, denn ein Mensch, der gewohnheitsmäßig anderen Menschen etwas wegnimmt, also stiehlt, wäre verachtenswürdig. Zum Glück lässt sich der Vorwurf leicht entkräften: Ein Mandant, der sich an mich wendet, entscheidet sich bewusst für eine nicht mehr junge Juristin, die dreißig Jahre als Richterin und zehn Jahre als Rechtspolitikerin tätig war und jetzt seit über zehn Jahren als Rechtsanwältin praktiziert. Alle meine Mandanten wenden sich auf Empfehlung an mich, die meisten informieren sich zusätzlich im Internet, bevor sie zu mir kommen. Es ist sehr unwahrscheinlich, dass solch ein Mandant sich an eine junge Anfängerin wenden würde, wenn ich nicht zur Verfügung stünde. Denn gerade auf dem Gebiet des Familien- und Erbrechts kommt es – außer auf juristisches Können – in großem Umfang auf menschliche Erfahrung an. Mir liegt es sehr am Herzen, dass hochqualifizierte junge Anwälte und Anwältinnen nachwachsen, deshalb habe ich jahrzehntelang an Universitäten gelehrt und bilde bis heute den Nachwuchs fort. Ich möchte, dass talentierte und tüchtige junge Juristen und Juristinnen Erfolg haben, deshalb berate und unterstütze ich sie, wie und wo ich nur kann. Von Konkurrenz kann keine Rede sein.

Nach meiner Beobachtung sehen sich erfolgreiche ältere männliche Juristen, die im Anwaltsberuf tätig sind, weit weniger mit dem Vorwurf konfrontiert, sie nähmen Jüngeren die Arbeit weg. Ein erfahrener, renommierter Rechtsanwalt von siebzig oder achtzig Jahren gilt meist als ehrwürdige Autorität und genießt hohes Ansehen. Seine Leistungen und Leistungsbereitschaft werden geehrt und bewundert. Die Aufforderung, jetzt aber endlich mal Platz zu machen für Jüngere, hört solch ein männlicher Anwalt nach meinem Eindruck selten oder nie – im Unterschied zu den wenigen weiblichen Anwälten, die sich in einer vergleichbaren Stellung befinden. Vielleicht – hoffentlich – ändert sich das, wenn Anwältinnen in größerer Zahl in diese Altersgruppe aufrücken.

Was ich in letzter Zeit deutlich reduziert habe, sind die vielen Ehrenämter. Ich war Vorsitzende und Präsidentin vieler Vereine, Kuratorien, Stiftungen – und habe dort schon früh gesagt: »Jetzt müssen auch mal die Jüngeren ran!« Dann hieß es oft: »Aber Sie sind bekannt, Sie haben einen Namen und können mehr erreichen.« Das ist für mich kein schlüssiges Argument. Andere müssen sich beizeiten auch einen Namen erarbeiten, und wenn sie den Vorsitz in einem großen Verein gut ausfüllen, können sie gerade dadurch Bekanntheit erlangen. Nie habe ich die höchstmögliche Dauer eines Vorsitzes ausgenutzt. Schon beim Deutschen Juristinnenbund sagte ich 1981, nachdem ich vier Jahre lang Erste Vorsitzende gewesen war:

»Jetzt sucht euch bitte eine neue Vorsitzende; in zwei Jahren wird die Suche nicht leichter.« Eine Legislatur dauert dort zwei Jahre, die Erste Vorsitzende darf bis zu zweimal wiedergewählt werden, also insgesamt sechs Jahre amtieren. Oft werden solche Regelungen missverstanden, oft bleiben die Vorsitzenden bis zum letztmöglichen Moment im Amt. Ich finde es wichtig, zu erkennen: Jeder Mensch ist ersetzbar. Beim Deutschen Juristinnenbund führten wir dann die Funktion der Past Präsidentin ein. Das heißt, die jeweils vorangegangene Präsidentin steht ihrer Nachfolgerin zwei Jahre lang beratend zur Seite – die Amtsbezeichnung »Präsidentin« ersetzte die der Ersten Vorsitzenden.

Es war kurz vor Beginn einer Sitzung im Berliner Senat. Ich betrat den Raum, setzte mich an den Tisch, ein wenig in Eile, wohl auch etwas »angefasst«, ich hatte mich über irgendetwas geärgert. Mir gegenüber saß Elmar Pieroth von der CDU, Berliner Wirtschaftssenator seit 1995. »Frau Lore, was machen Sie denn für ein Gesicht?«, fragte er mich über den Konferenztisch hinweg. »Ach, Herr Elmar, wenn ich Gesichter machen könnte, hätten Sie ein anderes!«, gab ich etwas entnervt zurück. Schweigen im Saal, bis Herr Pieroth zu lachen begann, erst ein bisschen stockend, dann laut und fröhlich. Und ich lachte noch lauter.

Elmar Pieroth und ich sprachen uns seit einiger Zeit mit Vornamen an, dazu mit Sie und Herr und Frau, das hatte sich so ergeben. Die Anrede war nichts Ungewöhnliches, wohl aber meine Frechheit. Auf seine sicherlich nicht böse gemeinte, aber trotzdem unpassende Frage »Was machen Sie für ein Gesicht?« konnte ich nur mit einer humorvollen Frechheit kontern. Humor ist eine wunderbare Waffe, harmlos und dennoch wirksam. Ein nur halbwegs schlagkräftiger Scherz verspricht oft mehr Erfolg als eine allzu empfindliche Reaktion.

Wer mich beleidigen möchte, hat es ohnehin schwer. Denn die Entscheidung, von wem und in welcher Weise ich mich beleidigen lasse, liegt allein bei mir. Ich finde, es lohnt nur sehr selten, Beleidigungen an sich heranzulassen. Meistens prallen sie an mir ab. Wenn nicht, sage ich: »Sie scheinen sehr verärgert zu sein. Bitte erklären Sie mir doch, warum, damit wir das Problem lösen können.« Oder: »Weshalb zeigen Sie so wenig Respekt? Habe ich Sie verletzt? Das täte mir leid! Wofür muss ich mich entschuldigen?« Das alles mag vielleicht arrogant wirken, ist aber meines Erachtens ein lösungsorientierteres Verhalten, als beispielsweise verbal um sich zu schlagen oder sich zurückzuziehen.

Die teils heftigen Gewitter, durch die ich in meinem Leben gegangen bin, haben mich gelehrt, möglichst gelassen zu bleiben. Einmal ließ jemand im beruflichen Umfeld einen derartigen Hagel an Frechheiten auf mich herniedergehen, dass ich still ausharrte, bis ihm die Luft ausging. Dann schaute ich ihm tief in die Augen und sagte: »Ich denke, Ihr Redeschwall hat Sie sehr erleichtert, jetzt geht es Ihnen bestimmt gut. Vielleicht geht es Ihnen nicht mehr ganz so gut, wenn Sie erfahren: Keines Ihrer Worte interessiert mich.« Ich verabschiedete mich freundlich, drehte mich um und ging. So macht man sich keine Freunde, aber mit einem Menschen wie jenem möchte ich auch nicht befreundet sein.

Als Richterin in Zivilprozessen musste ich immer damit rechnen, dass mir am Ende ein Teil feindselig gesinnt war – nämlich der Teil, der verlor. Sehr oft versuchte ich, einen Vergleich zu schließen, also darauf hinzuwirken, dass die streitenden Parteien sich einigten. Damit der Vergleich gelang, musste ich beide Seiten davon überzeugen, auf einen Teil ihrer Ansprüche zu verzichten. Wurde der Streit beigelegt, empfand ich das als Erfolg. Aber ich wusste, dass mir niemand dafür danken würde. Eine alte Richterweisheit besagt: »Ein Vergleich ist dann gelungen, wenn beide Parteien schimpfend den Gerichtssaal verlassen.« Dann hat man eine gute Lösung gefunden.

Auch heute, als Rechtsanwältin, muss ich immer damit rechnen, mir Feinde zu machen, zum Beispiel die gegnerische Partei. Das ist nicht schön, ich habe nicht gern Feinde. Aber sie existieren, es geht nicht anders. Diese Haltung kann man, wie ich glaube, auch als Nicht-Jurist erlernen. Weniger Harmoniebedürfnis, mehr Selbstwertgefühl, mehr Gerechtigkeitsstreben: Mit Hilfe dieser »Formel« gelingt es meiner Erfahrung nach den Menschen – und vor allem den Frauen –, ihre Rechte besser wahrzunehmen und die Gesellschaft voranzubringen. Umso besser, wenn dann, als Salz in der Suppe, noch eine gute Prise Humor dazu kommt.

Wenn ich Frauen rate, im Beruf den althergebrachten Regeln der Männerwelt zu folgen, also notwendige Konflikte anzunehmen und auszufechten, Hierarchien zu akzeptieren sowie ihr Privat- und Gefühlsleben vom Beruf zu trennen, erlebe ich oft die Reaktion: Soll die Berufswelt denn von einer Männerkultur beherrscht bleiben? Warum müssen wir, wenn wir in diese Welt eindringen, unsere weibliche Kultur verleugnen? – Die Antwort ist meines Erachtens ganz einfach: Wir müssen Schritt für Schritt vorgehen, in der richtigen Reihenfolge.

Schritt eins: Bestehenden Regeln folgen. Schritt zwei: Das Spiel perfektionieren. Schritt drei: Aufsteigen und Mitstreiter überholen. Schritt vier: An der Spitze ankommen. Erst nach Erreichen von Schritt vier können wir neue, eigene Regeln aufstellen. Als Senatorin habe ich diese Chance gern und oft genutzt. Und je mehr Frauen die Chefetagen erreichen, desto weiter werden sich ihre neuen, »weiblichen« Regeln durchsetzen. Am Ende haben wir möglicherweise eine weitaus weniger hierarchische Struktur in vielen Unternehmen, vielleicht erreichen wir langfristig eine Demokratisierung der Wirtschaft. Das käme nicht nur dem Betriebsklima zugute, sondern würde voraussichtlich das Ergebnis, den Erfolg des Unternehmens steigern.

Vor langer Zeit wies Julia Dingwort-Nusseck, die damalige Präsidentin der niedersächsischen Landeszentralbank, darauf hin: »Wenn es in dem bisherigen Tempo weitergeht, werden wir im Jahre 2230 den Zustand der Gleichberechtigung von Frau und Mann erreicht haben.« Sie hatte eine schlichte Hochrechnung erstellt, die wohl immer noch gültig ist, denn das Tempo hat nicht zugenommen. Über eine stärkere Beteiligung von Frauen an gesellschaftlichen Entwicklungen und Entscheidungen denken wir in Deutschland spätestens seit Beginn der achtziger Jahre nach. Die Grünen führten bereits bei der Gründung ihrer Partei 1979 die Gleichverteilung von Ämtern an Männer und Frauen ein. Knapp zehn Jahre später beschloss die SPD eine Frauenquote. Seither diskutiert man über die verstärkte Beteiligung von Frauen in Führungspositionen auch in der Wirtschaft – ohne jeden Erfolg.

Je nachdem, wie man rechnet, haben wir heute zwischen zwei und zehn Prozent Frauen in hohen Führungspositionen. Wenn dreißig Jahre lang nur geredet wurde, in der Praxis aber nichts geschah, dann zieht ein politisch denkender Mensch daraus die Schlussfolgerung: Hier helfen nur noch gesetzliche Regeln. In diesem Fall ist das die gesetzlich verbindliche Frauenquote. Frauen und auch manche Männer aller politischen Parteien setzen sich heute dafür ein. Niemand von ihnen empfindet die Quote als angenehm, aber alle sehen die Notwendigkeit. Viviane Reding, EU-Kommissarin für Grundrechte, brachte es auf den Punkt: »Ich mag die Quote nicht, aber ich mag, was sie bewirkt.«

Wissenschaftlich fundierte Untersuchungen belegen, dass Unternehmen, die zu einem gewissen Teil von Frauen mit geleitet werden, eindeutig bessere wirtschaftliche Erfolge erzielen als Firmen, in denen keine oder nur vereinzelt Frauen entscheidende Posten bekleiden. Dieser Mechanismus ist weithin bekannt und nicht verwunderlich, denn grundsätzlich arbeiten heterogene Teams effektiver als homogene. Wenn jüngere und ältere Menschen kooperieren, Menschen mit verschiedenen Begabungen und Ausbildungen, mit unterschiedlichen kulturellen und sprachlichen Hintergründen und so weiter, dann verspricht solch eine Konstellation Erfolg. Selbstverständlich auch, wenn beide Geschlechter vertreten sind. Dass viele Männer immer noch die gleichberechtigte Beteiligung von Frauen auf der Führungsebene verhindern wollen, bedeutet: Diese Männer verzichten lieber auf Erfolg als auf Macht. Und das in unserer kapitalistischen, so sehr vom Erfolg geprägten Welt!

Noch heute fürchten sich manche Frauen davor, eine »Quotenfrau« zu sein. Sie wollen nicht aufgrund ihres Geschlechts Karriere machen, sondern aufgrund ihres Könnens. Ich denke genauso, weiß aber aus langer Berufserfahrung: Auch als Quotenfrau haben sie reichlich Gelegenheit, ihr Können zu beweisen und ihre Auswahl qua Quote durch die Qualität ihrer Arbeit zu rechtfertigen. Oft genug war ich selbst Quotenfrau und bekam dabei stets zu spüren: Wer nicht genug leistet, ist ganz schnell wieder weg vom Fenster, wird von anderen verdrängt. Die Quote ermöglicht den Zugang, mehr nicht. Die anschließende Arbeit ist die eigentliche Chance und Herausforderung. Sie muss ich bestehen – dann spricht kein Mensch mehr von einer Quotenfrau.

Oft heißt es, die Quote sei ein elitäres Thema. Das stimmt, denn es geht ja in erster Linie um Führungspositionen. Die Konsequenz daraus ist jedoch nicht elitär, sondern betrifft die ganze Gesellschaft. Denn von dem Moment an, in dem Frauen einen Großteil der Macht in Wirtschaftsunternehmen innehaben, wird sich dort, aber auch jenseits der Unternehmen vieles ändern, vieles bessern – wie etwa die verstärkte Einführung

von Ganztagsbetreuung für Kinder; oder Regeln zur Vereinbarkeit von Berufsausübung und Altenpflege im familiären
Umfeld.

Ein weiteres Problem, das dringend gelöst werden muss und
mich sehr beschäftigt, ist die Altersarmut von Frauen. Auch sie
rührt oft daher, dass Frauen nur in Teilzeit erwerbstätig sind
und sich ansonsten der Familienarbeit widmen. Alles greift in-
einander. Wenn es so weitergeht mit der Fraktionierung von
Arbeit, den vielen Mini-, Midi- und Halbtagsjobs bei Frauen,
wird das Ergebnis eine alarmierende Zunahme der Verarmung
von Frauen im Alter sein. Wäre Ganztagsbetreuung weiter verbreitet, könnten Frauen verstärkt erwerbstätig sein, mehr in die
Sozialversicherungen einzahlen und damit besser für ihren
eigenen Lebensabend vorsorgen. Sie müssten es dringend tun,
denn viele von ihnen haben nur ein Kind. Das heißt, die nach-
wachsende Generation ist zahlenmäßig nicht stark genug, um
die Versorgung der vorangegangenen Generation zu leisten.

Viele andere Fragen harren der politischen Lösung: Wir haben zum Beispiel einen gesetzlichen Anspruch auf Reduzie-
rung von Vollzeit- auf Teilzeitarbeit, aber keinen Anspruch auf
Umwandlung einer Teilzeit- in eine Vollzeitbeschäftigung. Das
muss sich ändern, das kann sich auch ändern. Dafür engagiere
ich mich.

Häufig werde ich angesprochen: Wie konnten Sie sich bloß
für die Teilzeit einsetzen? Nun, damals, als ich es tat, gab es nur
zwei Alternativen im öffentlichen Dienst: Entweder ich arbeite
Vollzeit, oder ich verliere meinen Beruf. Es war richtig, diesen
Missstand zu beheben, um Frauen vor dem Verlust ihres Beru-
fes zu bewahren. Aber ich sehe heute die Fehlentwicklung, die
sich daraus ergeben hat. Also müssen Lösungen gefunden werden, die die einkommensreduzierte Teilzeitarbeit oder die ein-
kommenslose Familienbeurlaubung in Bezug auf die Altersvorsorge anders absichern als bisher.

Wir brauchen auch, endlich, das Wahlrecht von Geburt an. Wir brauchen Kinderrechte im Grundgesetz. Die Ungerechtigkeit des Ehegattensplittings, das augenblicklich unabhängig von zu versorgenden Kindern besteht, muss ein Ende haben. Es gibt so viel zu tun!

Gott sei Dank setzen sich viele Menschen mit Energie, Freude und Können für mehr Gerechtigkeit ein. Deshalb bin ich mir sicher: Die notwendigen Änderungen und Neuerungen werden kommen. Nicht heute oder morgen, vielleicht auch nicht zu eigenen Lebzeiten – aber irgendwann gewiss. Man muss einen langen Atem haben, darf nie aufhören mitzudenken und, wenn nötig, zu handeln.

Es ist Zeit

»Lore, du musst eine Autobiographie schreiben!« Mein lieber, langjähriger Freund Hubertus Meyer-Burckhardt war der Erste, der das sagte.

»Sonst noch etwas?«, fragte ich frech und lachte.

»Nein danke, weiter nichts. Nur: Du solltest wirklich ein Buch schreiben.« Er blieb ernst und schaute mir tief in die Augen.

»Ach, lass mal, Hubertus.« Schnell wechselte ich das Thema. Sein Vorschlag hatte mich verunsichert.

Es war in Berlin, vor sehr vielen Jahren. Wir saßen im Restaurant Borchardt beim Mittagessen. Der Gedanke, ein Buch über mich selbst zu schreiben, war mir völlig fremd. Ich fand mich nicht bedeutend genug.

In den folgenden Jahren kam es immer öfter vor, dass Menschen mich fragten, ob ich nicht eine Autobiographie schreiben wolle, oder mich direkt dazu aufforderten. Natürlich freute ich mich über die Wertschätzung und Anerkennung, die in dieser Aufforderung lagen. Doch ich winkte jedes Mal ab. Zum einen konnte ich mir nicht vorstellen, dass mein Leben lesenswert sei; zum anderen wusste ich nicht, woher ich die Zeit zum Schreiben nehmen sollte. Als ich meiner Tochter Andrea von den Anfragen erzählte, warnte sie mich: »Bloß nicht! Bitte, Mama, schreib tausendmal an die Wandtafel: ›Ich darf keinen Verlagsvertrag abschließen!‹« Sie erinnerte sich lebhaft daran, wie sehr mich der *Staudinger* in Anspruch genommen hatte. Die Konsequenz für mein Privatleben war, dass ich mehrere Jahre kaum noch eines hatte. Auch hatten mich meine Selbstzweifel, ob ich die erforderliche Qualität der Kommentierung erreichen könnte, fast um jede Lebensfreude gebracht.

Im Frühling 2010 erhielt ich einen Anruf von einem höflichen jungen Mann. Er arbeite in der Buchbranche, erzählte er mir, und sei durch ein Interview im Berliner Stadtmagazin *Zitty* auf mich aufmerksam geworden. Ob ich wohl zu einem persönlichen Gespräch mit ihm bereit wäre? Es würde ihn sehr freuen. Aus einer spontanen Laune heraus sagte ich zu.

Wir führten eine lange Unterhaltung, es folgten weitere Treffen. Der junge Mann erkundigte sich nach meiner Zeit als Richterin, als alleinerziehende Mutter dreier Kinder und als Politikerin. Dass ich – eine Frau Jahrgang 1932 – emanzipiert und engagiert durchs Leben gehe, schien ihn zu erstaunen. Er bat mich, von meinem Einsatz für die Rechte von Frauen, Kindern und Vätern zu berichten, von den Widerständen, die ich hatte überwinden können, und den Reformen, die ich hatte mitbewirken können. Großes Interesse zeigte mein Gesprächspartner auch für mein einstiges Hobby – die Autorallyes.

Irgendwann fragte er mich, wie es denn insgesamt gewesen sei, ein Leben zu führen, das vollkommen anders war als das der meisten Frauen meiner und anscheinend auch seiner Generation. Die Frage hatte ich mir nie gestellt. Meine Art zu leben war für mich schon immer selbstverständlich. Sie beruht nicht auf dem Wunsch, mich Konventionen zu widersetzen oder mich von anderen Frauen zu distanzieren. Aber ich fand es erfreulich, einem Mann zu begegnen, der vom Alter her mein Sohn oder Enkel hätte sein können und sich so sehr für die gesellschaftliche Stellung der Frau seit den fünfziger Jahren bis heute interessierte. Wie kann es sein, dass heute noch immer bei weitem keine Gleichberechtigung zwischen Männern und Frauen herrscht?, fragte er sich und mich. Ich war für ihn eine

Art Sonderfall. Eine Frau, die – so weit möglich – selbstverständlich gleichberechtigt lebt und denkt.

So überzeugte er mich schließlich doch, ein Buch zu schreiben. Keine Autobiographie im engeren Sinne, schon gar keine ausschweifenden »Memoiren« – sondern einen Bericht über sechzig Jahre gelebte Gleichberechtigung; eine autobiographische Zeitgeschichte.

Der junge Mann arbeitete für eine Agentur, die Autoren gegenüber Verlagen vertritt. Er stellte den Kontakt zum Verlag Hoffmann und Campe her, und wir beauftragten eine auf Biographien spezialisierte Journalistin, mich beim Schreiben zu unterstützen. Ich erzählte meiner Tochter Andrea von den Plänen und fragte sie: »Darf ich jetzt vielleicht doch einen Verlagsvertrag unterschreiben?« Sie blickte mich streng an, überlegte einen Augenblick, dann sagte sie: »Das ist ja etwas anderes! Wenn du nicht Wort für Wort selbst schreiben und dafür jede freie Minute opfern musst, ist das in Ordnung. Denn dein Leben ist wahrhaftig erzählenswert!«

Was muss ich erzählen? Was lasse ich weg? Die Auswahl der Episoden und Ereignisse für dieses Buch empfand ich als eine der schwierigsten Aufgaben. Auf keinen Fall wollte ich meinen Bericht ausufern lassen, auf keinen Fall das Hauptthema, die gelebte Gleichberechtigung, aus Lust am Erzählen vernachlässigen. Zugleich aber fand ich es wichtig, ein Bild der sozialen und politischen Hintergründe und der jeweiligen Zeitkultur zu zeigen, damit es jüngeren Lesern und Leserinnen möglich ist, Ereignisse einzuordnen. Auch lag es mir am Herzen, meine eigenen Gedanken, Anliegen und Entwicklungen nachvollziehbar zu machen – sowie meine Unsicherheiten, Schwächen und Fehler auf keinen Fall zu verschweigen. Ungenannt bleiben hingegen viele Aufgaben, die ich in meinem Leben übernahm, und Ehrungen, die ich erfahren durfte.

Allerdings darf ich zwei Auszeichnungen schon aus Höflichkeit, aber vor allem aus Dankbarkeit nicht unter den Tisch fallen lassen: die Verleihung des Bundesverdienstkreuzes 1. Klasse durch den Bundespräsidenten und die Ernennung zur Stadtältesten von Berlin durch den Regierenden Bürgermeister von Berlin. Beides geschah im Jahr 2004.

Stolz auf das zu sein, was ich gesellschaftlich und beruflich mitbewirken konnte, entspricht mir nicht. Es macht mich froh, dass sich manches gebessert hat. Aber vieles hat sich noch nicht gebessert, und vieles ist mir nicht so gut gelungen, wie ich es mir gewünscht hätte.

»Na, hast du noch mal drüber nachgedacht? Ich meine immer noch, du solltest ein Buch schreiben«, bemerkte neulich Hubertus Meyer-Burckhardt, als wir uns zufällig trafen, und lachte. Er ging davon aus, auf Granit zu beißen wie bei den letzten fünf bis acht Gelegenheiten, bei denen er mir ein Buchprojekt vorgeschlagen hatte.

»Du wirst es nicht glauben: Jetzt sieht es wirklich danach aus, als würde es bald eines geben«, gab ich zurück.

»Wirklich? Wie schön! Es wird aber auch Zeit!«

Ja, Zeit wird es. Oder besser: Zeit ist es! Denn gerade jetzt flammt die sogenannte Quotendiskussion neu und heftig wieder auf. Auch heute, 63 Jahre nach Inkrafttreten des Gleichberechtigungsgrundrechts in Artikel 3, Absatz 2 des Grundgesetzes, sind wir meilenweit entfernt von einer Gleichstellung der Geschlechter in Gesellschaft und Wirtschaft. Das wird sich nach meiner jahrzehntelangen eigenen Erfahrung weder durch gutes Zureden noch durch Warten auf die Einsicht der Mächtigen ändern. Nur eine gesetzliche Verpflichtung, flankiert von entsprechenden Sanktionen, kann und wird den anhaltenden gesellschaftlichen Widerstand gegen die Gleichstellung der Geschlechter brechen können. In der Geschichte gibt es genügend Beispiele dafür, dass notwendige gesellschaftliche Veränderungen ohne die Macht des Gesetzes nicht zu erreichen sind. So konnte beispielsweise erst durch das Gesetz zur Einführung von Teilzeitarbeit und Familienurlaub für Beamtinnen und Beamte erreicht werden, dass Eltern, die ihr Kind einige Zeit selbst betreuen wollten, nicht gänzlich aus dem Beruf ausscheiden mussten und damit automatisch ihre Position total verloren.

Nicht hilfreich erscheint vor diesem Hintergrund die Haltung der derzeit für Frauen und Familie zuständigen Bundesministerin. Sie vertritt, soweit bekannt, die Ansicht, eine feste gesetzliche Quote sei unnötig, die Wirtschaft werde es schon irgendwie (Flexiquote!) selbst schaffen. Die Geschichte zeigt, dass diese Annahme scheitern muss und scheitern wird. Besonders unverständlich muss dieser ministerielle Widerstand gegen eine gesetzliche Quote deswegen erscheinen, weil diese Ministerin selbst eine hundertprozentige Quotenfrau ist. Hat sie das vergessen? Sie ist in dieses Amt nicht berufen worden wegen ihrer überragenden Sachkompetenz und politischen Erfahrung, sondern weil für diese Aufgabe eine Frau gesucht wurde, die der CDU angehörte und außerdem aus Hessen kam.

Dies ist nicht zu beanstanden, wohl aber ist zu kritisieren, wenn eine derart berufene Politikerin anschließend in Verkennung ihrer Aufgaben meint, Emanzipation sei weitgehend erreicht – und wo nicht, sei sie reine Privatsache. Das hören Frauen seit Jahrzehnten; da hält es einen Menschen wie mich, der ein Leben lang versucht, Gleichberechtigung durchzusetzen, nicht länger auf dem Stuhl!

Es ist also noch immer viel zu tun – und deshalb ist jetzt die Zeit für dieses Buch.

Lore Maria Peschel-Gutzeit, im Sommer 2012